Louise von Krohn

Vierzig Jahre
in einem deutschen
Kriegshafen

Anhang:
Kpt. z. S. a.D. Adolf Mensing:
„Die Einweihung von Wilhelmshaven
durch König Wilhelm I.", aufgeschrieben 1919
Anmerkungen zu Personen und Namen
Hinweise zur Abbildung auf dem Einband
Quellenhinweise
Inhaltsverzeichnis

© Verlag Lohse-Eissing, Wilhelmshaven, 2001
ISBN 3-920602-38-2
Gesamtherstellung: Brune-Mettcker Druck- und Verlags-GmbH

Die Wilhelmshavener Erinnerungen der
Louise von Krohn

Vierzig Jahre in einem deutschen Kriegshafen

Heppens – Wilhelmshaven

Verlag Lohse-Eissing · Wilhelmshaven

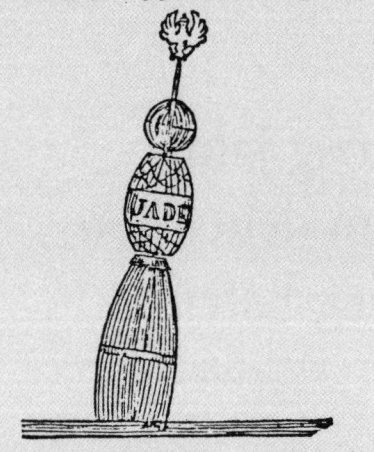

Als Barsenmeister verlegte Julius von Krohn auch die Tonnen auf der Jade. „Als Abschluß der preußischen Jadebetonnung wurde als Außentonne am 16. September 1869 die „Adlertonne" verlegt, gekrönt von einem vergoldeten Adler, der sich etwa 8 Meter über der Wasseroberfläche befand".

Vorwort

Wir freuen uns, den Leserinnen und Lesern wieder einen „Klassiker" der authentischen Wilhelmshaven - Literatur vorlegen zu können. Vor fast einhundert Jahren erschienen die Lebenserinnerungen der Louise von Krohn erstmalig im Verlag von Carl Lohses Nachfolgern Fritz Eissing und seines Freundes Etmar Hornemann; noch einmal sechs Jahre später: 1911. Dann ist es – soweit bekannt – jahrzehntelang still geworden um dieses lesens- und liebenswerte Büchlein der „Lotsenkommandeuse".

Da es jedoch im Verlauf des vorigen Jahrhunderts zu einer der wichtigsten Quellen für das Leben in unserer Stadt im 19. Jahrhundert geworden war, haben Hans Eissing und Theodor Murken Mitte der sechziger Jahre eine Neuauflage im Verlag Lohse-Eissing herausgegeben. Murken schrieb 1966 in seinem Vorwort: „Über manche Dinge ist die Zeit hinweg gegangen, aber vieles hat seinen bleibenden Wert, als geschichtliche Überlieferung wie als kulturhistorisches Dokument. Dieses Bleibende soll diese neue Ausgabe in Erinnerung rufen und bewahren." So ist das Buch seinerzeit aus nicht nachvollziehbaren Gründen in einer sehr gestrafften Fassung erschienen. Jetzt konnten fast alle Kürzungen wieder eingefügt werden - auch erscheint das Buch erstmalig in einer illustrierten Ausgabe. Wir sind ganz sicher, dass alle Generationen ihre Freude daran haben werden, zusätzlich einen bildlichen Eindruck von der damaligen Zeit zu bekommen – zumal wir uns bemüht haben, zeitgenössische und teils unbekannte Abbildungen zu entdecken.

Louise von Krohn hat ihre Erinnerungen nicht in strenger Chronologie zu Papier gebracht – manche Ereignisse hat sie

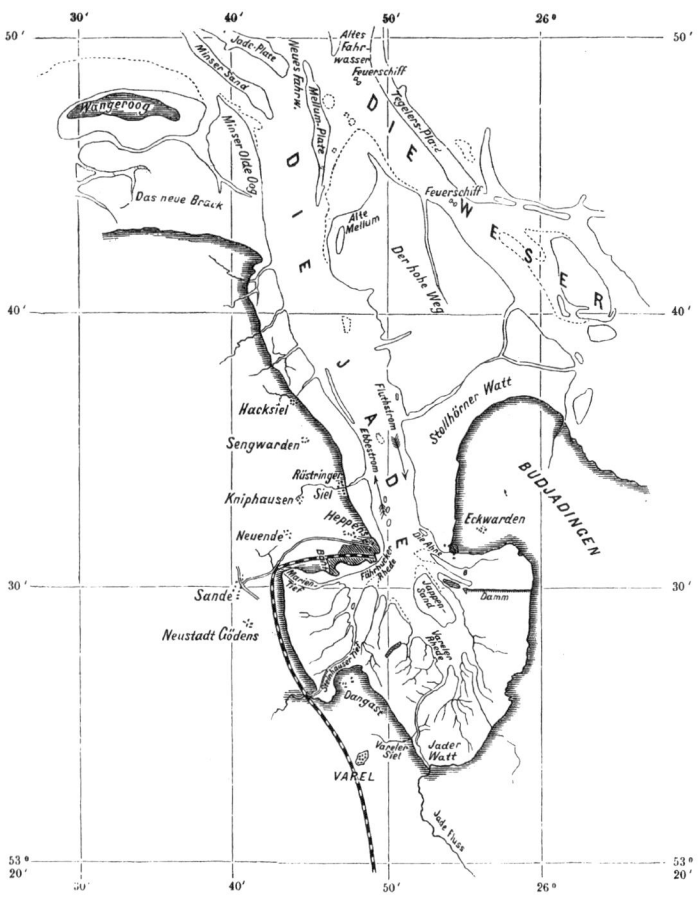

In den „Mittheilungen über den Kriegshafen an der Jade" wurde am 2. Dezember 1869 in Berlin diese Karte vom Jadegebiet veröffentlicht.

genau datiert, zuweilen berichtet sie über mehrere Jahre hinweg auf wenigen Seiten. Deshalb können und sollen auch die nun hinzu gefügten Illustrationen nicht immer eine exakte zeitliche Abfolge darstellen.

Lange vor der Taufe unserer Stadt, seit 1855, war Julius von Krohn in der Barsenmeisterei beschäftigt, die 1862 mit erweiterten Aufgaben in das „Königlich Preußische Lotsenkommando" umbenannt wurde, 1900 wurde er pensioniert. Er und seine Frau waren also über Jahrzehnte hinweg Zeugen der „Gründerzeit" in unserer Stadt – so ist damals ein Dokument entstanden, das uns nicht nur mit den Geschehnissen, Lebensumständen und sozialen Verhältnissen der damaligen Zeit vertraut macht, sondern auch in glücklicher Verbindung damit die Atmosphäre des wachsenden „Marine-Etablissements" widerspiegelt.

Louise von Krohn hat eindrucksvoll von der Taufe unserer Stadt berichtet. Um jedoch dem Leser einen weiteren Augenzeugenbericht zu vermitteln, haben wir in den Anhang die Erinnerungen an diesen Tag von Kpt. z. S. a. D. Adolf Mensing aufgenommen; 50 Jahre später hat er dies zu Papier gebracht. 1869 als junger Ordonanzoffizier dabei, hat er auch die, teils tragikomischen, Ereignisse auf der „Minotaur" aus nächster Nähe beobachten können.

Mögen die Leser ihre Freude haben an diesen Ansichten und Einsichten in die früheste Geschichte unserer Heimatstadt Wilhelmshaven und der damals hier lebenden und arbeitenden Menschen.

Volker Eissing

Vorwort

Schon vor mehreren Jahren beabsichtigte ich, meine Erinnerungen herauszugeben. Die Verzögerung hatte ihren Grund darin, daß ich nicht auf die Mitarbeit meines lieben Mannes, des verstorbenen Lotsenkommandeurs von Krohn, verzichten wollte. In Wilhelmshaven verhinderte ihn sein Dienst, der ihn voll und ganz in Anspruch nahm, daran, mit seinen Aufzeichnungen zu beginnen. Als er nach seiner Pensionierung angefangen hatte zu schreiben, nahm ihm der Tod die Feder aus der Hand. So sind es nur jetzt von mir aufgefundene Bruchstücke, die ich meinem Buch nicht mehr hinzufügen kann. Ich hoffe, daß trotzdem meine Erinnerungen einigen Wert haben, besonders für diejenigen, die die erste schwere Zeit gleich uns an der Jade verlebten, für die Vielen, die wir im Lauf der Jahre an uns vorübergehen sahen, mit denen wir zum Teil in regem, angenehmen Verkehr standen. Einige von ihnen waren uns in herzlicher Freundschaft verbunden. So manche sind schon dahin, für welche das, was ich geschrieben, mitbestimmt war. Nun ist es die jüngere Generation der Offiziere und Beamten der Marine, der Bürger von Wilhelmshaven, an die ich mich vertrauensvoll wende mit der Bitte, mein Buch nachsichtig zu beurteilen. Möchten meine Leser an die harmlose Plauderei einer alten Marinedame nicht den Maßstab legen, wie an ein Werk von literarischer Bedeutung.

Louise von Krohn

Wie dies Buch entstand

Grete war Berlinerin, und sie liebte ihre Vaterstadt über alles. Reicher Leute Kind, war sie trotz ihrer Jugend viel gereist und hatte außerdem ein Pensionsjahr am Genfer See verbracht, aber sie wurde draußen ihres Lebens nicht froh vor Sehnsucht nach der Heimat. „Gott sei Dank", sagte sie jedesmal, wenn sie glücklich wieder zu Hause war: „Es gibt doch nur ein Berlin!" Mit neunzehn Jahren heiratete sie einen Marineoffizier, der auf einige Jahre ein Kommando beim Marineministerium zu Berlin erhalten hatte. Seit zwei Jahren schon bewohnte das junge Paar ein elegant eingerichtetes Quartier am Kurfürstendamm und lebte in den denkbar angenehmsten Verhältnissen. Daß das auch einmal anders werden könnte, daran dachte das junge Frauchen nicht, und tauchte das Gespenst einer Kommandierung des Gatten in das Ausland einmal auf, so suchte Frau Grete es nach Kräften zu bannen.

Es war an einem schönen, prächtigen Herbsttage, und Grete beschloß, ihn zur Ausführung verschiedener Besorgungen zu benutzen. Zuerst ging's in Begleitung der Köchin in die Markthalle - um zu sehen, ob dort etwas los ist, dann mit der Pferdebahn bis zum Leipziger Platz, hier wurde eingekauft, praktische, aber auch allerlei überflüssige Sachen, wie sie gerade die augenblickliche Laune der jungen Frau reizten, schließlich mit unterwegs getroffenen Bekannten ein Schwätzchen gemacht - und nun ging's wieder heim in der rosigsten Stimmung der Welt.

Es gibt doch nur ein Berlin! „Rieke, jemand da gewesen?" „Jawohl, gnä' Frau! Karton von Gerson ist gekommen." Mit klopfendem Herzen löste Grete das Band. „Ah, die Ballrobe von mattgrüner Seide." Sehr schick! Grete paßte sie sofort an, das Kleid stand ihr ausgezeichnet zu dem blonden, üppigen Haar und dem frischen Teint. „Das wird auf dem Fest beim Höchstkommandierenden getragen, dazu die Brillanten von Papa und der neue Fächer von Fritz - sicherlich wird sie als Ballkönigin alle anderen Damen weit überstrahlen." Es war noch ein Viertelstündchen Zeit bis zum Mittagessen. Grete nahm ein Büchlein aus ihrem Schreibtisch und begann, das zierliche Köpfchen auf die Hand gestützt, nach kurzem Nachdenken Notizen einzutragen, denn man rüstete sich bereits jetzt zur „Winterkampagne" und schon in einigen Tagen sollte das erste Diner gegeben werden: „Kaviar auf Eis, Tomatensuppe." Gerade war sie beim Braten angelangt, da hörte sie, wie die Entreetür sich öffnete, dann rasselte der Säbel - ah, er ist es, der Herr und Gebieter! Merkwürdig lange, viel zu lange für Gretes Sehnsucht machte sich der Gatte heute draußen zu schaffen. Endlich erschien er, einen Schatten blässer wie gewöhnlich. Grete bemerkte es sofort: „Na, Männe, Ärger im Dienst gehabt?" - „Das weniger, doch erst laß uns essen!"

Das Diner ist beendet; der aufwartende Diener hat sich entfernt, man ist beim Kaffee angelangt. Männe ist sehr nachdenklich, und ganz gegen seine Gewohnheit schweigt er sich aus. Was Grete dann aber erfährt, ist ihr so schrecklich, daß sie es kaum zu fassen vermag.

„Versetzt nach Wilhelmshaven!"

Eine kurze Pause. - „Wer hat uns das besorgt?" „Mein Gott, liebes Kind, es wollen doch auch einmal andere Leute nach Berlin kommen!" - „Nein, nein, das ist eine schändliche Intrige", klagte die junge Frau, und Fritz konnte seine Grete nicht beruhigen, genügte doch schon der Name Wilhelmshaven, sie mit einem unnennbaren Grauen zu erfüllen. „Feuchte, ungesunde Wohnungen, dem Erdboden entströmende Fiebermiasmen, eine wenig anmutende Gegend, unabsehbare Strecken teils grünen, teils sumpfigen Landes, dann der Deich, auf dem die Hammel weiden, dahinter das lehmfarbige Wasser der Jade - und nun erst die wirtschaftlichen Verhältnisse, das wenige, was dort überhaupt zu haben ist, teuer und schlecht!" - so hatte man ihr bisher Wilhelmshaven geschildert.

Grete stürzte zu Vater und Mutter, die mit ihr jammerten, anstatt sie zu trösten. Gemeinschaftlich zerbrachen sie sich den Kopf darüber, wie wohl das Unglück noch abzuwenden wäre. Endlich glaubte die junge Frau einen Ausweg gefunden zu haben. „Lieber Fritz", schmeichelte sie, „wie wäre es, wenn Du mit einem Kameraden tauschen würdest? Sieh mal, es gibt gewiß viele, die es als einen besonderen Vorzug ansehen, nach Wilhelmshaven zu kommen!" Fritz wußte hierauf aber nur die eine wenig tröstliche Antwort zu geben: „Laß Dich nicht auslachen, liebes Kind, Menschen, die freiwillig Berlin mit Wilhelmshaven vertauschen, müssen mit der Laterne gesucht werden, vorausgesetzt, daß an eine Genehmigung hierzu überhaupt zu denken wäre!" Da alles Hin- und Herüberlegen nicht helfen wollte, so blieb schließlich nichts weiter übrig, als sich in das Unvermeidliche zu fügen!

Die Sachen wurden gepackt, unter tausend Tränen wurde Abschied genommen, und dann ging's fort ins Exil! Die Möbel waren schon einige Tage vorher nach Wilhelmshaven abgesandt worden, so daß der zuerst gefahrene liebende Gatte in der neuen Wohnung im sogenannten „Zwölf-Männerhause" an der Adalbertstraße die erste und größte Ungemütlichkeit beseitigen und mit Hilfe eines Dekorateurs vor allen Dingen die Vorhänge anbringen konnte. Als Fritz dann endlich seine Grete erwartete - der Zug sollte abends eintreffen -, war im Wohnzimmer ein zierlicher Teetisch schnellstens hergerichtet und mit allerlei schmackhaften Sachen belegt. In der Mitte des reichen Gedeckes prangte ein köstlicher Blumenstrauß, süßer Rosenduft erfüllte das ganze Zimmer, und gar anheimelnd summte und sang das Teewasser im Samowar. Raschen und freudigen Schrittes eilte Fritz zum Bahnhof, um seine bessere Hälfte in Wilhelmshaven zu empfangen. An alles hatte der gute Mann im voraus bestens gedacht, nur nicht an die Bestellung eines Wagens, der Hotelomnibus war dicht

„Am 23. November 1854 wurde das Jadegebiet dem Prinzen Adalbert von Preußen von Minister Freiherr von Berg aus Oldenburg förmlich übergeben."

besetzt, und so mußte denn die arme Grete den Weg zur Wohnung quer weg über den unheimlich dunklen Wilhelmsplatz und in häufigem Stolpern über die Eisenbahnschienen zu Fuß zurücklegen.

Nach und nach lebte sich das junge Paar in die Verhältnisse glücklich ein, Besuche wurden gemacht und empfangen, und bald fand man, „daß es so schlimm doch nicht ist!" Grete unterhielt sich in den Abendgesellschaften manchmal recht gut, dann und wann machte sie sogar auch ein Tänzchen mit. Da stellte sich dann bald das Bedürfnis ein, „sich zu revanchieren". Die Einladungskarten wurden an die neuen Bekannten verschickt, und Grete ging mit sich zu Rate, „was sie geben solle". Dabei schlug sie ihr altes Notizbüchlein auf und las: „Kaviar auf Eis, Tomatensuppe" - da verdunkelten Tränen ihren Blick, sie dachte an jenen verhängnisvollen Nachmittag, an dem sie so bitter in ihren Aufzeichnungen gestört worden war. Seit jener Zeit hatte sie ihr Buch nicht wieder in der Hand gehabt. Ja, in Berlin! Dort hätte sie ganz einfach ihre Bestellung dem Koch gemacht, alles übrige, das Arrangement, Servieren und Dekken, wäre dann die Sache dieses Kochs und seiner Hilfstruppen gewesen, und alles wäre wie am Schnürchen gegangen - aber hier in Wilhelmshaven?

Die von der besorgten Mama mitgegebene perfekte Köchin hatte schon nach einigen Wochen Reißaus genommen. „Es paßte sie nich in das Schlicknest." Trotz der zarten Werbung des Burschen um ihre Gunst konnte sie sich nicht für die Marine erwärmen, heftige Sehnsucht erfüllte Jettens Herz nach ihrem August von der Garde. Kochfrau und Lohndiener waren augenblicklich auch nicht aufzutreiben, denn man stand unglücklicherweise gerade im Zeichen der Kompagniebälle. Doch Grete half sich, so gut sie konnte. Damals waren die Ansprüche auch noch nicht so groß wie heute, und vor allen Dingen wußte man immer mit den gegebenen Verhältnissen zu rechnen. Wenn einmal das Heimweh Frau Grete zu sehr übermannen wollte, dann suchte sie Trost bei einer befreundeten älteren Dame, die sich warm für die junge, liebenswürdige Frau interessierte. Einmal war Grete ganz verzweifelt, die Köchin war erkrankt, und so hatte sie selber das Mittagessen bereiten müssen und war im Morgenrock und mit erhitztem Gesicht zu Tisch gekommen. Der Gatte liebte derartiges indessen nicht, und so hatte es denn einen kleinen ehelichen Zwist gegeben. „Oh, dieses schreckliche Wilhelmshaven, wäre ich doch nie hierher gekommen!" so schluchzte die arme Grete zum „Gotterbarmen". Die mütterliche Freundin beruhigte sie, so gut sie konnte. „Mein liebes Kind, wenn Sie sich einmal davon überzeugen wollen, was sich ertragen läßt, wenn man jung, gesund und glücklich verheiratet ist, dann werde ich Ihnen zu Ihrem Nutz und Frommen einmal meine Aufzeichnungen zum Lesen geben. Mit diesen Worten entnahm die Dame ihrem Schreibtische ein geschriebenes Heft und drückte es der jungen Frau in die Hand.

Nach einiger Zeit gab Frau Grete das Tagebuch - denn ein solches stellte das Heft dar - dankend zurück. „Ich habe mir", so sagte sie, „Trost aus Ihren Zeilen gelesen, man hat ihn ja immer, wenn man sieht, daß es anderen noch schlechter erginge, wie einem selbst. Aber" - fuhr sie fort - „es wird noch manchmal in Wilhelmshaven unzufriedene Seelen geben, für die es ebenfalls ganz ersprießlich wäre zu lesen, was Sie über die hiesigen Urzustände geschrieben haben. Bringen Sie doch Ihr Tagebuch in eine andere, noch ausführlichere Form und veröffentlichen es dann, - nicht heute oder morgen, aber ganz gewiß später. Sie werden aller Wahrscheinlichkeit nach noch sehr lange in Wilhelmshaven bleiben, und es kann wohl niemand außer Ihnen und Ihrem Herrn Gemahl aus eigener Anschauung so über die Entwicklung der Stadt schreiben, denn nur Sie beide sind ja so dauernd hier gewesen!"

- Seitdem sind über zwanzig Jahre vergangen, aber den von Frau Grete angeregten Gedanken hat die Tagebuchschreiberin in der ganzen langen Zeit festgehalten. Die Familie, häusliche und gesellschaftliche Pflichten, ließen den Gedanken bisher indessen nie zur Tat werden. Es fehlte an dem Notwendigsten, was der Mensch zum Schreiben braucht, - an der Zeit. Nun ist diese freie Zeit da, - mehr fast, als der Schreiberin lieb sein kann. Frau Gretes Rat aber sei von ihrer alten, mütterlichen Freundin frisch aufgenommen und in nachfolgenden Blättern, die sich über 40 lange Jahre in unserem Kriegshafen aussprechen sollen, möglichst gewissenhaft befolgt.

um 1895: Schulschiff, Korvette S.M.S. „Charlotte", auf einer durch Marine-Schiffspost verschickten Postkarte

1
Ankunft in Heppens – Das Kommissionshaus – Der Hafen – Neuheppens – Unser altfriesisches Heim – Fieber – Jan Fehndahl, oder „Dat kümmt all' wedder torecht!"

Es war am 10. Juli des Jahres 1859, als wir, von unserer Hochzeitsreise zurückkehrend, von Eckwarden aus in einem kleinen Boot über die Jade setzten und unserem zukünftigen gemeinsamen Wohnorte, dem Dorfe Heppens, entgegenfuhren. Dort, wo sich jetzt die neue Hafeneinfahrt befindet, betraten wir das Land. Wie sah es damals aber hier aus! So weit das Auge schweifte, nichts als flaches Weideland, von Gräben durchschnitten, und nur stellenweise war die Einförmigkeit der Gegend durch ein mit Bäumen umpflanztes Bauerngehöft angenehm und wohltuend unterbrochen. Nördlich von dem Platz, an dem wir landeten, unmittelbar hinter dem Deich auf einer alten Warftstelle - dem Dauensfelde - erbaut, lag das Kommissionshaus. Dort hatte der „Hafenbau" sein Büro und seine Zeichensäle eingerichtet, und außerdem diente das geräumige Haus dem Hafenbaudirektor, den Baumeistern und einem Rendanten zur Wohnung.

Es ist eins der wenigen Häuser Wilhelmshavens die, kurz nach der Übergabe des Jadegebietes an Preußen errichtet, bis in die Jetztzeit alle Stürme überdauert haben und noch heute stehen. (Lange wird es indessen nicht mehr an die Uranfänge unseres Kriegshafens erinnern können, - in allernächster Zeit bereits werden seine Mauern eingerissen, seine Wände niedergestoßen werden und der rüstig vorschreitenden „dritten

Hafeneinfahrt" zum Opfer fallen. In der Erinnerung der „alten Wilhelmshavener" aber wird das Kommissionshaus noch lange fortleben. – Der Abbruch des Kommissionshauses ist mittlerweile vor sich gegangen, nur noch das zugehörige „Maschinistenhaus" und die gleichfalls innerhalb des Kommissionsgartens errichtete Giftbude stehen noch, - doch auch werden auch sie in der ersten Hälfte dieses Jahres 1905 den Hafenbauten weichen müssen. – Anmerkung des – damaligen – Verlages C. Lohse Nachf. Hornemann & Eissing)

Unmittelbar vor dem jetzigen alten Vorhafen sah man die ersten Anfänge des Kriegshafens, dem Auge des Laien nur durch eine starke, tief und fest eingerammte Pfahlwand, den sog. „Fangdamm", erkennbar. Das Kirchdorf Heppens, nach wel-

Die „Giftbude" in der Nähe des Kommissionshauses; annonciert wurde sie als „unstreitig der schönste Aussichtspunkt Wilhelmshavens"

chem das ganze Preußische Jadegebiet vorläufig benannt wurde, lag etwas weiter landein. Das Dorf hatte außer Kirche und Schule nur noch acht - sage und schreibe acht! -Wohnhäuser aufzuweisen. Dort, wo jetzt die „Knoopsreihe" beginnt, stand ein kleines Wirtshaus, „Gasthof zur Erholung". Das erste Hotel stand am östlichen Ende der späteren Moltkestraße, dort, wo diese sich nach dem Kommissionshause abzweigt, bewirtschaftet von der Firma Janssen und Ladewigs. Es war im Schweizerstil erbaut und besaß zwei Prinzenzimmer, welche für hohe Gäste, insbesondere für den Prinzadmiral Adalbert, reserviert waren. Trotzdem aber waren diese Räume recht einfach ausge-

*„Dauensfeld an der Jahde,
Stelle des preußischen Kriegshafens"*

10. Juli 1859: Louise von Krohn und ihr Mann setzten - von der Hochzeitsreise kommend - mit einem kleinen Boot über die Jade und fuhren ihrem zukünftigen Wohnort, dem Dorf Heppens, entgegen. Julius von Krohn war schon seit 1855 hier tätig gewesen.

stattet. Neben diesem „Hotel Janssen und Ladewigs" - damals kurzweg „das Speisehaus" genannt - lagen Apotheke und Post, zwei einstöckige, ganz mit schwarzer Dachpappe benagelte Gebäude, die recht unheimlich aussahen. Dahinter stand eine Anzahl Arbeiterbaracken, denen man den bezeichnenden Namen „Strohhausen" gegeben hatte.

Ebenso bestand Neuheppens damals auch nur aus wenigen Häusern. Wir nannten es „unsere Geschäftsgegend", denn dort wohnten der Krämer, welcher zu gleicher Zeit Gastwirtschaft betrieb, und der Schlachter. Auf der jetzigen Manteuffelstraße stand nur ein einzelnes, fiskalisches Haus.

Uns wurde das Haus einer Bauernstelle auf dem sogenannten „Katharinenfelde" zur Wohnung angewiesen. Ein ähnliches Haus auf einer anderen, gleichfalls „Katharinenfeld" genannten Bauernstelle bewohnte der Domäneninspektor Meinardus. Beide Bauerngehöfte waren preußische Domänen geworden. Das von uns fünf Jahre hindurch bewohnte Bauernhaus wurde später lange Zeit als Spritzenhaus benutzt, es stand noch bis vor kurzer Zeit innerhalb der Werftmauern, dann hat man es abgebrochen.

Zu diesem, unserem neuen Heim lenkten wir, ans Land gestiegen, unsere Schritte. Das Haus lag inmitten eines großen Obstgartens und war von einem breiten Graben umgeben, wie ihn jede alte friesische Landstelle aufzuweisen hat.

Hugo Meinardus, 1830 – 1901, Domäneninspektor für den preußischen Landbesitz mit vielfältigen weiteren Aufgaben; er wohnte in den fünfziger und sechziger Jahren auf dem Katharinenfeld in der Nähe der Familie von Krohn.

Ein solcher Graben diente als Schutz gegen feindliche Überfälle zu jener Zeit, als sich die Stämme der Rüstringer, Östringer und Wangerländer noch in blutigen Fehden und wilden Raubzügen bekriegten. Diese Raubzüge zu beschreiben, ist indessen nicht der Zweck der nachfolgenden Zeilen; die alten Chroniken berichten darüber schon auf das ausführlichste.

Als meine Augen zum ersten Male das alte, verwitterte Gebäude erblickten, beschlich mich doch, trotz des beseligenden Gefühls, nunmehr ein eigenes Heim zu besitzen, eine unendliche Wehmut. So einsam lag es da, das alte Haus, eine beängstigende Stille ringsherum, nicht einmal ein Vogel zwitscherte in den Zweigen, nur die Frösche in dem Graben, der entsetzliche Miasmen ausströmte, quakten selbstzufrieden ihr eintöniges Lied. Durch den Garten gelangten wir in das Haus, das man für uns in einen möglichst guten Stand zu setzen sich bemüht hatte, und ich war recht angenehm überrascht, alles ganz wohnlich eingerichtet zu finden. An einer mit Fliesen gepflasterten Diele, wie man in hiesiger Gegend den Hausflur nennt, lagen die Zimmer: Rechts meines Mannes Büro, anstoßend daran ein kleines Fremdenstübchen, links die Mädchenstube, mit drei Alkoven versehen, in welchem bei dem früheren Besitzer Irps das Gesinde geschlafen hatte. Durch den Hausflur gelangte man in die Küche und von dort in ein über dem Keller befindliches Zimmer, die sogenannte „Aufkammer" oder „Upkamer", zu der eine niedere Treppe in die Höhe führte. Ein großes, vierfenstriges Gemach, das mein ganzer Stolz war, die „gute Stube", wie man damals noch das Empfangszimmer benannte, war nach den Begriffen der alten Zeit, in der man noch nicht so anspruchsvoll war, ganz komfortabel möbliert, hat doch selbst der Marschall Moltke, der uns einige Jahre später dort besuchte, geäußert, es habe ihn ganz wunderbar angemutet, hinter einem solchen alten Gemäuer so viel Eleganz und Behaglichkeit verborgen zu finden. Ein großer Übelstand war es aber, daß die Zimmer keinen gegipsten Plafond, sondern nur eine Bretterdecke besaßen. Bei Regenwetter gewährte diese dem durch das undichte Dach eindringenden Wasser reichlichen Eingang. Mutter und Schwester hatten nun mehrere Tage mit Hilfe einiger Leute der meinem Mann unterstellten Schiffsbesatzung eifrig geschafft, und so fanden wir alles schon in der schönsten Ordnung, Küche und Keller gefüllt, den Tisch zum Abendbrot gedeckt und reich geschmückt mit Blumen aus unserem großen Garten - hätten wir eine schönere Überraschung wohl haben können?

Unsere Lieben aber waren nach getaner Arbeit wie die guten Heinzelmännchen im Märchen wieder verschwunden, und nur Marie, unser dienstbarer Geist, empfing uns an der mit einer Buchsbaumgirlande bekränzten Tür. Sie war ein jeverländisches Bauernmädchen von 17 Jahren, rotbäckig und blauäugig und trug ihr strohgelbes Haar voller Haarnadeln und fest geflochten straff am Hinterkopf befestigt. Kräftig und robust wie sie war, erweckte sie in mir die Zuversicht, daß ihr der Dienst bei uns nicht schwer fallen würde. Allzu intelligent sah sie dagegen nicht gerade aus. Zu unserer Bewillkommnung wischte sie sich die Hand an der Schürze ab, reichte sie erst meinem Manne, dann mir und sagte freundlich: „Goden Dag ok mittenanner!"

Uns ins Zimmer folgend, bekundete sie ihre Zugehörigkeit zum Haushalt dadurch, daß sie, als ich mich setzte, ebenfalls

Miene machte, Platz zu nehmen. Nun hielt ich es aber doch für angebracht, der braven Marie einen kleinen Wink zu geben, woraufhin sie, mich sehr erstaunt ansehend, das Zimmer verließ. Am folgenden Morgen weckte mich ein wunderbares Gekrächze, ich sprang entsetzt auf und trat ans Fenster – da, auf dem Zweig einer Ulme saß und starrte mich mit ihren großen runden Augen unheimlich – eine Eule an, sie brachte mir das erste Ständchen in der neuen Heimat!

Die Pflichten der Hausfrau traten nun an mich heran; ach, ich war noch so unerfahren in allen wirtschaftlichen Dingen, nur einen guten Willen und Henriette Davidis Kochbuch brachte ich in dieser Beziehung mit in die junge Ehe. „Nun, Lusi, was werden wir zu Mittag haben? Ich bin ganz neugierig auf deine Kochkunst!" Na, ich blamierte mich gründlich, mein erstes Diner war wirklich kein Hochgenuß! Wir aßen es aber mit unerschütterlicher Todesverachtung: mein Mann, weil er mich nicht betrüben wollte – was schluckt ein liebender Gatte in den Flitterwochen nicht manchmal hinunter! – ich aber aß, um ein gutes Beispiel zu geben. Wenn ich die dumme Marie fragte, wie es geschmeckt hätte, so erhielt ich jedes Mal zur Antwort: „Wunnerschön!". Nach einigen Tagen jedoch fand ich fast ihre sämtlichen Mittagsrationen mit leichtem Schimmel überzogen im Speiseschrank wieder. – Um indessen der Wahrheit die Ehre zu geben – lange währte dieser trostlose Zustand nicht, der gute Wille und Henriette Davidis trugen schon nach kurzer Zeit den Sieg davon.

Im übrigen waren wir zu sehr böser Zeit nach Heppens gekommen. Der Sommer 1859 brachte viel, sehr viel Fieber mit sich. In den meisten Fällen war es das sogenannte zweitägige

„Wechselfieber", dann aber trat auch das „Gallenfieber" mitunter sehr heftig auf.

Auch wir blieben nicht verschont. Zuerst wurde unsere Marie vom Gallenfieber befallen. Eines Tages bat sie mich, ob sie zu Bett gehen dürfe, ihr sei so schlecht – „slecht gestellt", wie man hier zu Lande sagt – sie zitterte am ganzen Körper vor Frost, und ihre Zähne schlugen hörbar aufeinander. Die Hände waren eiskalt und das sonst so rotbäckige Mädchen war totenblaß. Selbstverständlich mußte sie sich sofort hinlegen, ich machte ihr Tee zurecht, den ich törichterweise stark mit Rum ansetzte. Nun fing sie an zu jammern und zu stöhnen, so daß ich glauben mußte, eine Todkranke vor mir zu haben. Was aber nun beginnen? Zum schicken hatte ich niemanden, in der Nähe wohnte auch kein Mensch, denn unser Haus lag ganz einsam; mein Mann war mit dem „Iltis" nach Bremerhaven gesegelt, er konnte erst gegen Abend wieder zurück sein, vorausgesetzt, daß Wind und Wetter günstig waren. Einen Arzt mußte ich aber für meine Kranke haben und zwar so bald wie möglich. Da war guter Rat teuer. - Schließlich blieb mir nichts anderes übrig, als mich selbst aufzumachen. Marie war anfangs ganz außer sich, als ich ihr sagte, daß ich sie alleine lassen müsse, doch gab sie endlich wiederholten vernünftigen Vorstellungen Gehör. Ich schloß das Haus ab und begab mich auf die Wanderung. Es hatte anhaltend geregnet, und zum ersten Male nach längerer Zeit schien die Sonne wieder. Es war ein furchtbar heißer Tag. Die jetzige Königstraße war damals nicht gepflastert und infolge des andauernd schlechten Wetters schier unergründlich geworden, so daß ich trotz aller Anstrengungen nur mühsam und langsam vorwärts kam. Der

Doktor wohnte in einem noch hinter dem Kommissionshause gelegenen fiskalischen Gebäude. Endlich nach einem ermüdenden dreiviertelstündigen Gehen in der Mittagszeit war ich am Ziel. Ich klingelte, - der Bursche machte mir auf, - der Doktor war ausgegangen, - ich lasse den Bescheid zurück, der Doktor möge so bald wie möglich zu Krohn's auf dem Katharinenfelde kommen, „es handle sich um eine Schwerkranke". Dann machte ich mich wieder auf den Heimweg. Nach abermaligem mühsamen Durcharbeiten durch die Königstraße war ich endlich wieder zu Hause angelangt, derartig von der Hitze aufgelöst, daß mich meine Füße kaum noch trugen. Die Patientin wimmerte laut, Gott sei Dank, sie lebte also wenigstens noch. Es war ihr jetzt glühend heiß, und sie klagte sehr über starke Kopfschmerzen. Ich wand ihr ein nasses Tuch um den Kopf, stellte ihr die Tischglocke, Wasser und Tee zum trinken auf den Tisch vor's Bett und sagte ihr, „ich wolle mich etwas schlafen legen, wenn sie meiner bedürfe, möge sie klingeln" –

Ganz entschieden machte diese umgekehrte Weltordnung, daß sie auch einmal ihrer Herrin kommandieren konnte, meiner Marie viel Spaß, denn alle zehn Minuten setzte sie die Tischglocke in Bewegung, so daß ich nicht zur Ruhe kommen konnte. Endlich, nach einigen Stunden erschien der Arzt, stellte ein Gallenfieber fest und gab mir den angenehmen Trost, daß es mindestens acht Tage anhalten würde. Hierauf schrieb er ein Rezept, das er mir mit dem Ersuchen überreichte, es sofort zur Apotheke zu senden. Als ich dem Doktor sagte, daß ich niemanden zum schicken hätte, meinte er: „Es war doch vorhin jemand bei mir mit dem Bescheid von Ihnen, gnädige

Frau!" „Nein, Herr Doktor, das bin ich selber gewesen!" „Was, bei der brennenden Hitze und den unergründlichen Wegen? Das ist ja fast unmöglich, hoffentlich haben Sie sich dann aber etwas geruht!" Nun erzählte ich dem Doktor von Mariens Passion für das Klingeln. Ganz empört hierüber meinte er: „Da soll doch dieser und jener -! Na, ich werde mir die Person mal langen!" Er machte nun dem Mädchen nicht gerade in höflichster Weise den Standpunkt klar und fügte hinzu: „Jetzt versuchen Sie vor allen Dingen zu schlafen, und lassen Sie für einige Stunden die gnädige Frau in Ruhe, sonst wird diese auch noch krank und Sie haben niemanden, der Sie pflegen kann!" Dann nahm der Doktor das Rezept mit, um es in der Apotheke abzugeben und sandte bald darauf durch seinen Burschen die Medizin ins Haus. Die energische Sprache des Doktors aber hatte ihre Wirkung nicht verfehlt, - nun konnte ich einige Stunden ungestört schlafen.

Am Abend kehrte mein Mann zurück, so daß ich mit ihm überlegen konnte, was nun vor allen Dingen zu tun sei. Zunächst wurde mir am nächsten Morgen Jan Fehndahl zugeschickt. Wenn mir irgend jemand aus jener schweren Zeit in dankbarer Erinnerung geblieben ist, so ist es dieser Jan Fehndahl. Jan war Matrose auf dem meinem Mann unterstellten Schoner „Iltis", ein gutmütiger, praktischer und meinem Gatten treu ergebener Mensch. Bei allen Kalamitäten – und daran gab es wahrlich keinen Mangel – war Jan Fehndahl stets hilfsbereit zur Stelle. Das kannte man von Jan nun mal nicht anders, und erst später lernte ich den ganzen Wert dieses prächtigen Menschen richtig schätzen. Jan hatte ein stehendes Wort, das er in allen kritischen Fällen anzuwenden pflegte:

„Dat kümmt all wedder torecht!" Hatte sich eins von den Schafen verlaufen, war mein vierbeiniger Freund Harry ausgerückt, war das Dienstmädchen erkrankt, hatten die Vögel die keimenden Samenkörner aufgepickt, recht philosophisch beruhigte Jan mich und sich selbst mit den tröstenden Worten: „Dat kümmt all wedder torecht!"
Also Jan Fehndahl kam und wurde von mir sofort zur Aufbringung weiblicher Hilfskräfte ins Land geschickt nach Altheppens, Neuende und Rüstersiel – vergebens – man war in der Ernte! Niemand war zu bekommen! Nun blieb noch Mariensiel als letzte Hoffnung übrig. Von dort kam Jan Fehndahl denn auch freudestrahlend zurück; die Frau eines Bäckermeisters Engelhaupt hatte sich bereit erklärt, zu mir zu kommen. Mir ist dieser schöne Name besonders deshalb in Erinnerung haften geblieben, weil er durchaus nicht zu seiner Trägerin passen wollte. Diese hilfsbereite Bäckermeisterin wollte Mann, Haus und Geschäft um meinetwillen im Stich lassen, denn „sie kenne Frau v. Krohn schon von klein auf". Am andern Tag stellte sie sich denn auch ein, und – wir waren wirklich alte Bekannte aus meiner Kinderzeit! Sprenger's Mete, wie wir sie nannten, diente, wie ich noch ein Kind war, auf unserer Nachbarschaft bei einer Doktorin Sprenger. Damals war Mete meine Freundin – von dem Obst, das ich in unserem Garten unter den Bäumen fand, brachte ich täglich in meiner Schürze Mete ihr Teil. Dafür schnitt sie mir die schönsten Puppen aus buntem Papier. Diese Mete stand nun nach langen Jahren plötzlich wieder vor mir als Helferin in der Not. Was hätte ich wohl anfangen sollen ohne Mete Engelhaupt! Mit meinen Kräften war es zu Ende, und nun legte sich auch

mein Mann fieberkrank nieder. Ein Glück war es nur, daß ich, - wenigstens vorläufig – noch verschont blieb, mich ereilte das Geschick etwa vier Wochen später.

Mein Mann und ich haben uns ein ganzes Jahr mit dem schrecklichen Leiden plagen müssen und wurden erst durch einen längeren Kuraufenthalt in einem Nordseebade davon befreit. Es ist unglaublich, was wir in unserer Fiebernot an Chinin verbrauchten, und doch erreichten wir nur, daß das Fieber höchstens auf einige Wochen - meistens drei - aussetzte. Es hat hier damals Familien gegeben, denen dieses teuere, bittere Medikament jährlich eine große Summe kostete und die dann noch zu Arsenik und Phosphor ihre Zuflucht nehmen mußten.

Nach etwa anderthalb Wochen verließ uns die brave Mete wieder, unsere Marie war glücklich genesen. Die Anordnung des Arztes, daß sie jetzt wieder aufstehen könne, stimmte sie ganz traurig. Sie hatte sich als gut gepflegte Kranke in ihrem Bette sehr mollig gefühlt und hätte ganz gewiß noch gern lange darin ausgehalten.

2
Die Freundinnen aus Varel – Ungebetener Besuch – Herr Josef Tulpenthal und Frau Sara

Leider war mein Mann durch die sich in kurzen Zwischenräumen immer wieder einstellenden Fieberanfälle derartig heruntergebracht, daß ihm nur eine Luftveränderung Genesung bringen konnte. Das kleine Dangast wurde als Kurort gewählt. Ich dagegen mußte als gute Hausfrau daheim bleiben und erbat mir - es war im August 1859 - den Besuch zweier Freundinnen aus Varel. Die beiden kamen denn auch bald darauf an. Die eine von ihnen, Therese mit der ewig heiteren Laune und dem köstlichen Humor, war ganz wie geschaffen, einer Strohwitwe die Grillen zu vertreiben. Die andere, Tilly, liebenswürdig und in gewissem Sinne originell, war die Tochter eines englischen Majors, der in Varel, wo seine Frau, eine Holländerin aus Kapstadt, Verwandte besaß, seine half pay verzehrte. Das höchste Lob nun, das Tilly spenden konnte, war: „Grade wie in England!" So rief sie denn auch beim Erblicken unseres alten Hauses bewundernd aus: „Grade wie eine Cottage in England!" Das war wohl mehr des Sängers Höflichkeit! Behaglich war es aber doch in unserem Heim, besonders bei Sonnenschein an einem schönen Sommertage. Dann saßen wir alle zusammen recht viel im Garten auf meinem Lieblingsplätzchen.

Es war so wunderschön kühl von Holunder beschattet, der seinen Blütenschnee verschwenderisch auf uns niederstreute; der laue Zephyr trug den köstlichen Duft von Rosen und Reseden zu uns herüber und die alten Weiden am Grabenrande wisperten und flüsterten gar traulich und geheimnisvoll. Wie gern denke ich noch an unsere hübschen Plauderstündchen zurück, wenn wir die gute Tilly mit ihrem Old-England neckten. Wollten wir sie ein wenig in Harnisch bringen, dann schwärmten wir von Maria Stuart. Sie war, da sie lange in Edinburg gelebt hatte, keine Verehrerin der unglücklichen Königin, sie teilte vielmehr die schlechte Meinung der Schotten über Maria Stuart völlig und sagte immer wieder: „Euer Schiller hat Euch ganz falsche Begriffe über diese Frau beigebracht." - Besondere Vergnügungen konnte ich meinen lieben Gästen nicht bieten, und so war denn unser tägliches Programm einfach genug. Morgens nach dem Kaffee gings hinaus auf den Deich, und wir versenkten uns in den ewig schönen Anblick des Meeres, ich aber schaute gleichzeitig sehnsüchtig hinüber nach Dangast. Manchmal, wenn Ebbe war, suchten wir, sehr zum Nachteil unseres Schuhwerks, auf den Schlengen nach Krabben, wie hier an der Nordseeküste die

Die Kirche in Heppens - als Louise von Krohn dort eintraf stand das Glockengebäude nordwestlich des alten Kirchenschiffs.

Taschenkrebse genannt werden. War es Zeit, das Mittagsbrot vorzubereiten, so schlenderten wir gemächlich nach Hause. Gekocht wurde immer gemeinschaftlich, und zwar heute auf englische und morgen auf deutsche Art. Nach dem Essen aber unternahmen wir in der Regel eine Bootsfahrt auf der Jade.

Eines schönen Sonntags beschlossen wir drei, das herrliche Wetter zu einem gemeinsamen Gang in die Kirche zu Altheppens zu benutzen. Über herrliche Wiesen und durch gewaltige wogende Kornfelder führte uns der Weg, von dem Tilly, wie nicht anders zu erwarten war, in heller Bewunderung sagte: „Grade wie in England!" Gegen 11 Uhr waren wir an Ort und Stelle. Unsere Furcht, zu spät zu kommen, legte sich recht schnell, als wir sahen, daß die Kirche noch ausgefegt wurde. Eine alte Frau schwang den Besen und mächtige Staubwolken wirbelten uns entgegen, während einige aus ihrem Morgenschlummer aufgestörte Kröten eiligst davonhüpften. Nach einer Viertelstunde zog ein Junge den Glockenstrang und die Gemeinde - nur Weiblichkeit in zum Teil schon sehr ehrwürdigen Semestern - versammelte sich. Der Prediger von Heppens war beurlaubt, ein Pastor aus der Nachbarschaft hielt die Andacht. Es war dies ein sehr alter Herr. Von seiner Gattin gestützt und gefolgt von dem Dienstmädchen, das mehrere Bücher trug, stieg er mühsam die Kanzel hinauf. Er las ein Kapitel aus der Bibel, da er aber nicht ganz deutlich sprach, so verstand man nicht immer alles, was er über die klugen und die törichten Jungfrauen vortrug. Seine Zuhörerinnen aber sparten sich von vornherein die Mühe, ihm zu folgen: sie schliefen! Dann klappte der Pastor die Bibel zu und hub an: „Folgende Personen sind gewillt, in den Stand der heiligen Ehe zu treten!" Da wachten sie mit einem Male alle auf, die frommen Kirchgängerinnen, nun kam ja das einzige, was sie alle interessierte. - Über Orgelspiel und Gesang sei es mir gestattet, zu schweigen; meine Freundin Tilly aber war außer sich.

So verging ein Tag nach dem andern, bis die Abschiedsstunde schlug. Ich begleitete meine Freundinnen bis zur Post, den weiten Weg zurück machte ich in abendlicher Stunde allein. In der Nähe unseres Hauses begegnete mir ein unheimlich aussehender Mensch, er sprach mich an und forderte eine Gabe. Ich entgegnete ihm, daß ich nichts bei mir hätte. Trotzdem begleitete er mich, er wolle mit bis zu meiner Wohnung gehen, dort würde wohl noch etwas für ihn zu finden sein. Mich beschlich ein furchtbares Angstgefühl, das noch verstärkt wurde durch die Annahme, daß der Fremde die Abwesenheit meines Mannes ausspioniert habe, sonst – dachte ich mir – würde er es wohl nicht gewagt haben, mich in solcher Weise zu belästigen. Anscheinend ruhig ließ ich mir die Begleitung dieses Mannes gefallen. Im Hause angelangt, bat er sich etwas zu essen aus. Nachdem er sich gesättigt und dabei fortwährend umgesehen hatte, meinte er, es wäre für ihn wohl das beste, wenn er bei uns bleiben könne, er würde ganz gerne im Backhause schlafen, da er sonst kein Unterkommen habe. Ich gab keine Antwort, sonder zermarterte mein Gehirn nach einem Ausweg, wie ich den Kerl loswerden könnte. Da kam mir endlich ein rettender Gedanke: „Ich werde meinen Mann fragen, er ist im Garten!" „Marie, rufen Sie den Herrn herein!" Dann lockte ich die Hunde. „Don, Nero!" Ein Nero existierte zwar nicht, aber ich dachte, schaden könnte es durchaus nicht, wenn der Kerl glaubte, ich hielt zwei recht bissige Hunde!

Na – da aber! Es war mehr als komisch anzusehen, wie der Patron ausriß, was seine Beine nur laufen konnten! Ich aber atmete erleichtert auf, dann verrammelten wir sofort alle Türen, erleuchteten die Zimmer und gingen die ganze Nacht nicht zu Bett. Seit diesem Vorfall schlief stets einer von meines Mannes Leuten im Hause, sobald mein Gatte verreist war, meistens war es der brave Jan Fehndahl, der den Sicherheitsdienst übernahm und seine Hängematte im Bureau aufhing.

Bald darauf kehrte mein Mann aus Dangast zurück, aber leider nicht geheilt, und eines Tages bekam auch ich den Schüttelfrost, die Hitze, mit einem Wort: das Marschfieber. Nun war es da - und wie sehr hatte ich mir gewünscht, davon verschont zu bleiben Mit einem unerfahrenen Mädchen war es mir eigentlich absolut nicht erlaubt, krank zu werden, war doch schon in gesunden Tagen das Wirtschaften unter den damaligen Verhältnissen wahrlich nicht leicht!

In Neu-Heppens, eine ganze Strecke von uns, wohnten, wie schon erwähnt, der Kramer und der Schlachter. Dieser einzige Schlachter war ein großer Herr, schon wohlhabend, als ich meinen Haushalt begann. Man mußte ihn sehen, den Herrn Josef Tulpenthal, wenn er am Sonntag seine Gemahlin spazieren führte: im schwarzen Anzug, den Rock vorn zurückgeschlagen, in leuchtend gelber gestickter Piqueeweste, an der eine schwere goldene Uhrkette baumelte, den Zylinderhut etwas auf den Hinterkopf gerückt, so kam er sich selbst sehr fein und vornehm vor; und nun erst die Sara – im lilaen Seidenkleid mit Volants, einer Krinoline von gewaltigen Dimensionen, im Sommerhut, den ein Wald von Blumen zierte, und nicht zu vergessen in der Spitzenmantille, so machte sie gar keine üble Figur, überragte sie doch ihren Josef um Haupteslänge!

Wir, der Herr Tulpenthal und ich, standen eine Zeit lang in keinem sehr freundlichen Verhältnis zueinander, und das hatte in folgendem seinen Grund: An einem heißen Sommertage hatten wir auswärtigen Besuch und ich hatte mir hierzu beim Schlachter eine Kalbskeule bestellt. Während ich nun mit meinen Gästen fortgegangen bin, kommt Herr Tulpenthal vorgefahren und ladet das ganze Viertel eines gemästeten Kalbes bei uns ab. Alle Versuche meinerseits, einen Teil des Fleisches beim Schlachter wieder los zu werden, scheiterten vollständig, und so machte ich mich denn eines Tages auf den Weg, um wenigstens eine kleine Preisermäßigung zu erlangen. In Tulpenthals Hausflur war kein Mensch zu sehen, und so klopfte ich denn an die Stubentür. "Herein!" Sieh, da liegt der Herr Josef Tulpenthal in primitiver Toilette – es war nämlich sehr warm – auf dem grünen Plüschsofa, die Pfeife im Munde, und rührt sich nicht. "Bitte, Schlachter, stehen Sie doch einmal auf," sagte ich voller Entrüstung. Na, das tat er denn auch und sah mich unglaublich dumm an. Nachdem ich ihm gründlich meine Meinung gesagt hatte, legte ich mit schwerem Seufzer – es war ein teurer Spaß – die ganze Summe auf den Tisch und entzog ihm ingrimmig meine Kundschaft auf ewige Zeiten. Was nun aber machen? Grünzeugsport und Linsenkoteletts kannte man damals noch nicht. So blieb denn nichts übrig als Schinken. Gekocht und gebraten ziert er von nun ab – ach, wie oft! – unsere Tafel. Häufig, wenn die Sehnsucht nach einem Stück saftigen Fleisches oder nach einem Teller guter Suppe zu groß werden wollte, beschloß ich, einzulenken, doch immer wieder schob ich den „Gang nach Kanossa" auf. Nun aber empörte sich schließlich mein Mann, und so fand ich mich eines Tages wieder auf dem Weg nach Neu-Heppens. Ich traf Herrn Tulpenthal in voller Berufstätigkeit im Schlachthause. Sara, die mit aufgerafften Röcken und ungemachtem Haar gleichfalls am Fleischbock stand, ließ, als sie mich erblickte, rasch das hochgehobene Fleischbeil fallen und klapperte schleunigst mit ihren Holzpantinen von dannen. „Tag, Herr Tulpenthal, kann ich ein Roastbeef haben?" fragte ich ganz schüchtern. „Gewiß, gnädige Frau, habe gerade was ausgesaichnetes. Es freut mich, daß Se sind gekommen zurück zum Tulpenthal, hab's gewußt, ohne Fleisch kann der Mensch nicht läben, ich will werden meschugge, wenn ich Se nich gäbe ümmer de besten Stücke!" Und Herr Tulpenthal hat in der Zukunft Wort gehalten.

3
Besuche – Feier zum hundertsten Geburtstage Schillers – Abendgesellschaften – Lesekränzchen

Ehe man es sich versah, war unter guten und bösen Stunden bei häuslichem Schaffen und häuslicher Gemütlichkeit der Oktober ins Land gekommen. - Nachgerade erwachte die Sehnsucht nach der Außenwelt, man wollte Menschen sehen.

Im Kommissionshause wohnten der Hafenbaudirektor und Baumeister mit ihren Familien sowie einige unverheiratete Herren - Baumeister und Bauführer -; hier konzentrierte sich die Geselligkeit.

„Unmittelbar hinter dem Deich auf einer alten Warfstelle – dem Dauensfelde – lag das Kommissionshaus, dort hatte der „Hafenbau" sein Bureau und seine Zeichensäle eingerichtet"; hier wurden auch die ersten Feste gefeiert.

Der gesellschaftliche Verkehr wurde mit Vorliebe in der Weise gepflogen, daß man sich gegenseitig „überfiel". Man freute sich in der Tat, wenn man die Familie, auf die man es abgesehen hatte, gemütlich beim Kaffee antraf, bat sich ein Täßchen aus und verweilte bis zum Abend, um eine Partie Whist zu spielen oder die Zeit in gemütlichem Beisammensein zu verplaudern.

Im ganzen deutschen Vaterlande rüstete man zur Feier des hundertsten Geburtstages unseres großen Dichters Schiller. Jeder trug sein Scherflein bei zu dem Schillerpreise, der schon so manchem Dichter Aufmunterung und Hilfe in bitterer Not gebracht hatte. In allen Städten, ja selbst in den Dörfern plante man, den 10. November festlich zu begehen. Warum sollten nicht auch wir unsere Schillerfeier haben, wir in unserer kleinen Gemeinde am äußersten Ende der Welt?

Große Schwierigkeiten stellten sich uns allerdings entgegen; aus nichts sollte und mußte etwas geschaffen werden, und es wurde geschaffen, wir feierten unsern Schiller.

Das Lokal, es war der Zeichensaal im Kommissionshause, wurde zur Verfügung gestellt; dort wollte man den großen Dichter feiern in Wort und Bild. Amüsieren wollten wir uns auch dabei, ein solennes Souper sollte uns hernach vereinen. Mit dem Saal allein konnten wir also nichts anfangen. Die Bewohner des Kommissionshauses gaben indessen willig ihre Möbel, ihr Silber und Porzellan zum Arrangement her und die Junggesellen stellten ihre Zimmer zu verschiedenen Zwecken zur Verfügung.

In des Hafenbaudirektors Küche sollte das Abendessen bereitet werden, daneben galt es, ein ganz rohes Material für die Aufwartung zu dressieren, den wir hatten auswärtige Gäste eingeladen – es wurde eine große Gesellschaft. Unser Baumeister M., die Seele des Ganzen, unterzog sich auch dieser Mühe. Er setze sich an einen Tisch vor einem Couvert nieder und hinter ihm standen aufgereiht vier Mann verschiedener Nationalität. – „Nun, Nudel, nehmen Sie einmal die Schüssel und reichen Sie mir dieselbe, aber von links." – „Von links, Mann! Ich verrenke mir ja mein Handgelenk!" – „Ei hercheeses, Herr Baumeester, nähmen Se's nur nich ibel, aber es is doch sehre unheeflich von lings!" erwiderte der gebildete Sachse.

Es war eine mühsame Arbeit, den Leuten etwas beizubringen. Dem armen M. standen die Schweißtropfen auf der Stirn;

37

doch der Erfolg blieb nicht aus, es ging hernach wie am Schnürchen.

Am besten machte seine Sache der Holsteiner, obgleich er derjenige war, der am meisten an sich verzweifelte. „O hah, dat Ihr ick min Levdag nich!" seufzte er.

Schließlich waren die Vorarbeiten erledigt, die Proben in vollem Gange und die Kostüme besorgt worden. An die Beleuchtung allerdings hatte niemand gedacht. Indessen, die Herren vom Bau wissen sich zu helfen; mit großer Kunstfertigkeit wurde aus einem Holzgestell und vergoldeten Pappstreifen ein Kronleuchter hergestellt. So sahen wir wohlgerüstet unserm ersten Fest entgegen.

Endlich war der große Tag gekommen! Unsere auswärtigen Gäste, namentlich aus Neustadt-Gödens, waren sämtlich erschienen und wurden von uns im Zeichensaale empfangen. Man machte sich gegenseitig bekannt, nahm den Tee ein und ließ sich zum Genuß der Aufführungen feierlich nieder.

Eine reizende Ouvertüre, vierhändig gespielt, eröffnete den Abend, dann hob sich der Vorhang. Eine frische Jungfrau, groß und kräftig gebaut, welche mit ihrem wundervollen, gelben, deutschen Haar eine prächtige Germania hätte darstellen können, an diese dachte man aber in jener Zeit, da es kein geeintes Deutschland gab, noch nicht, sie saß vielmehr in ihrem geflickten Mantel, das Antlitz in Scham gehüllt, in einem dunklen Winkel - präsentierte sich als Jungfrau von Orleans. Johanna - zufällig trug sie auch diesen Vornamen -, in dem friedlichen Kostüm eines weißen Mullkleides, deklamierte den Monolog: „Lebt wohl ihr Wiesen, ihr geliebten Triften - Johanna geht und niemals kehrt sie wieder."

Letzteres traf, persönlich genommen, nicht zu, denn Johanna weilte noch recht oft in unserer Mitte, auch schlug sie einen ganz anderen Lebensweg ein als die Schillersche Jungfrau, denn sie verlobte sich hier mit einem Bauführer, wodurch sie die Gattin eines später vielgenannten sozialdemokratischen Agitators wurde. Das lebende Bild aus Schillers „Glocke", den Guß, hatte man in Bezug auf die Kostümierung recht bequem arrangiert - der Meister und seine Gesellen trugen Kostüme aus grünem Kattun -, doch wurde das Bild recht gut gestellt und die Darsteller ernteten Bewunderung und Beifall.

Nun folgte der Dialog zwischen Philipp II. und Marquis Posa aus „Don Carlos". Baumeister S. fand sich mit seinem Marquis ausgezeichnet ab, während unser Stabsarzt Br., wie sonst im Leben, so auch hier jeder Verstellung abhold, durchaus nicht den blutdürstigen Tyrannen herauskehrte, sondern so recht individuell den wohlwollenden, freundlich lächelnden Biedermann, der er sonst im Leben war, auch in der Rolle Philipps II. nicht verleugnete. Es folgten einige wohlgelungene Scherze, die die bereits herrschende fröhliche Stimmung auf ein noch höheres Niveau brachten und dann ließ man sich nieder zum Souper. Nach dem Essen begann der Ball und es wurde so flott getanzt, daß die sogenannte Kaffeepause erst eintrat, als die Sonne schon am Himmel stand. Um der Tradition des Weitertanzens nach dem Kaffee nicht untreu zu werden, huldigte man im Schein der Morgensonne Terpsichoren weiter und um 9 Uhr vormittags traten wir Festteilnehmer den Heimweg an. An Zeitdauer ließen unsere damaligen Feste, wie man aus vorstehendem ersieht, nichts zu wünschen übrig.

Die Bauten um das Hotel Keese; im Hintergrund der Seedeich.
Hier übernachteten auch Honoratioren wie Minister Roon oder Prinz Adalbert.

Mit dieser Schillerfeier war sozusagen die Saison eröffnet worden, ihr folgten eine ganze Reihe von Abendgesellschaften, die bei aller Gemütlichkeit auch der Schattenseiten nicht entbehrten. Das Souper währte meistens bis zum Schluß, und nicht selten kam es vor, daß die eine oder andere Dame noch vor Beendigung der Tafel aufbrach. Letzteres hatte seinen Grund auch darin, daß die zur Verfügung stehenden Räume meistens nicht allzugroß waren und es infolgedessen an Rauchgelegenheiten für die Herren fehlte, welche, nachdem sie mit dem konventionellen „gestatten die Damen" ihr Gewissen beruhigt hatten, in dreister Voraussetzung unseres Einverständnisses ihre Zigarren in Brand setzten und in ungeniertester Weise das Zimmer vollpafften. Natürlicherweise wurde Widerspruch niemals erhoben, auch nicht von den Damen, die, wie ich z. B., an Migräne leidend, das Rauchen nicht ertragen konnten. Man saß da des öfteren mehrere Stunden lang in solch dichtem Tabaksrauch, daß man sich gegenseitig kaum erkennen konnte.

Hatten wir Damen nun aus Höflichkeit bis nachts zwölf Uhr in quasi passiver Weise an solchen Rauchkollegien der Herren teilgenommen und machte die älteste von uns Anstalten, die qualmende Soiree zu verlassen, dann bat die Wirtin flehentlich um längeres Verweilen, und die Herren riefen im Chorus: „Bitte, bitte, gnädige Frau, seien Sie nicht grausam! Mitten im schönsten Vergnügen dürfen Sie uns doch nicht verlassen, das wollen Sie uns doch nicht antun!"

Die Unterhaltung an diesen geselligen Abenden erstreckte sich bei den Herren meistens auf dienstliche Angelegenheiten, während wir Frauen zum besten des leiblichen Wohles der Herren der Schöpfung allerlei Kochrezepte austauschten, Wirtschaftsangelegenheiten besprachen und uns - last not least - Luft machten über die Verderbtheit der Dienstmädchen; auch lobten wir die bestehende Mode und wünschten der Krinoline ewiges Bestehen.

Als im Jahre 1870 unser erster Stationschef Prz. mit seiner Gemahlin an einer solchen Abendgesellschaft beim Hafenbaudirektor teilnahm, ereignete sich, daß man erst um 3 Uhr morgens auseinanderging. Die Frau „Chefeuse", mit dem Gebrauch des Aufhebens der Tafel durch die älteste Dame nicht bekannt, war in dem Glauben, daß dies die Hausfrau zur rechten Zeit tun würde, während letztere wiederum diese Disposition von ihrem vornehmsten Gast erwartete. Man würde schließlich bis in alle Ewigkeit gesessen haben, wenn der Stationschef nicht einen Ausweg gefunden hätte. Als seine ausdrucksvolle, das Nachhausegehen andeutende Mimik, das fortgesetzt sich steigernde Achselzucken von seiner Gemahlin des dichten Tabaksqualm halber nicht bemerkt wurde, wandte er sich, Zahnschmerzen heuchelnd, an seine Tischdame, mit der Bitte, sich mit seiner Gattin entfernen zu dürfen.

Die vorhin erwähnten wirtschaftlichen Gespräche der Damen waren übrigens für mich von großem Nutzen; von der sehr praktischen Frau Baumeister Bh. habe ich viel gelernt. Über die neuesten Erscheinungen auf dem Gebiete der Literatur unterhielten wir uns – was hier nicht unerwähnt bleiben soll – nur wenig, über Musik fast garnichts. Wie eben jeder Brunnen einmal leer geschöpft wird, so versagte endlich auch die Quelle unserer Unterhaltung auf den Gebieten der Dienstmädchenfrage, der Mode, der Kindererziehung und des Hauswirtschaftlichen; oder vielmehr das Interesse daran begann nachzulassen, weshalb wir nachdachten wie wir eine gewisse Abwechslung in das Programm bringen könnten. Das Resultat unseres Nachdenkens und Beratens war die Veranstaltung von Whistabenden im Speisehause, die jedoch sehr bald wegen Mangel an Beteiligung wieder einschliefen.

Da kam jemand auf den glücklichen Gedanken, ein Lesekränzchen zu gründen. Das war ein Ausweg, ein neubelebendes Element unserer Unterhaltungsabende! Ja! Wir wollten ein Lesekränzchen haben! Sämtliche Damen waren von der Idee begeistert, während die Herren unserer Absicht ziemlich skeptisch gegenüberstanden, vor allem die Unverheirateten. „Meine Damen und Herren", so predigte gelegentlich einer Beratung ein Junggeselle, „ein Lesekränzchen ist das Langweiligste, was es gibt, besonders wenn es sich dabei um die Klassiker, um

Shakespeare, Schiller und Goethe handelt, die habe ich im Magen! So ein fünfaktiges Drama hat wirklich etwas einschläferndes und ich versichere Sie, schon im zweiten Akt sehe und höre ich nichts mehr von dieser schnöden Welt, dann wiege ich mich längst in süßen Träumen - Musizieren, Meine Tante, deine Tante, Wie gefällt dir dein Nachbar - das sind tausendmal hübschere Programmnummern für gesellige Abende als solche langweilige Leserei. Ein modernes geistreiches Lustspiel lasse ich mir noch gefallen, das ist aber leihweise in so vielen Exemplaren, wie wir gebrauchen würden, nicht zu bekommen."

Natürlich wurde der prosaische Mensch überstimmt. Wir bekamen unser Lesekränzchen. Die Männer freilich gaben ihren Frauen gegenüber dem Opponenten recht, indessen ernstlichen Widerspruch wagte keiner der wohlerzogenen Ehegatten.

4
Die Pfarrer J. F. und Carl Langheld – Familienfeste und andere Unterhaltungen – Eine Weihnachtsreise mit Hindernissen

Das Hotel von Janssen und Ladewigs hatte einen Saal, der zu allen Festlichkeiten benutzt wurde, wenn der Zeichensaal im Kommissionshause nicht zu haben war. Dahin zitierten wir unsere Dichterinnen. Mit großem Eifer frequentierten namentlich die Damen die Leseabende, jedoch darf ich dabei nicht verhehlen, daß wir Poesie mit Prosa glücklich zu vereinigen wußten. Diejenigen Damen, welche nicht gerade lasen: stickten, häkelten, strickten - es war verzeihlich, denn Weihnachten stand vor der Tür. „Maria Stuart" arbeitete z. B. eifrig an einem Sofaschoner, den sie kurz vor ihrer Hinrichtung triumphierend in die Höhe hielt; sie hatte ihn vor Eintritt dieses fatalen Momentes noch glücklich fertig bekommen.

Im ganzen waren die Herren wenig bei der Sache. „Lord Leicester", der zerstreut immer weiter geblättert hatte, war den Ereignissen bedeutend vorausgeeilt und mußte daher, als sein Stichwort kam, das Buch seiner Nachbarin zu Hilfe nehmen. „Max Piccolomini" weinte bittere Tränen, ich möchte aber ernstlich in Zweifel ziehen, daß ihm der Abschied von „Thekla" das Wasser in die Augen trieb, denn zufällig hatte ich vorher beobachtet, wie er bemüht war, einen Gähnkrampf zu unterdrücken. Nun erst mein Mann! Den ganzen Tag hatte er auf der Jade geschwommen, war todmüde und wäre weit lieber ins Bett gegangen als ins Lesekränzchen. Er setzte sich auch nicht mit in den stimmungsvollen Kreis um den Tisch, sondern hatte ein warmes Plätzchen am Ofen gefunden, auf dem er sehr bald eingeschlafen war. Er sollte im „Don Carlos" den Herzog von Medina Sidonia lesen, weshalb man ihn zuerst ungestört ließ. Nun aber schlug auch seine Stunde. „Medina Sidonia!" - Er antwortete nicht; was ging ihn der Mann an, er hatte längst vergessen, daß ihm die Rolle zugeteilt war. - „Herr von Krohn!" - „Was soll ich?" - „Mein Gott, lesen! Sie sind dran!" Halb war mein guter Mann noch im Reich der Träume, trotzdem erhob er sich langsam, ein Buch wurde ihm in die Hand gedrückt, damit stellte er sich an die Hängelampe und las, noch ganz verschlafen, seinen Teil vor. Daß er dabei die spanische Flotte, die „Armada", mit einem weiblichen Wesen, welches zufällig Amanda hieß, verwechselte, erregte große Heiterkeit. Einer der Herren meinte später, dieser „Medina Sidonia" sei eine willkommene Abwechslung gewesen.

Wenn das Lesen beendet war, nahmen wir ein einfaches Abendbrot ein. Auch diese Leseabende wurden, wie alle anderen Vergnügungen, hübsch ausgenutzt; wir kamen nicht sehr spät, sondern früh, das heißt lange nach Mitternacht, nach Hause.

Zu allen Zeiten hat im Gebiete der Jade ein freudiges Familienereignis Anlaß zu einer Festlichkeit gegeben. Wurde ein Neugeborenes getauft, so war es in den ersten Jahren, die wir hier verlebten, unserer ganzen kleinen Kolonie vergönnt, mit dabei zu sein. Wir feierten dann so zwölf Stunden und noch länger; in einem Falle waren wir sogar alle gebeten worden, Gevatter zu stehen - es muß wohl Gegenden in unserem deutschen Vaterlande geben, wo es so Sitte ist. Weitere Verpflichtungen für die Zukunft zog diese Ehre nicht nach sich, ins Kirchenbuch wurden wir ebenfalls nicht eingetragen, ein wahres Glück, denn was hätte das Kind später mit so viel Namen anfangen sollen. Es war das also nur eine Formalität, eine liebenswürdige Aufmerksamkeit der Elternpaare. Das Scherzhafte dabei war, daß jeder Einzelne meinte, er gehöre zu den Auserwählten und fühlte sich daher durch die Einladung besonders geschmeichelt.

Manche vergnügte Kindtaufe haben wir im Laufe der Jahre mitgemacht; eine von den ganz fidelen ist mir noch dadurch in Erinnerung geblieben, daß, als der Prediger taufen wollte und ins Taufbecken langte, das Wasser darin fehlte. Das ver-

*Carl Erich Langheld,
1836 – 1895, war Pastor
in Heppens - danach wurde er
1872 erster Marinepfarrer
an der Elisabethkirche.*

dutzte Gesicht des Pfarrers Langheld, als er seine wohlgeformte Hand unbenetzt zurückzog, war zum Malen. Nun wurde erst Wasser geholt - es war eiskalt gewesen und das bis jetzt so musterhaft artige Kindchen protestierte heftig gegen die unangenehme Berührung. Dieses reizende schreiende Baby ist nun bereits mehrere Jahre mit einem unserer Marineoffiziere verheiratet. Langheld war, bevor er Marinepfarrer wurde, Pastor in Heppens, er war der Nachfolger des Pastors J. F., eines alten Herrn. Als ich ihn kennen lernte, mochte er leicht siebzig Jahre alt sein; er hatte mit uns zu gleicher Zeit geheiratet, und zwar seine Hausdame, Fräulein Hinrike S. Unser Pastor hatte sie, als er einmal recht krank und hilfsbedürftig war, an sich gefesselt auf Lebenszeit, und sie war Frau Pastorin geworden. Frau Hinrike war eine Gelehrte, sie sprach, las und schrieb alte Sprachen, und noch auf dem Sterbebett soll sie in ihren Phantasien eine lateinische Ode deklamiert haben. Selbstverständlich machten wir im Pfarrhaus einen Besuch. Wir wurden in die sogenannte „beste Stube" geführt, nahmen da Platz und unterhielten uns ganz friedlich. Da plötzlich fängt es mit einem Male hinter der wegen Feuchtigkeit auf Leinwand gespannten Tapete an zu piepsen und zu rumoren, ich starre ganz entsetzt den alten Herrn an, wie ein Sonnenstrahl huscht es indessen über sein Gesicht: „Ja, ja, das sind meine lieben kleinen Gäste, die Mäuse – ich habe ihnen Grütze hingestellt." Da standen wirklich einige Fuß weit auseinander Kästchen mit dem Futter, und vor jedem derselben war ein kleines Loch in der Tapete angebracht. „Nun geben Sie acht, gleich wird's Mäuslein kommen und sich sein Futter holen", und richtig, oberhalb der Fußleiste guckte ein graues, niedliches Köpfchen heraus. Das Mäuslein tat sich ungeniert bene und verschwand dann.

Die beiden jüngstverheirateten Ehepaare waren Pastors und wir, und so wurden wir meistens zusammen eingeladen. Die Gesellschaftstoilette von Frau Hinrike bestand aus einem braunseidenen Kleid mit sogenannten Nonnenärmeln, die den Unterarm freiließen, welcher mit einem Tüllbausch bedeckt war; dazu trug sie eine Haube von Blonden mit weißen Atlasschlupfen, Wehbändern und einem Diadem aus Myrtenzweigen. Es war der Frau Pastorin Hochzeitsstaat gewesen.

Frau Hinrike hatte die Gewohnheit mancher alten Leute, sie schlief mitunter in Gesellschaft ein. Einstmals aber wurde sie etwas unsanft aus dem Schlummer geweckt. Beim Souper gab es einen Auflauf, der Frau Hinrike zuerst präsentiert wurde, mit der Bitte, denselben weiter zu reichen. Die Form war sehr heiß und unsere Frau Pastorin faßte sie mit der Serviette an. In der nächsten Eßpause fiel sie Morpheus zum Opfer. Der ihr gegenüber sitzende Gatte merkte es, er räusperte sich laut, sie hörte es nicht, dann trat er, wie er es bei solchen Gelegenheiten zu tun pflegte, mit dem Fuß auf: „Hinrike! – Hinrike! – Rike!" rief er, wie alles andere nicht half. Hinrike erwachte, um sich ganz zu ermuntern, fuhr sie sich mit der Serviette über das Gesicht – ein schwarzer Streifen zog sich von der Stirn bis an's Kinn herunter. Der Frau Pastorin Verhängnis war es gewesen, daß die Köchin vergessen hatte, die Form von den Spuren des Backens zu säubern. – Der Anblick war unbeschreiblich komisch und wir hatten Mühe, unsere Fassung zu bewahren. Von der Hausfrau hinausgeführt, erschien Frau Hinrike bald wieder, rein, wie frisch gefallener Schnee.

Wir waren von unserem Ehepaar gebeten worden, auch einmal unangemeldet zum Plauderstündchen zu kommen, und wir zögerten nicht, dieser freundlichen Einladung zu folgen.

Die alte Pastorei schien früher ein Bauernhaus gewesen zu sein, denn sie war recht unregelmäßig gebaut. Nachdem man einen kleinen Vorgarten durchschritten hatte, gelangte man durch eine Seitentür ins Haus. An dem mit Ziegelsteinen gepflasterten Flur lag rechts die beste Stube, links das Wohnzimmer, geradeaus die sehr geräumige, aber ziemlich dunkle Küche; auch die Aufkammer fehlte nicht, sie war das Tuskulum des Pastors.

Kaum hatten wir uns im Wohnzimmer gemütlich niedergelassen, so fanden Herr und Frau K. sich ein, nach einer halben Stunde erschienen Herr und Frau B. und einer von unseren

Unverheirateten. Augenscheinlich waren Pastors nicht auf so viel Besuch eingerichtet, denn man merkte es ihnen an, daß sie etwas peinlich berührt waren, als die Gesellschaft immer größer wurde. Natürlich bat man uns, zum Tee zu bleiben. „Zufällig ist gerade heute Schmalhans bei uns Küchenmeister; Schinken und Pellkartoffeln ist alles, was wir zu bieten haben." - „Hurra!" rief unser Junggeselle - er war Hausfreund bei I's -, „das ist ja famos! Haben vielleicht Ihre Hühner uns zuliebe einige Eier gelegt?"

„Ja, ja", sagte Frau Hinrike erleichtert aufatmend, „Eier sind da!" - „Na also! Dann überlassen Sie bitte mir die Vorbereitungen fürs Abendbrot, kümmern Sie sich um gar nichts, verehrte Frau, ich bin gelernter Koch, ich mache alles, lassen Sie nur den Tisch decken; nun bitte ich um eine Küchenschürze." Frau Hinrike holte aus ihrer Kommode mit den Messingbeschlägen eine große blau- und weißgestreifte Schürze hervor, sie wurde unserem Retter aus der Not vorgebunden und unter allerhand Neckereien und düsteren Prophezeiungen unsererseits zog er ab.

Ein heftiges Gepolter in der Küche belehrte uns bald, daß er in voller Tätigkeit war. Unheimliche Ahnungen von etwas Ungarem und Verbranntem stiegen in uns auf. - Nach dreiviertel Stunden erschien unser Küchenchef wieder, gefolgt von Trina, welche eine Schüssel dampfende Pellkartoffeln, Spiegeleier und Schinken auf den Tisch setzte, ja sogar Eierkuchen waren gebacken worden. „Haben Sie die auch fabriziert, lieber M.?" - „Natürlich!" Trina lächelte verschmitzt.

Dieser Abend, der sich erst so ungemütlich anließ, wurde dann noch sehr vergnügt; am meisten aufgetaut war unser alter Pfarrer. Aus einer verstaubten Ecke des Kellers holte er etwas mit Spinngeweb überzogenes sehr Gutes hervor, und wir brachten damit seine und seiner Hinrike Gesundheit aus. Unser Pastorsehepaar war stets guter Dinge, fröhlich mit den Fröhlichen und nie Spielverderber. Wir alle hatten die beiden Leutchen lieb und verkehrten gern mit ihnen. Es hatte sich überhaupt hier an der Jade ein Kreis liebenswürdiger und netter Menschen zusammengefunden, und ich habe das Zusammensein mit ihnen noch heute in angenehmer Erinnerung.

Eine interessante Abwechslung wurde uns in dem Gasthofe zur Erholung geboten: Der Inhaber desselben war ein früherer oldenburgischer Hofschauspieler; ich hatte ihn noch in seiner Glanzrolle als „Mephisto" gesehen, er spielte ganz vortrefflich. Seine Frau war ebenfalls in Oldenburg an der Bühne gewesen. Diese beiden lasen mitunter kleine Lustspiele vor einer sehr aufmerksamen Zuhörerschaft ausgezeichnet vor, und ich muß gestehen, daß ich selten wieder so gut habe lesen hören.

Nun muß man nicht etwa denken, daß sich Fest an Fest reihte; von einer Gesellschaft oder einem Leseabend zehrte man lange. Theater wurde natürlich auch gespielt, aber wie bescheiden war man in alter Zeit, wie anspruchslos! Der Zeichensaal des Kommissionshauses mußte auch da wieder dienen, ein paar Bettschirme bildeten die Kulissen - dafür waren die Akteure umso besser; die zeitgemäßen Couplets, von einem unserer Herren gedichtet und vorgetragen, hätten einem Komiker vom Fach Ehre gemacht.

So amüsierte man sich am Jadestrand, aber das Vergnügen war mitunter teuer erkauft, namentlich für uns, die wir auf unserem Bauerngehöft weitab von jedem Verkehr saßen. Bei welch entsetzlichem Wetter haben wir uns bisweilen abends aufgemacht. Der Weg über die Königstraße war, bevor die Chaussee gebaut wurde, sehr häufig nicht zu passieren; dann mußte man über das Land gehen, welches von Gräben durchschnitten war. Mein Mann hatte am Tage über dieselben Bretter legen lassen und mutig stapften wir, mit einer Laterne bewaffnet, in die Dunkelheit hinein. Aber wo waren unsere Stege? Von Passanten fortgenommen und an eine ihnen bequemere Stelle wieder hingelegt. Nun mußten wir suchen, bis wir sie fanden; bei Regen und Sturm gehörte das nicht gerade zu den Annehmlichkeiten. Einmal sank ich bei furchtbarem Schneegestöber bis an die Taille ein. Ich war, in der Meinung, mich auf dem richtigen Wege zu befinden, in einen Graben

*Hotel Keese, Post und Apotheke, rechts der Warenhandel „Grauer Esel" –
in der Nähe der Kommissionshäuser gelegen*

geraten; mein Mann holte mich wieder heraus, riet mir aber wohlmeinend, umzukehren; ich tat es nicht und habe - ich trug ein leichtes Seidenkleid - an meiner Gesundheit glücklicherweise keinen Schaden genommen.

In lebhafter Erinnerung ist mir ein Weihnachtsabend, wie ich ihn nicht wieder erlebt habe. Am 21. Dezember 1859 wollten wir zu meinen Eltern nach Varel fahren; die Reise währte ungefähr vier Stunden. Eine große Vergünstigung war es für uns, daß wir von unserem Hause aus nicht zum Postgebäude, welches in der Nähe des Kommissionshauses lag, zu gehen brauchten; der Postwagen hielt, wenn der Postillon vorher benachrichtigt wurde, vor Neuheppens und wir konnten dort einsteigen, hatten also nur nötig, den Weg zu Fuß zurückzulegen, der direkt von unserem Hause dorthin führte.

Unserer Marie hatten wir vorher beschert und ihr, weil sie sich so sehr vor dem Alleinsein fürchtete, den Schiffsjungen vom „Iltis" eingeladen. Die beiden erzählten sich bei einem Glase Punsch ganz vergnüglich und unter angenehmem Gruseln Gespenster- und Räubergeschichten.

Das Haus in guter Hut wissend, traten wir unsere Reise an; voran ein Matrose mit der Laterne und nun mutig hinein in die pechrabenschwarze Nacht. Der Weg war wieder einmal unergründlich, nach hundert Schritten vielleicht verlor ich bereits einen Überschuh, der mittels eines Stockes aus der dickflüssigen Masse, die ihn verschlungen, herausgebuddelt und mit Todesverachtung, naß wie er war, wieder angezogen wurde. Nun vorwärts! Da fährt mir mit einem Male ein schrecklicher Gedanke durch den Kopf. „Julius, Julius!" - „Was ist denn nun wieder los?" - „Ich habe den Schlüssel im Schreibtisch stecken lassen!" - „Laß' ihn stecken", sagte verdrießlich mein Mann. - „Unmöglich! Das geht nicht! Meine Briefe, Schmucksachen, Geld - alles ist drin!" - „Na, dann werde ich den Schlüssel holen, gehe langsam weiter." - Endlich, mich dünkte es eine Ewigkeit, erscheint der Gute mit dem Schlüssel. Nebenbei bemerkt, es war ein schändliches Wetter, der Sturm peitschte uns den Regen ins Gesicht, das Licht in der Laterne hatte der Wind längst aus geblasen, und den Schirm aufzuspannen, daran war gar nicht zu denken.

Indem ich die Möglichkeit erwog, daß der Postillon nun auch noch auf und davon gefahren sein könnte und mir dabei eine Vorstellung davon machte, daß wir dann den durchweichten Weg wieder nach Hause zurücklegen mußten, gar nicht zu gedenken der Sorge meiner Eltern in Varel, die uns doch bestimmt erwarteten, hörte ich plötzlich das Posthorn erklingen: „Schier dreißig Jahre bist du alt!" - das Mantellied! Die gräßlich falschen Töne, die der Schwager seinem Instrument entlockte, erklangen mir wie Sphärenmusik und bald waren wir auch am Ziel. „Na, Schwager, nun mal los" - mein Mann spricht's mit einem vielsagenden Händedruck - „wat de Pierde loopen willt!" - „Je, ja", meinte der Postillon, während er noch etwas Gepäck wegstaute, phlegmatisch, „wie kamt doch to lat upen Sande, de Post ut Jever is dann all lange weg; aber Se könnt jo bi Thomsen ünnerkrupen vür de Nacht, dor is dat ganz nett!" Angenehmer Gedanke!

In heller Verzweiflung stiegen wir in den Marterkasten, denn das waren die alten oldenburgischen sechssitzigen Postwagen - so eng gebaut, daß man eine fatale Berührung mit seinem Vis-a-vis nicht vermeiden konnte; wie mancher Fußtritt von einem plumpen Stiefel ist mir bei diesen Fahrten zuteil geworden. Schlimm war es, wenn ich meinen „Harry" mit hatte; ich konnte das Tier, wenn mein Mann auch nicht da war, nicht allein zu Hause lassen. Der schlaue, kleine Kerl wußte ganz genau, daß er blinder Passagier war. Nachdem ich eingestiegen, versteckte er sich sofort unter meinem Sitz und kam erst wieder zum Vorschein, wenn der Wagen im Fahren war. – Kaum hatten meine ländlichen Mitreisenden den Hund erblickt, so respektierten sie das Rauchverbot ebenfalls nicht mehr und zündeten sich, ohne zu fragen, ihre kurzen Pfeifen an.

Ein Nachtlager bei Thomsen blieb uns auf dieser denkwürdigen Weihnachtsreise erspart, wir langten rechtzeitig in

Immer wieder besuchte Louise von Krohn ihren Heimatort Varel – natürlich auch zum Maskenball im Hotel „Ebolé" – mit einer „komfortablen der Neuzeit angepassten Einrichtung mit Garten und Wiener Café"

Sande an. Dort stiegen vier durchnäßte, nach Alkohol und Tabak duftende Leute mit uns ein - von der Luft kann man sich keinen Begriff machen! Gegen ein Uhr in der Nacht hielt der Wagen beim „Hotel Ebolé", und eine Viertelstunde später waren wir zu Hause. Meine guten Eltern waren noch nicht schlafen gegangen und erquickten uns mit einer Tasse Tee. Nun hinein ins mollige Federbett! Welche Wonne! Dieses Mal hatten wir, trotz aller Fährlichkeiten, Sande zur rechten Zeit erreicht, wir sollten aber doch später einem Nachtquartier dort nicht entgehen.

5
Maskenball in Varel – Ein Nachtquartier in Sande – Noch eine abenteuerliche Fahrt – Unser Heim im Winter – Besuch von Originalen – A-B-C- und Strickschule und meine erste Lehrerin

In Varel war Maskenball! Wir wollten uns ein Extravergnügen spendieren und dazu hinfahren. Ganz heimlich wurden die Vorbereitungen betrieben, niemand durfte es vorher wissen, vor allem sollte man uns nicht erkennen.

Wir waren pünktlich in Neuheppens zur Stelle, das Handgepäck nahmen wir mit in den Wagen, die Maskenkostüme befanden sich in einem Lederkoffer. Ungefähr auf dem halben Wege nach Sande fahren wir plötzlich ganz langsam, der Postillon schreit „hü!" und schlägt unbarmherzig auf die Pferde los - umsonst, wir kommen schlecht vorwärts und verpassen in Sande den Anschluß. Nun wurden die Pferde untersucht: eins lahmte, es hatte sich einen Glassplitter in den Fuß getreten, wir mußten also die Nacht in Sande bleiben. Kaum haben wir uns in das Unvermeidliche gefunden - der Wirt hat rasch im Zimmer heizen lassen und wir laben uns an einem Glase heißen Punsch -, da kommt der Postillon verstört und nicht ganz nüchtern herein und berichtet, daß der Postkasten offen gewesen und unser Kolli daraus verschwunden sei. Die Postverwaltung mußte selbstverständlich das Verlorene ersetzen, wenn es nicht wieder zum Vorschein kam, aber bei dem sehr schönen Anzug befand sich ein altes kostbares Familienstück, ein Brustlatz in Goldbrokat; ich hatte alles von meiner Tante aus Bremen geliehen. Es war ein Watteau-Kostüm, der hellblaue Rock und Überwurf in mattrosa waren aus schwerem Seidenstoff; der Harlekin meines Mannes besaß geringen Wert, doch ohne die Kostüme mußten wir uns das Fest, auf das wir uns so sehr gefreut, versagen. Wir berieten mit dem Posthalter, der dann einen Mann mit der Laterne losschickte, die Chaussee abzusuchen. - Wir gingen zu Bett, das heißt nur ich; für meinen Mann, der leider an Asthma litt, konnten feuchte, fremde Betten sehr üble Folgen haben; außerdem dünstete der selten geheizte Ofen so unangenehm aus, daß mein Gatte im Schlafzimmer nicht atmen konnte. Der Ärmste brachte die Nacht in der Wohnstube des Wirtes auf einem Korbstuhl zu. Auf mir lastete ein Ungetüm von Federbetten, gefüllt mit einheimischen Erzeugnissen; Eiderdaunen waren es nicht, unter denen ich ruhte; mein Lager war feucht - doch mit allem Ungemach söhnte mich die von der Wirtin ins Bett gelegte Kruke aus - die mit heißem Wasser gefüllte steinerne Bierkruke, die kein richtiger Oldenburger im Winter in seinem Bette entbehren mag; nur darf der Korken sich nicht heimtückisch entfernen, sonst hat man ein unfreiwilliges Fußbad weg.

Am folgenden Morgen war es das erste, daß wir uns nach unserem Koffer erkundigten - der ausgesandte Bote hatte ihn nicht gefunden; nach einer Stunde kam der Knecht eines Landmannes und brachte unser Gepäckstück an. Er war am Abend auf der Chaussee fast darüber gefallen, malte das, wohl nicht ohne Grund, recht gefährlich aus, hatte sofort die Vermutung gehabt, daß der Koffer von der Post verloren und - da war er, in der Hoffnung auf eine nicht zu gering bemessene Belohnung. - Wer war froher als wir! Nun wurde Extrapost genommen, die am Abend vorher nicht zu haben gewesen, und unter fröhlichem Tuten des Postillons rasselten wir nach anderthalb Stunden über das Vareler Straßenpflaster. Der ganze Haverkamp - die Straße, in der meine Eltern wohnten - war in Aufruhr bei unserer Ankunft.

Varel war mit seinen 5000 Einwohnern für uns die Großstadt und es wurde dort wirklich vieles geboten. Der Singverein, welcher schon Anfang des vorigen Jahrhunderts gegründet worden war, gab im Winter Konzerte, der Verein für Kunst und Wissenschaft engagierte fremde namhafte Künstler und Künstlerinnen. Ganz hervorragend waren die lebenden Bilder, welche im Saale des „Hotels Ebolé" gestellt wurden von einem Neffen von Preller. Er trug nicht nur seinen Namen, sondern war ebenfalls Maler. Die schönsten Partien des Neuenburger Urwaldes sind nach Zeichnungen von ihm fotografiert. Er zeichnete auch die Landschaft des heutigen Wilhelmshaven.

Wenn wir uns auch in Heppens bei bescheidenen Ansprüchen ganz behaglich fühlen konnten, wir hatten doch nur das, was wir uns selbst schafften, und das war herzlich wenig. Es war zu begreifen, daß auch manchmal die Sehnsucht nach etwas anderem in uns erwachte, und so erschienen uns Ausflüge nach Varel und Jever mit einer vierstündigen Postreise nicht zu teuer erkauft. Nicht immer waren diese Touren von solchen Hindernissen begleitet, wie die von mir beschriebenen, und doch sollte ein uns befreundetes Ehepaar einmal noch größere Unannehmlichkeiten haben.

Herr und Frau K. hatten in Varel einen Ball mitgemacht und traten am anderen Tage die Rückreise an. Es war in der Nacht viel Schnee gefallen und die Luft sah bedenklich aus. - Doch was war zu machen? Herr K. mußte unter allen Umständen nach Heppens zurück. Im Postwagen befand sich außer K.'s noch ein Passagier; er hatte den Hut tief ins Gesicht gedrückt und beteiligte sich nicht an der Unterhaltung, obwohl man ihn ins Gespräch zu ziehen suchte. In der Nähe von Varel war der Weg leidlich, dann aber wurde er immer schlechter, und zwischen Steinhausen und Ellenserdamm stieg der Postillon von seinem Bock herunter und erklärte, nicht weiter zu können. Er schirrte die Pferde ab und trieb sie zurück nach Steinhausen, seine Post und die Passagiere ihrem Schicksal überlassend. Da saß man nun mitten im Schnee, ohne irgendeine Aussicht auf Weiterbeförderung! - Es war eine verzweifelte Situation. Da kam Herrn K. ein guter Gedanke: In der Nähe von Bockhorn wohnte ein ihm bekannter Ziegeleibesitzer; trotz des furchtbaren Schneewehens machte er sich dahin auf den Weg, mühsam sich durcharbeitend. Endlich war er am Ziel. Herr T. spannte sofort einen Schlitten an, beide Herren fuhren zurück und erlösten die vor Kälte halberstarrte Frau K. aus ihrer unfreiwilligen Gefangenschaft. Immerhin waren es drei bis vier Stunden gewesen, die Frau K. mit dem fremden Menschen hatte zubringen müssen, der, wie sich später herausstellte, direkt aus dem Zuchthause kam.

Die kleinen Übelstände, welche der Aufenthalt hier an der Jade mit sich brachte, trugen wir mit gutem Willen und einem gewissen - wenn ich so sagen soll - Galgenhumor. Nur eins warf einen dunklen Schatten in unser Leben: wir hatten kein behagliches Heim. Im Sommer, bei gutem Wetter, waren wir gern in unserer Cottage - wie Tilly Robins sie nannte -, aber wenn der Winter ins Land zog, ließ es viel zu wünschen übrig, unser altes Bauernhaus. Unser Wohnzimmer war ein großer Raum mit zwei Außenwänden und vier undichten Fenstern; geheizt wurde es mittels eines kleinen eisernen Ofens, so genannten Windofens, der fortwährend gespeist werden mußte, wenn es einigermaßen warm bleiben sollte. Bei kalten Tagen brachten wir es kaum auf zwölf Grad Wärme; hatte es gefroren und es trat dann Tauwetter ein, rieselte das Wasser an den Wänden herunter und sickerte durch die morsch gewordenen Fensterrahmen. Trotz der größten Vorsicht gelang es mir nicht, die schädlichen Folgen der Feuchtigkeit zu verhindern, Rost und Schimmel richteten Schaden genug an. Zum Kochen - auch von Kaffee und Tee - benutzten wir das Wasser aus dem Graben; es wurde filtriert mittels eines Apparates, bestehend aus einem Faß, welches auf vier Füßen ruhte. Oben hineingeschüttet, lief das Wasser durch eine Schicht von Kies und gestoßenen Muscheln und wurde durch einen Krahn abgelassen; leidlich floss das Wasser heraus, doch schmeckte es so salzig, daß es zum Trinken nicht zu verwenden war; dafür hatten wir einen um so größeren Konsum an anderen Getränken. Im Laufe des Winters bewältigeten wir vorzugsweise Danziger Likör in großer Menge, er leistete uns armen frierenden Menschen auch als Erwärmungsmittel gute Dienste.

Einen begeisterten Verehrer meines Likörs hatte ich an dem Klavierstimmer Krischan Sieffert, der uns zweimal im Jahr aufsuchte. Ich sehe ihn noch vor mir, den alten Krischan, in seinem übermäßig weiten, langen Rock mit den großen Taschen, dem aufgedunsenen Trinkergesicht, in dem die Augen nur noch wie zwei kleine Punkte glitzerten, und der sanft geröteten Nase. Mein Ärger war, daß er sich nie die Füße abputzte, trotz der nach heimatlicher Sitte im Zimmer ausgelegten Strohmatten; etwas anhängliches Jeverland brachte er mir stets mit in die Stube.

Mit der Orthographie lebte er auf gespanntem Fuße. „Juden Dag, Frau von Krohn!" oder auch „liebe Madamme! Na, wie stehts mit das Instrement?" Er öffnete den Deckel des tafelförmigen Klaviers. – „Hm! Saite gesprungen! Haben woll düchtig drauf herumgetrommelt?" Er reibt sich die Hände. „Heut is es gräsig kalt!" – Trinken Sie zu Ihrer Erwärmung eine Tasse Kaffee! – „Nee, danke sehr, damit gebe ich mir nicht ab; von das alte Wasser ins Jeverland kriegt man Fieber!" – „Es ist ja Kaffee, Sieffert!" – „Wird mit Wasser gekocht, liebe Madamme – aberst, wenn Sie so'n kleinen Snaps vor mir hätten!" - Ja, den hatte ich! Unter unserer Danziger Sendung war ein Likör, er hieß „Doppelt-Neunkraft", der Name sagt alles! Wir brachten ihn nicht über die Lippen. Davon schenkte ich dem alten Herrn ein Glas ein. Er schmeckte, fingierte ein gelindes Gruseln – dann aber schnalzte er seelenvergnügt. „Sapperment, das ist was feines, wenn ich da ‚ne halbe Flasche von aus habe, dann stimme ich Ihnen das Insterment, daß die Engel im Himmel sich freuen!"

Und so war es in der Tat, Krischan Sieffert konnte nur rein stimmen, wenn er vorher mehrere Gläser eines sehr kräftigen Getränks zu sich genommen hatte! Dann faßte er mit sicherem Griff den Stimmhammer und brachte mit einem Ruck die Saite in Ordnung; dabei kam ihm sein feines musikalisches Ohr sehr zu statten. Das größte Kompliment sagte er mir, indem er nach der Flasche schielte – ein Diplomat war Krischan auch: „Waraftigen Gott, Frau von Krohn, Sie können fast ebenso gut hören wie Krischan Sieffert!" – Mit seiner schwarzen Ledertasche durchzog er das ganze Oldenburger Land, in jedem kleinen Nest, wo ein Wirtshaus stand, fand er auch einen schwerkranken Patienten. Wenn er davonstapfte, sah ich ihn nicht ohne Besorgnis gehen; auf schmalem Ziegelpfad an dem breiten Graben, schwankend von einer Seite zur anderen – aber Unkraut vergeht nicht – nach einem halben Jahr stellte Krischan Sieffert sich pünktlich wieder ein, es war ihm nichts passiert.

Weniger angenehm wie Krischan Sieffert war mir ein anderer Besuch! Ich nahm die Dame nie an – aus schwerwiegenden Gründen. – Dann bekam ich einige Tage später einen mit einem adeligen Wappen gesiegelten Bettelbrief; tadellos geschrieben und stilisiert. Elise von O. war meine Lehrerin gewesen. Bei ihr hatte ich das A-B-C gelernt und den ersten Strumpf gestrickt. Wenn so ein Wunderding vollendet war, mußten wir es mit einem Gedicht den Eltern überreichen.: „Dies ist der erste Strumpf, gestrickt von meiner Hand usw." Mein trauriges Machwerk wimmelte von bunten Wollfäden. Zu Anfang der Stunde wurde ein solches Zeichen eingestrickt, da ich es aber nie auf mehr als „zweimal herum" brachte, strahlte mein Strumpf in einer wahren Farbenpracht. Zu meiner Schande muß ich gestehen, ich war keine fleißige Schülerin, ich exzellierte viel mehr in lustigen, törichten Streichen; wenn ich einmal wieder etwas ausgeübt hatte, dann mußte ich mich in die Mitte des Schulzimmers stellen und das Gedicht hersagen:

„Louischen war ein wildes Kind,
Fast wilder noch als Knaben
Schlug alle Lehren in den Wind,
Die ihr die Eltern gaben!"

Das war Tante Elisens härteste Strafe für mich, und mir machte die Sache diebischen Spaß. – Elise von O. war die Tochter eines Beamten aus angesehener Familie, der die Seinen, als er starb, in so traurigen Verhältnissen zurückließ, daß Frau von O. in die Notwendigkeit versetzt war, sich ihr Brot zu verdienen. Sie gründete mit einer erwachsenen Tochter zusammen eine A-B-C- und Strickschule. Das Honorar war sehr mäßig – zwölf „Grote" (fünfzig Pfennig) für den ganzen Monat. Allerdings bestritten die Schülerinnen im Winter Feuerung und Licht, jede von uns mußte einen Soden Torf und ein Talglicht mit in die Stunde bringen.

Elise war eine etwas alberne, aber sonst ganz gutmütige Person, die eine Menge wußte; so war sie in fremden Sprachen sehr bewandert. Sie litt viel an Zahnschmerzen – und das war, wie man sagt, ihr Verderben – damit hatte es angefangen. Erst etwas Rum an den Zahn, dann immer mehr. Als die Mutter gestorben, stellte der Zahn bereits große Ansprüche an die Flasche – mit wenigen Worten sei es gesagt, Elise ergab sich nach und nach dem Trunke, und als sie nun in vorgerücktem Alter, nachdem sie ein kleines Vermögen geerbt, einen Mann heiratete – einen Kaufmann in Rüstersiel – der auch eine ausgesprochene Vorliebe für den Alkohol hatte, war das Pärchen bald unten angelangt. Von Rüstersiel verlegten Herr und Frau Wichmers ihr Domizil nach Heppens. Hier ging Elise bereits mit Seife und Häringen hausieren, war aber selten mehr nüchtern; dabei hatte sie immer noch die Allüren einer vornehmen Dame.

Der Pfarrer Langheld gab sich redliche Mühe, sie auf einen besseren Weg zu bringen, aber vergebens. An einem Neujahrsmorgen wurde Elise dem Pfarrer in einem unbeschreiblichen Zustand vorgeführt. „Wie muß ich Sie erblicken, Frau Wichmers," hub Langheld an, im Begriff, ihr eine Strafpredigt zu halten. Sie unterbrach den Pfarrer, machte eine tadellose Verbeugung und sagte: „Gestatten Sie mir, Herr Pfarrer, daß ich Ihnen meine herzlichsten Glückwünsche zum neuen Jahr darbringe!" – Langheld erzählte mir später, er sei so fassungslos gewesen, daß er nur schweigend nach der Tür hätte deuten können.

Nachdem ihr erster Mann gestorben, verheiratete sich Frau Wichmers, geborene von O. zum zweiten Mal, mit einem Werftarbeiter. Eines Tages hatte der Doktor S. Veranlassung, sich nach der Familie umzusehen. Als er in ihr Zimmer trat, konnte er kaum atmen in der mit Alkohol geschwängerten Luft; die Stube starrte vor Schmutz, auf dem Stroh lag der

Mann im stärksten Delirium. Frau Augustin empfing ihn sehr höflich. Als er ein Rezept schreiben wollte, wies sie ihn an den Schreibtisch. „Sie finden alles, was Sie brauchen, Herr Doktor!" In der Tat, an der Wand stand ein gut erhaltener, sorgfältig polierter Schreibtisch; auf ihm lag eine mit einem Wappen bestickte Mappe und unter anderen Niedlichkeiten ein auf Elfenbein gemaltes Miniaturbild von künstlerischem Wert – wie der Doktor sagte, und er verstand sich darauf. Über dem Schreibtisch hingen in Goldrahmen die Bilder eines Herrn und einer Dame in Rokokotracht; es waren Elisens Ahnen. Im größten Elend hatte die Frau sich nicht entschließen können, das letzte zu veräußern, was sie aus besserer Zeit mit hinübergerettet hatte in ihr versumpftes Dasein. Als sie gestorben, diente der Erlös dieser Sachen dazu, ihr ein anständiges Begräbnis zu sichern, sonst wäre sie aus Gemeindemitteln beerdigt worden. Das war das Ende einer ehemals feingebildeten, vornehmen Dame – meiner Lehrerin Elise von O.

6
Bauliche Wohnungsveränderungen – Reisen zur See - Die Hafenbauten – Einquartierungsfreuden und Leiden – Das erste Offizierkasino – Die erste Theatersaison und Reminiszenzen

Der Herbst 1861 brachte uns viel schlechtes Wetter, besonders im November. Diesen Monat hatte sich die Bauverwaltung ausgesucht zum Herunterreißen unserer alten Scheune; es sollte anstatt ihrer ein kleines Wirtschaftsgebäude angeflickt werden. Wie das nun manchmal so geht, abgerissen hat man, aber ans Wiederaufbauen dachte man vorläufig nicht und wir waren im offenen Hause jeder Unbill der Witterung preisgegeben. Gestohlen wurde hier nicht. Trotz der Tausende von Fremden konnte man in damaliger Zeit selbst in einer so schlecht verwahrten Wohnung wie der unsrigen ganz ruhig sein. Es hatte tagsüber gestürmt, und ich war in großer Sorge um meinen Mann, der einen Schoner, den „Albert", von einem Schiffbauer Ihnen in Leer der Königlichen Marine zum Geschenk gemacht, von der Ems überführte. - Gegen Abend steigerte sich der Sturm zum Orkan; das alte Haus bebte in allen seinen Fugen. Ich lag ganz in wollene Decken eingehüllt auf dem Sofa, trotzdem konnte ich mich nicht erwärmen; durch die undichten Fenster zog es so entsetzlich, daß alles Heizen nichts half. Ich versuchte zu lesen und warf das Buch fort, ich sang, meine Stimme klang unheimlich in dem Aufruhr der Natur; es wurde immer ärger, die alten Bäume bogen sich, vergeblich rüttelte der Sturm an den mächtigen Wurzeln, die Äste brachen wie Zunder; eine Fensterscheibe klirrte, ein dagegen geschleuderter Zweig hatte sie zerbrochen. Ich fühlte mich so einsam, so unglücklich. Unsern „Don", der an der Tür winselte, holte ich mir herein; selbst das Tier empfand Unbehagen, es schmiegte sich an mich und legte seinen braunen Kopf auf meinen Schoß. Die Nähe eines lebenden Wesens war mir ein Trost. Immer flogen meine Gedanken wieder hinüber auf das Wasser; ich sah meinen Mann, wie er kämpfte mit dem Sturm, die schrecklichsten Bilder malte ich mir aus. Die Kälte im Zimmer wurde nachgerade so empfindlich, daß ich beschloß, zu Bett zu gehen; bald darauf war ich fest eingeschlafen.

Mitten in der Nacht wache ich auf von einem Geräusch unmittelbar vor meinem Ohr; Tropfen auf Tropfen fällt nieder. Was ist das? Mein Haar ist naß, mein Kopfkissen, meine Bettdecke - kurz, ich liege buchstäblich im Wasser. Ich will Licht anmachen, die Streichhölzer versagen den Dienst, ich springe aus dem Bett, ich plansche im Wasser. Nun tappe ich nach der Tür, durch die Küche und den Hausflur bis an die Stube des Mädchens. „Kathrine!" Sie hört nicht, weil sie sich stets ein wollenes Tuch um den Kopf wickelt, die Tür hat sie von innen verriegelt - ich zittere vor Kälte, rufe und poche immer lauter. Endlich hat sie meine Stimme vernommen.

Sie steht gemächlich auf und öffnet. „Was is denn los?" fragt sie noch ganz verschlafen. - „Machen Sie Licht an, aber rasch!" Nun kommt Kathrine, den messingnen Schiebeleuchter mit dem Talglicht und der Lichtputzschere in der Hand, zum Vorschein. Aber wie sieht sie aus! Trotz aller Misere - lachen mußte ich doch. Katharinens Nachttoilette bestand aus einer Jacke von rotem Barchent, die sie in der Eile schief zugehakt hatte, aus einem sehr kurzen Wattenrock; die bloßen Füße steckten in abgedankten Filzschuhen, die mein Mann über den Stiefeln getragen hatte; auf dem Kopf hatte sie eine Nachtmütze von buntem Kattun, unter der das struppige Haar hervorsah, in sechs bis acht kleinen Zöpfen fest geflochten. Katharine war eitel, trotz ihrer ganz abnormen Häßlichkeit, sie liebte es, ihr Haar gewellt zu tragen.

Nun gingen wir auf Entdeckungsreisen aus und was wir sahen, spottete jeder Beschreibung. Im Schlaf-, im Wohnzimmer und auch in der „guten Stube" - überall hatten sich große Wasserlachen gebildet, und noch immer tropfte es herunter auf meine neuen Möbel, meine Teppiche; der Schaden war im Augenblick nicht zu übersehen. Es blieb uns weiter nichts übrig, als unter die undichten Stellen alles das zu setzen, was wir an Bottichen und Eimern zur Verfügung hatten, und wir wollten uns schon anschicken, diese Prozedur vorzunehmen - aber da war guter Rat teuer! Beim Abbruch der Scheune war alles auf den Boden gebracht worden, und wir mußten es erst von dort herunterholen; aber - oh weh; man hatte die Bodentreppe fortgenommen, wie nun da hinaufkommen! Zum Glück fanden wir eine Leiter, welche die Zimmerleute zurückgelassen hatten. Kathrine kletterte hinauf und reichte mir die Waschgeräte herunter. Als alles erledigt, war ich vor Frost fast erstarrt. - Rasch besorgte ich mir ein trockenes Lager und schlief bis zum folgenden Mittag, an welchem ich von meinem Manne

Schiffsverkehr in der alten Hafeneinfahrt – „Äussere Schleuse"

geweckt wurde. Er war schon früh heimgekehrt und hatte mit Kathrinens Hilfe Ordnung geschaffen, die Wasserschäden, so gut es ging, beseitigt. - Die Sonne lachte freundlich ins Fenster, nun war alles Ungemach vergessen, ich war froh, daß ich meinen Mann wieder hatte.

Die Freude des Zusammenseins wurde häufig unterbrochen durch die Diensttouren meines Mannes. Zuweilen machte ich diese Seefahrten mit, ich wurde nicht krank, es war also für mich ein ungetrübtes Vergnügen. Wie manche schöne Sommernacht habe ich bis zum Morgengrauen auf dem Verdeck zugebracht - ich lag ausgestreckt auf einer Matratze und sah in den besternten Himmel hinein, ringsum grüßten mich die Leuchtfeuer. Der Mann am Lot wirft sein Senkblei ins Wasser und singt: „Gra-a-de drei" oder „Halb über eins!" Es klang wundervoll, wenn der mit der schönen Stimme den Dienst hatte; weit hallten die Töne in die Nacht hinaus. - Es ist Meerleuchten, da brechen sich die Wellen am Bug in phosphorblauem Schein wie flüssiges Metall.

Touren nach Hamburg, nach Bremerhaven gehören mit zu meinen schönsten Erinnerungen. Einmal waren wir acht Tage von Altona hierher unterwegs. Bei gutem Wetter und günstigem Wind segelten wir ab, doch bald erhob sich ein solcher Sturm, daß wir zu Anker gehen mußten; nun flaute es ab - da saßen wir wieder fest bei vollkommener Windstille. Eines Tages meldete der Koch, wir wären am Verhungern, alle Vorräte seien aufgezehrt. So gingen wir denn in Brunsbüttel an Land. Ein mit Bäumen bepflanzter Weg führte uns nach einem der holsteinschen Flecken, die Storm so anmutig beschrieben hat. Wir kauften großartig ein, und die Brunsbüttler hielten uns infolgedessen für Auswanderer. „Se willt woll na Amerika?"

Die Bootstouren mit starkem Seegang waren eine Wonne für mich. Tüchtige Spritzer gab es, wenn wir in die Tiefe hinunterschossen, und ich wurde gehörig naß. Doch was schadet's! Salzwasser erkältet nicht. Es wurde mir nicht leicht zu toll, und die Leute an Bord waren sehr stolz auf mich; ich war eine echte, rechte Seemannsfrau geworden. Vorbei - vorbei, es waren schöne Zeiten!

Der Hafenbau schritt indes rapide vorwärts, während Wohnungen wenig oder gar nicht gebaut wurden. Es war vorläufig kein Bedürfnis dafür vorhanden. Die Beamten hatten ihre Dienstwohnungen, die Arbeiter die Baracken; teilweise hatten sie in Mariensiel und Rüstersiel ein Unterkommen gefunden. Händler und Handwerker hatten noch nicht Lust und Veranlassung, sich hier anzusiedeln und der Mangel an Konkurrenz machte sich unangenehm fühlbar, die Lebensmittel waren teuer, und es war wenig zu haben; ich war mehrere Jahre verheiratet, als die erste Cervelatwurst hier ihren Einzug hielt, sie wurde wie ein Ereignis gefeiert.

Was die Arbeiterbevölkerung anbetrifft, so muß ich gestehen und es zu ihrem Lobe sagen, daß sie uns in keiner Weise belästigte. Wie manches Mal bin ich an der ganzen Schar vorübergegangen; niemals hat in der langen Zeit, daß ich hier war, auch nur ein einziger ein ungeziemendes Wort an mich gerichtet; im Gegenteil, in früheren Jahren, als die Leute uns noch kannten, zogen sie beim Begegnen höflich die Mütze.

Wenn, wie gesagt, auch wir nicht darunter zu leiden hatten, so war hier doch damals ein wüstes Leben unter den sogenannten Hafenbrüdern. Aus allen Provinzen des deutschen Reiches und Polen waren die Leute zusammengeströmt. Da gab es manchmal blutige Schlägereien in den Baracken, nicht selten war es, daß sie mit Messern auf einander losgingen, - fast konnte man Heppens damals mit Kalifornien vergleichen, so mochte es unter den Goldgräbern hergegangen sein; das Jadegebiet hatte die Physiognomie einer amerikanischen Niederlassung in den ersten Anfängen. - Leute aus den besseren Ständen befanden sich damals unter der arbeitenden Bevölkerung, verkrachte Existenzen, frühere Offiziere, verbummelte Kaufleute.

„Ein Schmerzenskind der Hafenbauverwaltung war der Fangedamm" –
vor der alten Einfahrt, links der nördliche Molenkopf, sollte er
„das den Bauten so hinderliche Wasser abdämmen".

Einmal hatte ich ein scherzhaftes Begegnis: Ich betrat einen Steg, der über einen kleinen Graben führte und kam etwas ins Straucheln. Ein Arbeiter, der mit der Karre in meiner unmittelbaren Nähe war, reichte mir hilfreich eine weiße, wohlgeformte Hand mit den Worten: „Gestatten die Gnädige! Eines schickt sich nicht für alle, und wer steht, daß er nicht falle, sagt Goethe!" Jetzt erst sehe ich mir den höflichen Rezitator etwas näher an: hübsche intelligente Züge! Der ist mal etwas anderes gewesen, sagte ich mir und ruhte nicht, bis ich herausbekam, wer er war. Ich erfuhr, daß seine Wiege in der Mark gestanden - er trug einen wohlbekannten Namen.

Ein Schmerzenskind der Hafenbauverwaltung war der Fangedamm. Dieser Fangedamm hestand aus einer Anzahl starker, eingerammter Pfähle, welche den Zweck hatten, das den Bauten so hinderliche Wasser abzudämmen. Man kann sich denken, was das Erhalten dieser Schutzvorrichtung für den Hafenbau bedeutete, und wenn man sich die undurchdringliche Wand betrachtete, mußte man sie für unvergänglich halten. Man hatte jedoch mit einem Faktor nicht gerechnet, und das war der Bohrwurm, ein kleiner, weißer Wurm, ungefähr einen halben Finger lang und von der Stärke eines dünnen Bleistiftes. Er hatte in unglaublich kurzer Zeit sein unheimliches Zerstörungswerk so weit vollendet, daß in einer Sturmnacht im Jahre 1860 der ganze Fangedamm zusammenbrach. Ein Stück eines von dem Bohrwurm zerfressenen Holzes gleicht dem Zellengewebe eines Bienenkorbes. Von dem Entsetzen und der Verstörung, welche das Ereignis in unserm Kreise hervorrief, kann man sich einen Begriff machen, galt es doch, ungefähr von vorne wieder anzufangen. - Als ich noch Kind war, machte ich mit meinem verstorbenen Vater einen Ausflug nach Eckwarden. Von dort aus zeigte er mir die Stelle des jetzigen Wilhelmshaven. „Diese Bucht", sagte er, der die ganze französische Zeit mit durchlebte, „hatte sich Napoleon ausersehen zur Erbauung eines Kriegshafens; wären wir französisch geblieben, dann würden des Franzmanns Schiffe jetzt dort liegen!" - Das Kreuz auf der Schanze, die schon die Franzosen aufgeworfen haben sollen, stand noch, als ich verheiratet war.

Mit unendlichen Schwierigkeiten hatte man hier zu kämpfen, teils war der Untergrund dem Bauen hinderlich, dann aber auch war es der mangelhafte Gesundheitszustand der Beamten - einem fieberkranken Menschen wird es wahrlich schwer genug, stets auf dem Platze zu sein; wie schlaff man wird nach wiederholten Fieberanfällen, weiß ich aus eigener Erfahrung. Weise Leute schüttelten bedenklich das Haupt und meinten, man hätte den Bau des Hafens einem Holländer übertragen sollen, wie man es bei Bremerhaven getan; es seien manche Mißgriffe gemacht und aus Unkenntnis minderwertiges Material abgenommen. Ich kann nur nacherzählen, was damals ausgesprochen wurde; das weiß ich allerdings aus eigener Erinnerung, daß ein Zement, der sich im Wasser nicht erhärten wollte, von Tauchern wieder an die Oberfläche befördert werden mußte, und daß das den Fiskus viel Geld gekostet hat.

Jedenfalls sind unser Direktor und seine Baumeister und alle, welche an dem gewaltigen Bau mitgewirkt haben, jetzt glänzend gerechtfertigt. Wer heute den Vorhafen entlang seine Promenade macht, ahnt nicht, an welchem, durch das Wasser dem Blick entzogenen kunstvollen unterirdischen Bauwerk er

*Die Trockendocks im Bau in den sechziger Jahren;
Blick nach Osten auf den Bauhafen.*

vorüberschreitet, das heißt - der Laie; das muß man gesehen haben, um es zu glauben.

Im Jahr 1861 fing man an, die fertig gestellten Straßen mit Häusern zu bebauen. In der jetzigen Manteuffelstraße baute man fiskalische Wohnungen. An der Westseite für höhere Beamte, an der Ostseite für Lotsen, ebenso bebaute man die jetzige Oldenburger Straße mit Häusern für Beamte. Eins derselben diente dem Pfarrer Langheld einige Zeit zur Wohnung. Es steht noch jetzt auf der Werft.

Das gesellige Leben spielte sich in den nächsten Jahren so weiter in dem engen Rahmen ab; alte Bekannte gingen fort, neue Familien traten an ihre Stelle. Wir hatten uns mit einem Baumeister K. und seiner liebenswürdigen Frau angefreundet und der Verkehr gestaltete sich noch intimer, als wir von 1864 ab zusammen in einem Hause wohnten. Acht Jahre lang sind wir mit den lieben Menschen täglich zusammengekommen; unsere Spaziergänge machten wir Damen gemeinschaftlich, hübsche Partien zu Wasser und zu Lande, an denen sich natürlich auch unsere Männer beteiligten. Ich frage mich oft, wie trostlos es für uns gewesen wäre am Strand der Jade ohne die liebenswürdige Familie K..

Im Jahre 1864 brach der dänische Krieg aus. - Ich war in Holstein, als der König von Dänemark, Friedrich VII., starb. Welche Hoffnungen knüpften sich an diesen Todesfall in den Herzogtümern. Die Wogen der Erregung gingen hoch, man war sehr zuversichtlich, daß nun der angestammte Herzog Friedrich von Augustenburg in seine Rechte eingesetzt werden würde.

Als ich im Herbst 1864, von Kopenhagen zurückkehrend, mit einem alten Kieler durch die Holstenstraße ging, sahen wir an vielen Fenstern die Büste des Herzogs. Herr D. sen. stellte sich davor, betrachtete sie mit liebenden Blicken und sagte, die Hand wie zum Schwur erhoben: „Und hebben wullt wi em doch!" An meiner anderen Seite ging der Däne, ein Verwandter von uns. Er hatte schon, als wir im Kieler Hafen die preußischen Kanonenboote erblickten, laut gejammert: „Lieber Frue von Krohn, wenn Sie muß bedenken, das hat gehört zu uns – und nun – alle weg – oh – was srecklich vor uns!" – Auch bei unserer Promenade durch die Straßen Kiels senkte er den Kopf und war sehr traurig.

Um die Küsten zu bewachen, wurde ein Bataillon des 67er Magdeburgischen Infanterie-Regiments hierher geschickt. Am

Tage vor Weihnachten kam das Militär hier an. Es war das richtige Jadewetter. Als wir zu meinen Eltern nach Varel fuhren, begegnete uns bei Mariensiel der Zug; fröhliche Gesichter waren es nicht, die man zu sehen bekam.

Also Einquartierung! Bei meiner Rückkehr verkündete mir mein Mann, daß er Trina an die Luft gesetzt habe. Unser Hauptmann sei vor die verschlossene Tür gekommen, Trina hatte sich zu einer Freundin nach Neu-Heppens begeben. – Nun fand ich das erstens sehr grausam, denn so ein armes Wesen war ja mutterseelen allein, wenn wir verreisten; dann war es auch unpraktisch, weil das Mädchen schwer zu entbehren. – Zum Glück war der Hauptmann verheiratet und wußte die kleinen Leiden einer Hausfrau voll und ganz zu würdigen; er beschränkte also seine Ansprüche auf das bescheidenste Maß, außerdem hatte er einen netten, gewandten Burschen, der mir nach Kräften helfen durfte, bis eine neue Weiblichkeit einrückte.

Das Bataillon war hier natürlich notdürftig untergebracht, die Offiziere bei den wenigen Bewohnern des Jadegebiets, die Mannschaften in den Baracken; der Bataillonskommandeur wohnte bei dem Hafenbaudirektor. Es entspann sich ein reger Verkehr zwischen den Familien und den Offizieren, die unser Bestreben, ihnen den traurigen Aufenthalt hier etwas angenehmer zu gestalten, dankbar anerkannten.

Ihren Mittagstisch hatten die Offiziere in dem schon öfter erwähnten Speisehause Janßen. An einem Lokal, wo man aber auch mal „unter sich" sein konnte, fehlte es natürlich. Da kam ein findiger Kopf auf einen glücklichen Gedanken. Er baute auf freiem Felde eine Bretterbude, die er schön blau anstreichen ließ, und die infolgedessen von den Offizieren den stolzen Titel erhielt: „Restauration zum blauen Janßen". Es war das erste Offizierkasino in unserer Stadt.

Das Büfett war nach den damaligen bescheidenen Ansprüchen opulent bestellt. Es gab dort Schinken, Wurst und Schweizerkäse; eine Hauptrolle spielten die beliebten Tierchen unserer Gewässer - die Granat, welche massenhaft verzehrt wurden. Auch die Damen verschmähten es nicht, dort mitunter einen Imbiß zu nehmen. Bei feierlichen Gelegenheiten, wenn ein Souper bei ihm bestellt war, riskierte der „blaue Janßen" etwas, und ich glaube, er hat sich nicht schlecht dabei gestanden.

Der Berliner Hof in der Manteuffelstraße – nördlich schräg gegenüber standen die Lotsenhäuser, der zweite Wohnsitz der Familie von Krohn.

Das hier garnisonierende Bataillon lockte eine Komödiantentruppe heran. An der Manteuffelstraße, neben dem „Hotel Berliner Hof", wurde Thaliens Tempel aus Brettern aufgebaut, da hinein zogen die Mimen. - In heutiger Zeit kann man sich kaum einen Begriff davon machen, wie weniger Mittel es damals bedurfte, um das Publikum zu amüsieren. Da war zuerst die Bühne in dem Musentempel, die Rückwand war mit einer brilligen Tapete überklebt; die Kulissen, an jeder Seite drei, bestanden ebenfalls aus einem Stück Tapete und waren unten mit einer Holzleiste beschwert; wurde ein Wald gebraucht, zeigte sich auf jeder Kulisse ein mit kühnem Pinsel gemalter Baum im kräftigen Grün, zur Zimmerdekoration drehte man einfach die Kulissen um. Die Künstler vom Fach behandelten diese gefährliche Dekoration mit Vorsicht, traten aber unsere braven 67er in Aktion, so fuhren sie manchmal mit dem Stiefel durch die Tapete und rissen den halben Wald herunter, zum großen Gaudium der Zuschauer. Die Soffitten waren aus rotem Schweizer Kattun hergestellt; den Vorhang bildete graues Segeltuch, worauf eine Lyra gemalt war. Wir saßen auf Holzbänken ohne Lehne; erster Platz fünf Silbergroschen, zweiter Platz drei Silbergroschen, dritter Platz Militär ohne Charge einen Silbergroschen Entree. Notdürftig war das Schauspielhaus mit qualmenden Petroleumlampen erleuchtet. Wenn es regnete, hielten wir über unserm Kopf unsern Regenschirm aufgespannt. Die armen Mimen waren in dieser Beziehung schlimmer daran; sie mußten den Tropfenfall ruhig über sich ergehen lassen. „Königin Elisabeth von England", der es einmal in die Krone regnete, fuhr sich unvorsichtigerweise mit der Hand über das nasse Gesicht und wischte sich die halbe

Schminke fort; es diente nicht dazu, ihren majestätischen Reiz zu erhöhen.

Bei dem großen Mangel an Requisiten wurden die Bewohner von Heppens häufig in Kontribution gesetzt, eine rote Tischdecke von mir diente, mit Goldborte besetzt, als Königsmantel und zu anderen Zwecken. Als man sie mir wiederbrachte, war sie in einem derartigen Zustande, daß ich sie der Truppe schenkte, was mit tausend Dank angenommen wurde.

Der Theaterdirektor erfreute sich einer zahlreichen Familie und konnte in kleinen Stücken sämtliche Rollen mit den Seinen besetzen; verlangte das Publikum eine der damals noch sehr beliebten Ritter- und Räuberkomödien, dann mußten die 67er mit heran. Sie machten ihre Sache gar nicht so schlecht; zum Beispiel in den „Räubern" füllten sie ganz gut ihren Platz aus, von der naturwahren Zerrissenheit, mit der sie sich in den böhmischen Wäldern herumtrieben, hätten die Meininger etwas lernen können. Der Direktor hatte eine schöne Tochter, welche mit einem Herrn von H., einem früheren Offizier, verheiratet war, der nun mit der Truppe reiste. Frau von H. war natürlich der „Stern" und es wurde ihr sehr der Hof gemacht, doch war man, zu ihrer Ehre sei es gesagt, durchaus nicht befriedigt von den Erfolgen. Viel sann man hin und her, wie man der schönen Frau eine Freude bereiten könne; man wußte, eine Vervollständigung ihrer Garderobe würde sie, obwohl dieselbe ihrer dringend bedurfte, mit Entrüstung zurückweisen.

Da hatte sie einmal ihrem eifrigsten Verehrer gegenüber geäußert, sie würde ganz gern einmal gut essen. Heureka! Nun zum „blauen Janßen", ein exquisites Souper bestellt und dann:

„Ihrer Hochwohlgeboren, Frau von H. - u. A. w. g. Das Offizierkorps des Bataillons beehrt sich usw." - eine formelle Einladung - aber man hatte mit dem Familiensinn der Frau von H. nicht gerechnet. Sie schrieb zurück, sie sei nur in Begleitung ihres Mannes, kurz, ihrer sämtlichen Angehörigen zu haben. Natürlich blieb nichts anderes übrig, als die ganze Gesellschaft einzuladen; sie kamen alle und entwickelten eine solche Leistungsfähigkeit, daß der „Blaue" sich vor Vergnügen die Hände rieb.

„Wie war es?" fragte ich am andern Tag unseren Freund, den Stabsarzt Behrends, den Vater der beliebten Schriftstellerin W. Heimburg. – „Ein Hereinfall, gnädige Frau, wenigstens für mich, mir machte die Sache von vornherein keinen Spaß, ich wollte nur nicht Spielverderber sein; und denken Sie mein Pech: ich mußte die Alte zu Tisch führen, mit Unterhaltung verunköstigte ich mich nicht, desto häufiger hatte ich Gelegenheit einzuschenken – zu meinem Schaden, denn nun konnte ich die Frau Direktor nach Hause schleppen, Mann und Söhne hatten genug mit sich selbst zu tun. – Obendrein war es eine ganz stumpfsinnige Gesellschaft; der einzige, der etwas zur Unterhaltung beitrug, war Herr von H.. Der arme Kerl vergaß momentan sein Elend; aufgeheitert, animiert, fühlte er sich wieder unter Kameraden, erzählte aus seiner Jugend, die er teilweise an einem kleinen Hof verlebte hatte, ganz amüsant; kurz, er war der feine Kavalier, der er gewesen sein mochte, ehe er die verhängnisvolle Bekanntschaft der schönen Frau machte, die ihn obendrein noch schlecht behandelte."

Die Theatertruppe war eine kleine Abwechslung gewesen im täglichen Einerlei; sonst fühlten sich unsere Offiziere wenig behaglich hier, die Ehemänner vermißten ihre Häuslichkeit, die Unverheirateten die Freuden der Großstadt Magdeburg.

Der Oberstleutnant von K. war, da wir im Kriegszustande lebten, sehr sparsam im Erteilen von Urlaub. Er hatte es ungern, wenn die Offiziere die Garnison verließen, hinter seinem Rücken geschah es aber doch öfter – natürlich ohne Urlaub. Einer der Herren, ein Leutnant von R., hatte eine ganz besondere Force darin, seinem Kommandeur ein Schnippchen zu schlagen. Einen Wagen bestellte er sich nach Kopperhörn, auf einsamen Wegen gelangte er dorthin, und dann fuhr er auf und davon, meistens am Sonnabend nachmittag, da am Sonntag kein Dienst war. Eines Tages, im Begriff, wieder sein beliebtes Manöver auszuführen, hielt er es doch auf alle Fälle für besser, die Frau des Hauses von seinem Vorhaben in Kenntnis zu setzen. „Gnädige Frau, ich habe eine Ahnung, daß mein Unstern den Alten morgen hierher führt, er schnüffelt gern überall herum – haben Sie die Gnade und verraten Sie mich nicht!" – „Sie können sich darin ganz auf mich verlassen, aber Sie sind wirklich unverbesserlich, Herrn von R.., ich warne Sie – es kommt doch noch mal heraus!" – „I bewahre, meine Gnädige, wie sollte der Alte das erfahren, garnicht daran zu denken; in solchen Sachen sind wir doch schlau!" Der Oberstleutnant kommt wirklich, schnüffelt und findet seinen R. nicht. Sehr verstimmt tritt er spät abends den Heimweg an, nachdem er vergebens auf R's Rückkunft gewartet hatte.

Einige Tage später machten wir mit dem Oberstleutnant und Herrn von R. eine Partie nach Kniphausen. Als wir im Wegfahren sind, überreichte der Kutscher Herrn von R. eine

Zigarrentasche: „Die haben Herr Leutnant am Sonnabend im Wagen liegen lassen!" Nach einer beängstigenden Pause sagt Herrn von K: „Die Veranlassung erzählen Sie mir vielleicht morgen, lieber R.." – Ja, ja, der Verräter schläft nicht! Nun, schlimm wurde es übrigens nicht, Herr von R. durfte viel wagen, er war bei seinem Kommandeur gut angeschrieben.

Im August 1864 war der Krieg so gut wie beendet, obgleich der Friede erst später geschlossen wurde. Nun verließ uns auch das Militär. Freudestrahlend zogen sie ab, sowohl Offiziere wie Mannschaften, betrübt nahmen wir von unserem Bataillon Abschied - es war von manchem auf Nimmerwiedersehen. Die Kriege 1866 und 1870 räumten furchtbar auf unter den 67ern, und ganz besonders unter unsern Bekannten, mit denen wir so gern und viel verkehrt hatten.

*um 1868: Bauarbeiten an der Kasino- und Manteuffelstraße;
Materiallager für die Uferbefestigungen des rechts sichtbaren Hafenkanals.*

Im Herbst bezogen wir eine Wohnung in der Manteuffelstraße. Das Haus bestand aus zwei Familienwohnungen, welche durch einen breiten Hausflur getrennt waren. - Es war ja alles neu, die Zimmer freundlich und hübsch tapeziert, und doch sehnte ich mich zurück nach dem alten baufälligen Irps'schen Hause. Teilweise war es die Macht der Gewohnheit, dann aber auch waren wir im Raum sehr beschränkt. - An einem dunklen, schmalen Korridor lag links ein mäßig großes Wohnzimmer, daran die „gute Stube", rechts die Küche, ein kleines Stübchen und unser Schlafzimmer. Der Keller war sehr feucht, manchmal stand das Wasser darin fußhoch.

Ein großer Übelstand war im Jadegebiet der aufgeschüttete Sand. Er belästigte uns nicht nur außerhalb des Hauses, er drang auch selbst durch die verschlossenen Fenster in die Wohnungen und legte sich derart auf die Möbel, daß alles abstäuben nichts half; kaum hatte man das Staubtuch aus der Hand gelegt, so war dieser abscheuliche feine Sand wieder da. - Ein kleines Gärtchen hinter dem Hause lieferte uns den Bedarf an Gemüse und Obst für den Haushalt, unsere Schafherde mußten wir leider eingehen lassen aus Mangel an Weideland, dafür wurde uns von meinem Vater als Ersatz ein Sennerfüllen zum Aufziehen gegeben, an dem wir viel Freude hatten. Das schöne Tier durfte frei auf dem Hofe umherlaufen; pünktlich um 9 Uhr morgens machte „Fandango" unter meinem Fenster halt und forderte seinen Zucker ein.

Der Krieg 1866 spielte sich so rasch ab, daß er auf unsere Verhältnisse hier weiter keinen Einfluß hatte; wir zupften Scharpie, machten Binden, doch sind dieselben kaum zur Verwendung gekommen.

7
**Die erste Eisenbahn – Der Name der neuen Stadt –
Die Einweihung des Kriegshafens durch den König
und Grundsteinlegung der Elisabethkirche –
Besuch des Kronprinzen**

Im Jahre 1867 wurde die Eisenbahn, welche man 1865 angefangen hatte zu bauen, dem Betrieb übergeben. Für uns armen Hinterwäldler bedeutete die Eisenbahn eine neue Ära. Man redet so viel von der guten, alten Zeit und von der Romantik der Postreisen; von angenehmen Bekanntschaften, die man gemacht, wenn man sich, während ganzer Tag- und Nachtreisen, in einer manchmal recht mangelhaften Postkarrete, gegenüber oder beieinander saß; wie man sich anfreundete und wenn man gerädert am Ort seiner Bestimmung anlangte, das angenehme Bewußtsein hatte, seine ganze Lebensgeschichte zum besten gegeben zu haben. - Ich habe die Post- und Omnibusfahrten zur Genüge gekostet und wünsche sie mir nicht zurück. Im Herbst, wenn mein Mann draußen mit Vermessungen beschäftigt war, hatten seine Verwandten die Freundlichkeit, mich nach dem schönen Holstein einzuladen. Gern folgte ich jedesmal dieser Aufforderung, doch von der Beschwerlichkeit einer Reise dahin kann man sich jetzt kaum noch einen Begriff machen.

Wie ich schon erwähnte, fuhr die Post von Heppens um 9 Uhr abends ab; dann konnte man sich von ein Uhr nachts bis zum andern Morgen um sieben einen kurzen Schlaf gönnen. Mit der Post war der Anschluß nicht da, also bestieg man den Omnibus, ein Ungetüm von einem Wagen, das von nur zwei

Der Bahnhof Heppens / Wilhelmshaven, eröffnet 1867. Vorn das „Kaisergleis", das über den Friedrich-Wilhelm-Platz auf die Werft führte.

Pferden gezogen wurde. Um acht Uhr morgens ging die Fahrt los, abends war man in Bremen. Von dort fuhr man weiter mit der Schnelldroschke; das war eine nach den Begriffen der damaligen Zeit sehr noble Beförderung; die Wagen waren bequem und gut gepolstert. Die erste Station wurde in Rothenburg gemacht, wo alles herauskletterte, um den traditionellen Kalbsbraten zu essen. Die niedrige Wirtsstube, deren Fußboden mit weißem Sand bestreut war, nahm uns auf. Tische waren gedeckt; die dampfenden Kartoffeln, Preißelbeeren und Salzgurken leuchteten uns verführerisch entgegen. Hinter ihrem Tresen stand die dicke Wirtin; vor sich eine mächtige Kalbskeule; jeder ging mit seinem Teller hin, sich ein Stück zu holen, es war groß genug, um sich satt daran zu essen; eine halbe Flasche Rotwein stand vor jedem Kuvert - man konnte ihr nicht entgehen, wenn man auch eine andere Marke mehr bevorzugt hätte.

In Tostedt wurde Kaffee getrunken. Um neun Uhr morgens waren wir in Harburg, dann ging's über die Elbbrücke nach Hamburg, von Hamburg wieder mit dem Omnibus durch St. Pauli nach dem Altonaer Bahnhof, nun hatte man endlich die Eisenbahn erreicht - angenehm durchgerüttelt nach achtundzwanzigstündiger Fahrt.

Mit welchem Hochgefühl wir zuerst auf dem Heppenser Bahnhof das Kupee bestiegen, ist zu begreifen. - Freilich, wenn die jeverländischen Landleute zu bestimmen gehabt hätten, wäre die Eisenbahn noch jetzt ein frommer Wunsch. Sie fürchteten für ihr liebes Rindvieh, welches auf den nun von der Bahn durchschnittenen Ländereien friedlich geweidet hatte. Der Schreck würde den Ochsen in die Glieder fahren, die Kühe würden die Milch verlieren, und fast mußte man diese Besorgnis teilen, wenn man sah, wie sich die Tiere gebärdeten, als zum erstenmal das Dampfroß an ihnen vorübersauste. Doch sie gewöhnten sich bald daran.

Nun hatten wir sie also, die langersehnte, vielgepriesene Eisenbahn und benutzten sie, besonders in der ersten Zeit, mehrfach zu Ausflügen in die Umgegend. Es war aber auch die höchste Zeit gewesen, denn wir fingen bereits an, so ganz langsam zu versauern.

Ein Vorschlag, wieder ein Lesekränzchen zu gründen, wurde mit großer Stimmenmehrheit abgelehnt; jemand meinte, es wäre sehr hübsch und erbaulich, bei Kaffee und Kuchen für die Mission zu arbeiten, den Negerkindern Hemden zu nähen, die Herren dürften uns dabei vorlesen; diese Idee fand

Das Panzerschiff „Prinz Adalbert" lag während der Stadttaufe auf Reede. Ursprünglich ein französisches Schiff; es wurde umgetauft, als Prinz Adalbert Oberbefehlshaber der preußischen Marine war.

auch nicht das richtige Verständnis; zu gemeinsamem Musizieren fehlten uns die Kräfte. Da brachte uns ein nicht ganz junger Junggeselle die Rettung.

Einige Tage später saßen wir um einen großen Tisch im Gasthof „Zur Erholung". Die Einsätze waren gering und es war nett und amüsant, ein „Klub der Harmlosen"; dann aber verließ die Dame Vernunft mit verhülltem Antlitz das Lokal, und die Leidenschaft trat an ihre Stelle. Bleiche Gesichter, zitternde Hände, flackernde Augen - eine furchtbare Aufregung hatte sich unserer bemächtigt, die Einsätze wurden immer höher. Monte Carlo im Kleinen! Und die Geister, die ich rief, ward ich nun nicht los! - Wir aber wurden ihn los, unsern Verführer, er verließ das Jadegebiet, und wir kamen wieder aus mit unserm Haushaltungsgelde. - Viel Vergnügen hatten wir aber doch gehabt von unseren Spielabenden - nun saßen wir wieder da im Sack und in der Asche.

Mittlerweile näherte der Hafenbau sich seiner Vollendung, so daß die Einweihung des Kriegshafens für den Sommer 1869 in Aussicht genommen werden konnte; dann sollte die jüngste Stadt des deutschen Reiches gleichzeitig ihren Namen erhalten. Eingeweihte oder solche, die es sein wollten, wußten es schon ganz genau: „Zollern am Meer!" Die Bezeichnung gefiel uns ausnehmend, ja, so sehr hatten wir uns in Gedanken daran gewöhnt, daß wir uns später durch „Wilhelmshaven" sehr enttäuscht fühlten.

Der Tag der Einweihung wurde endgültig auf den 17. Juni 1869 festgesetzt. Ein ungewohntes Treiben machte sich schon längere Zeit vorher bemerkbar. Große Vorräte an Eßwaren brachten die Eisenbahnzüge von Nah und Fern; Kränze und Girlanden wurden gewunden, Ehrenpforten aufgerichtet, den hohen Paten würdig zu empfangen. Am 15. Juni kam der englische Panzer „Minotaur" hier auf Reede, die Königin Viktoria hatte ihn zur Begrüßung unseres Königs hierher gesandt; zu Ehren des Kommandanten und der Offiziere fand ein Diner statt im damaligen „Hotel Denninghoff", jetzigem „Hotel Kronprinz" an der Königstraße.

Am 16. Juni trafen bereits Moltke, Podbielski und Jachmann hier ein. Moltke hatte sich bei uns angesagt; einige Stunden vorher kam sein Kammerdiener mit dem Gepäck. Unser Mädchen für Alles öffnete ihm die Tür. Er inspizierte gründlich, sogar das Bett, und es entspann sich eine lebhafte Unterhaltung, die ich erst verstand, als Jule sagte: „Dann können Sie auf dem Heuboden schlafen!" - Nun fand ich es aber doch für angezeigt, dazwischen zu treten; ich kannte meine Jule, die Worte flossen ihr sehr leicht über die Lippen. Der Herr Kammerdiener strafte die vorlaute Küchenfee mit einem verächtlichen Blick und wandte sich dann an mich: „Gnädige Frau, Se. Exzellenz hat gern seinen Adjutanten, Herrn Major le Clair, in seiner Nähe und mich kann er auch nicht entbehren; ließe es sich nicht einrichten, daß noch für eine Person mehr Platz geschaffen wird?" „Gewiß, wenn Sie sich mit einem Lager in der Küche begnügen wollen, ein anderes Unterkommen habe ich nicht für Sie!"

Daraus wurde nichts, denn Moltke erklärte später, er bedürfe seines Kammerdieners nicht, und so wurde der „Unentbehrliche" bei einem Lotsen untergebracht. - Jule faßte ihr Urteil

Während der Namensgebung der Stadt lag auch die Gedeckte Korvette „Arcona" auf Reede (1858 – 1884); auf diesem Schiff war der spätere Admiral Jachmann Mitte der sechziger Jahre Kommandant.

in den wenigen drastischen Worten zusammen: „Das is ein gräsigen Kerl, den mag ich nich leiden!"

Es waren unvergessliche Stunden, die wir in Moltkes Gesellschaft verleben durften. Wir kannten den General schon von früher, als wir bei gemeinsamen Verwandten auf dem Lande in Holstein zusammen waren – alte Erinnerungen wurden aufgefrischt. – Er war ein großer Freund der Musik, und er interessierte sich für mein kleines, bescheidenes Talent, zu improvisieren. Nach dem Mittagessen pflegte er sich in einem Lehnstuhl niederzulassen und ich durfte ihm vorspielen. Ganz still saß er da, mit gefalteten Händen. Als ich mich einmal nach ihm umsah, hatte er die Augen geschlossen. In der Meinung, Moltke sei eingeschlafen, wollte ich mich leise entfernen, da rief er mir in seiner kurzen Art zu: „Fortfahren, ich höre!"

Frau von Moltke war eine schöne Frau, hinreißend, liebenswürdig, voll Humor und lustiger Einfälle. Manchen harmlosen Streich hat sie mir gespielt, wenn ich das Glück hatte, mit ihr zusammen zu sein; aber es war nicht möglich, ihr darüber zu zürnen. – Es war spät am Abend, als uns unsere Gäste „Gute Nacht" sagten. Viel Schlaf fand ich nicht, aus Angst, die Zeit zu versäumen, und so saß ich viel zu früh am Kaffeetisch. Punkt 7 Uhr erschien Moltke. Er war bereits in voller Uniform, ebenso Le Clair.

Strahlend brach der wichtige Tag an; herrlicher Sonnenschein - ein Hohenzollernwetter. Um 10 Uhr aber bewölkte sich der Himmel - es begann zu regnen, so ein recht gemütlicher Landregen, der sich durch Hartnäckigkeit auszuzeichnen pflegt.

Ein offener Landauer fuhr vor, gestellt von einem hiesigen Landwirt; derselbe war für Bismarck und Moltke bestimmt.

1869: Die Taufe des Hafens von Heppens auf den Namen „Wilhelmshaven" auf dem nördlichen Molenkopf der alten Einfahrt. Anwesend waren König Wilhelm I. von Preußen, Prinz Adalbert von Preußen, Graf Otto von Bismarck, Minister General von Roon, General von Moltke, Vice-Admiral von Jachmann, Hafenbaudirektor Goeker und viele weitere Honoratioren.

Ich trat in dem Augenblick ans Fenster, als der Kutscher seinen Pferden wollene Decken auflegte, sie vor dem Naßwerden zu schützen, während der Sitz im Wagen dem Regen ausgesetzt blieb. Ich stürze hinaus, dem Biedermann klar zu machen, daß er seine Decken gefälligst auf die Polster legen möge, worauf er mir zur Antwort gab: „Nee, Madam, de Perd sünd de Haupsak!" Indes, wohl oder übel mußte er sich meinem Befehl fügen, knurrend und brummend kam er ihm nach. Man bedenke, welche Folgen es hätte haben können, wenn Bismarck oder Moltke eine tödliche Erkältung davongetragen hätten. Kleine Ursachen, große Wirkungen!

Zur festgesetzten Zeit traf Se. Majestät der König von Preußen, welcher am Großherzoglich Oldenburgischen Hoflager übernachtet hatte, mit seinem Gefolge hier ein. Nach kurzem Aufenthalt auf dem festlich geschmückten Bahnhof, während welchem Sr. Majestät verschiedene Personen vorgestellt wurden, unter ihnen auch der Kommandant des „Minotaur", setzte sich der Zug in einer großen Anzahl Wagen nach den Molen in Bewegung, an welchem Ort die Taufe stattfinden sollte. Nicht geringe Mühe hatte es gekostet, ausreichend Wagen für die vielen hohen Herrn und andere bei der Feier beteiligten Personen zur Stelle zu schaffen; in Heppens waren vielleicht drei bis vier für Personenbeförderung geeignete Fuhrwerke vorhanden. Für Se. Majestät und die auswärtigen Fürsten hatte der oldenburgische Stalletat Equipagen gestellt. Dann aber erboten sich die Landleute der Umgegend, Wagen zu liefern, und manches neue Gespann wurde für diesen Tag angeschafft.

Auf dem nördlichen Molenkopf fand der feierliche Taufakt statt. Der Kriegsminister von Roon in seiner Eigenschaft als

Chef der Marineverwaltung verlas die Taufrede, in welcher unter anderem ausgesprochen wurde, daß der Kriegshafen an der Nordsee die Morgengabe Preußens an den Norddeutschen Bund sein solle. Darauf wurde der jüngsten Stadt Preußens der Name „Wilhelmshaven" gegeben, der mit brausenden Hurras einer zahlreich versammelten Menschenmenge begrüßt wurde.

Im Anschluß an die Taufe begab sich Se. Majestät mit kleinerer Begleitung im Kaiserboot an Bord des englischen Panzers „Minotaur", während der größere Teil der anwesenden Herren auf der „Grille" dahin folgte. Als der König die Fallreepstreppe hinaufgestiegen war und den Fuß auf das Verdeck des „Minotaur" setzte, fiel der erste Schuß des Saluts. Die Lufterschütterung dabei war so groß, daß der Baldachin

Wilhelm I., als preußischer König der Namensgeber von Wilhelmshaven

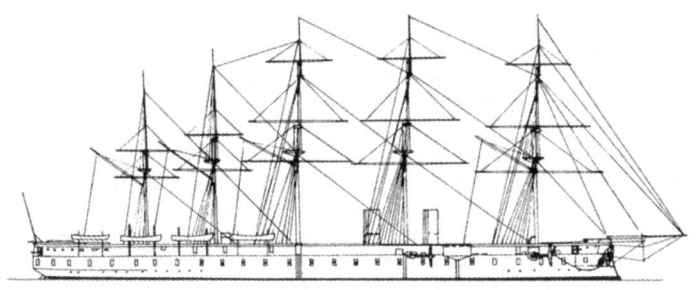

Zu den Tauffeierlichkeiten am 17. Juni 1869 hatte die englische Königin das „schönste Schiff der Canalflotte" entsandt: Panzerschiff „Minotaur" (1866 – 1922).

des Kaiserbootes zerstört wurde und der in großer Gunst beim König stehende russische Botschafter Kutosoff in Gefahr war, die Fallreepstreppe hinuntergeworfen zu werden.

Nach der Rückkehr vom „Minotaur" nahm die Besichtigung der Hafenanlagen ihren Anfang, von außen beginnend bis zum Dock Nr. I. Dieses sowohl, als auch die Hafenbassins und Schleusen waren damals noch wasserfrei. An der Westseite des Trockendocks Nr. I hatte die Besichtigung der Hafenanlagen ihr Ende erreicht. Se. Majestät erstieg die Treppe von der Sohle bis zur obersten Stufe ohne Anstrengung und ohne Unterbrechung, um oben angekommen, sofort einige freundliche Worte an ihn umstehende Personen zu richten.

Nachdem sich der denkwürdige Vorgang auf den Molen abgespielt, nahmen die Damen von Heppens und Umgegend auf den Tribünen Platz, der Grundsteinlegung der Kirche beizuwohnen. Stundenlang saßen wir da und froren ganz entsetzlich, denn dieser Junitag zeichnete sich durch winterliche Kälte aus; zum Glück schützten uns unsere aufgespannten Regenschirme einigermaßen vor dem Naßwerden. Das schlechte Wetter hatte eine Änderung des Programms zur Folge gehabt, und so hatten wir viel zu früh von unseren Plätzen Besitz ergriffen.

Der König und sein Gefolge nebst eingeladenen Gästen frühstückten währenddessen auf dem sogenannten Schnürboden, wo ein sehr verlockendes Büfett hergerichtet war. Die Besichtigung desselben hatte man uns Damen auch gestattet, doch ich gestehe, für mich waren es Tantalusqualen. Seit dem um sieben Uhr früh eingenommenen Kaffee hatte ich nicht Gelegenheit gefunden, meinen leiblichen Menschen zu stärken, und fast wäre ich angesichts einer von Huster hergezauberten

„Dock I an der Goekerstraße am 17. Juni 1869
zur Besichtigung durch König Wilhelm I. bereit"

Frühstückstafel zu einem ganz gemeinen Diebstahl verleitet worden. Ich war vor Hunger halbtot - unbewacht - vor mir eine Schüssel delikater, belegter Brötchen! Schon streckte ich die Hand aus nach fremdem Eigentum, da siegte doch mein Anstandsgefühl, und ich erlag der Versuchung nicht; aber hätte man mich in diesem Augenblick als Richter berufen über einen Hungrigen, der ein Brot gestohlen, ich hätte mich nicht entschließen können, ihn zu verurteilen.

Nach langem, vergeblichen Harren kündete unendlicher Jubel das Erscheinen der hohen und höchsten Herrschaften an. - Es war eine erlauchte Gesellschaft, die sich da unter dem einfachen Bretterdach aufstellte. Unser geliebter König, umgeben von deutschen Fürsten, Prinz Adalbert von Preußen, Bismarck, Moltke, Roon. Jetzt sind sie alle dahin, die damals im Vollbesitz ihrer geistigen und körperlichen Kraft vor uns standen.

Der Marinepfarrer Langheld hielt eine ergreifende Rede, die alle Anwesenden aufs innigste bewegte, insbesondere den Prinz-Admiral Adalbert. Rührung und Freude verklärten sein gutes Gesicht. Es war ja doch sein Ehrentag. - Nun wurde die Stiftungsurkunde verlesen, welche dann mit damals gangbaren Münzen, Zeitschriften, Fotografien in eine Kassette gelegt wurde. Nachdem dieselbe verlötet und eingesenkt und der Grundstein festgemauert war, nahm Se. Majestät König Wilhelm I. den Hammer aus den Händen des Baumeisters und gab die ersten drei Schläge auf den Grundstein ab; dann folgten die Großherzöge von Mecklenburg und Oldenburg, der Prinz-Admiral, Bismarck, Roon, Moltke, unser Hafenbau-Direktor und andere mehr. Bismarck, in der Uniform seiner Halberstädter Kürassiere, trat mit wuchtigen Schritten heran

*Die Grundsteinlegung der Elisabethkirche erfolgte 1869
am Tag der Namensgebung der Stadt – benannt nach Königin Elisabeth,
der Frau von Friedrich Wilhelm IV. Die von dem Architekten Friedrich Adler
entworfene Kirche wurde 1872 eingeweiht.*

und klopfte dreimal energisch auf den Stein. Noch lange hallten diese charakteristischen Schläge in meiner Erinnerung nach. - Man nannte ja schon damals Bismarcks Namen mit Ehrfurcht und Begeisterung, aber was er uns werden sollte, ahnte man doch nicht, ahnte nicht, wie nahe uns die Erfüllung des heißen Wunsches unseres Volkes war - ein einiges Deutschland.

Vom Erhabenen zum Lächerlichen ist es manchmal nur ein Schritt, so auch hier. Mit dem Beginn des Festaktes hatte sich auch mein „Harry" eingefunden. Dort stand er mit seiner impertinenten Visage auf einem der Grundpfeiler. Alle Versuche, den Hund durch freundliches Locken fortzubringen, waren vergeblich, ich selbst konnte mich nicht um ihn kümmern, da ich weitab auf einem Tribünenplatz saß; natürlich verdarb mein alter Freund und Hausgenosse mir gründlich die Stimmung. Wenn er im feierlichsten Moment losgebellt hätte, es wäre schrecklich gewesen; zum Glück geschah es nicht, er blieb ruhig und manierlich bis zuletzt, dank meiner guten Erziehung.

Die Grundsteinlegung der Kirche, welche nach der hochseligen Gemahlin Friedrich Wilhelms IV. den Namen „Elisabeth-Kirche" erhielt, bildete den Schluß dieses denkwürdigen Tages.

Im August hatten wir die Ehre, Se. Königliche Hoheit den Kronprinzen Friedrich Wilhelm hier zu sehen. Unter strömendem Regen entstieg er dem Kupee, bekleidet mit einer kurzen Jagdjoppe, grauem Filzhut mit der Spielhahnfeder; gemütlich rauchte er sein Pfeifchen. Seine schöne, vornehme, kraftvolle Erscheinung ist mir unvergeßlich, ich habe den hohen Herrn nicht wiedergesehen.

Beim Empfang auf dem Bahnhof, der damals noch auf freiem Feld lag, soll der Kronprinz sich verwundert umgesehen und geäußert haben: „Was hat denn Se. Majestät der König hier eigentlich eingeweiht?" Kronprinz Friedrich Wilhelm kam damals von Norderney, allerdings nicht auf direktem Wege; er war mit der „Grille", welche zu seiner Verfügung auf Norderney stationiert war, die Weser eingelaufen, um sich Bremen anzusehen und von dort noch einen Besuch am Oldenburgischen Hofe zu machen; inzwischen war auch die „Grille" hier eingetroffen. Der Kronprinz besichtigte trotz des schlechten Wetters eingehend die Hafenbauten; sein besonderes Interesse erregte das im Bau befindliche Fort Heppens.

Auf dem Rückweg zur „Grille" wurde Se. Königliche Hoheit vom Vorstand des hiesigen Schützenvereins zum Besuch des Festplatzes eingeladen, welcher damals an der Straße vom Kommissionshaus nach der jetzigen Moltkestraße lag. Wegen mangelnder Zeit konnte der Einladung nicht entsprochen werden.

Yacht des Königs und Kaisers „Grille", erbaut 1857

Der Kronprinz hatte einige Herren zum Tee an Bord S.M.S. „Grille" befohlen; die, denen diese Ehre zuteil geworden, waren begeistert von dem Zauber seiner liebenswürdigen Persönlichkeit. Am nächsten Morgen beabsichtigte der hohe Herr mit der „Grille" nach Norderney zurückzukehren, woselbst die kronprinzliche Familie einen längeren Aufenthalt genommen hatte; indes infolge der geringen Tiefe des Norderneyer Fahrwassers änderte Se. Königliche Hoheit den Reiseplan und entschloß sich, durch Ostfriesland nach Norderney zurückzukehren.

Auf der Rückreise von Norderney besuchten die hohen Herrschaften nochmals unsere Stadt. Der Kronprinz traf, begleitet von seinen älteren Kindern, den Prinzen Wilhelm und Heinrich, Prinzeß Charlotte und Prinzeß Viktoria, auf dem Dampfer „Roland" vom Norddeutschen Lloyd hier ein – das war also vor nunmehr dreißig Jahren der erste Besuch Sr. Majestät des Kaisers Wilhelm II. in unserer guten Stadt Wilhelmshaven. Die Frau Kronprinzessin hatte die Reise durch Ostfriesland vorgezogen. Der Aufenthalt hier beschränkte sich auf wenige Stunden; nach einer schnellen Besichtigung der im Bau begriffenen Docks wurde dem auf Reede liegenden „König Wilhelm" ein kurzer Besuch abgestattet, dann nahm die Kronprinzessin ein Diner ein im „Hotel Denninghoff", worauf die Weiterreise nach Berlin erfolgte.

Der so ereignisreiche Sommer führte auch noch Alfred Brehm nach Wilhelmshaven. Der große Naturforscher hoffte hier etwas für das Aquarium zu finden, und diese Hoffnung hatte ihn nicht betrogen; die in so wunderbaren Farben leuchtenden Wasserrosen, welche so manches Auge entzückten, löste

Brehm hier von dem schon mehrfach erwähnten Fangedamm. Brehm war einige Tage unser Gast. Wie lauschten wir seinen Erzählungen von der Fauna und Flora aus den fernen Weltteilen, die der Vielgereiste durchquert hatte.

Auf unsere Bitten hielt Brehm noch einen Vortrag vor einer größeren eingeladenen Gesellschaft im „Hotel Denninghoff". Alle waren sie gekommen, um zu hören und - um enttäuscht auseinander zu gehen. Brehm sprach über die Urwälder Amerikas; unter mehrfachem Stöhnen erzählte er uns Dinge, die wir schon in der Schule gelernt hatten - kurz, es war entsetzlich langweilig. Vom „Hotel Denninghoff" legten wir schweigend den Weg nach unserer Wohnung zurück, es war mir unmöglich, unserem Gast etwas Angenehmes zu sagen. Zu Hau-

---

Hôtel Denninghoff
Wilhelmshaven.
■ Alleiniges Hôtel I. Ranges. ■

Für Familien und Reisende mit Comfort eingerichtet.

Lesezimmer etc. etc. Wasserheizung im Winter. Parkartiger Garten am Hôtel für den Sommer. Table d'hôte 1½ Uhr. Restauration zu jeder Tageszeit. Vorzügliche Küche und Keller. Prompteste reellste Bedienung. In nächster Nähe der Hafen-Anlagen, der Eisenbahn und des nach Norderney fahrenden und von Norderney kommenden Dampfschiffes des Nordd. Lloyd. Omnibus zu jedem Zuge und zu jedem Dampfschiffe. Equipage im Hôtel.

Zur Besichtigung des Kriegshafens, der Kais. Werft etc. und S. M. Schiffe und Panzer werden die hierzu nöthigen Karten besorgt, wie überhaupt jede Zurechtweisung freundlichst ertheilt. Pläne über die Anlagen befinden sich im Hôtel.

B. Denninghoff, Hôtelbesitzer.

se angekommen, war Brehms erstes Wort: „Wenn Sie der Wahrheit die Ehre geben wollen, gnädige Frau, so müssen Sie bekennen, daß Sie von meinem Vortrag mehr erwartet hatten!" Als ich verlegen zögerte, sagte er: „Ja, sehen Sie, mich störte da ein Herr mit einer eigentümlichen Beweglichkeit seiner Gesichtszüge; ich mußte ihn immer ansehen, wurde nervös und mit meinem Redefluß war es vorbei!"

Eine große Freude war es für uns, wenn der Oberkammerherr von Alten uns hier besuchte, was im Laufe der Jahre häufiger geschah. Wir standen in freundschaftlicher Beziehung zu Exzellenz von Alten und seiner Familie. - Alten hat durch unermüdliches Forschen in alten Quellen und dadurch, daß er manchen Schatz an interessanten Gegenständen der Vorzeit der Erde entriß, viel für die Geschichte Oldenburgs getan; er war auch ein großer Kunstkenner, war weit über die Grenzen unseres Ländchens in der Gelehrten- und Künstlerwelt bekannt und hochgeachtet. Er war Präses des Vereins für Altertümer, dem wir auch angehörten; an die alljährlichen Versammlungen denke ich gern zurück. Alten leitete hier zusammen mit dem Konservator der Altertümer, Herrn von Quast, die Ausgrabungen auf dem Banter Friedhof, die manches von Interesse zutage förderten; alte Särge aus der Merowingerzeit, Teile von Glasfenstern der Banter Kirche, Urnen und noch anderes mehr. Im Museum in Oldenburg hat alles Platz gefunden.

Unter den vielen in der Familie von Alten verlebten angenehmen Stunden ist mir ein Tag ganz besonders in der Erinnerung geblieben. Wir hatten in Gesellschaft von Hermann Allmers, dessen „Römische Schlendertage" ich gerade kurz vorher gelesen, am Vormittag im Augusteum Willers - eines Oldenburger Künstlers - Bilder besehen, dann dinierten wir gemeinschaftlich im Altenschen Hause, wo Allmers aus dem reichen Schatze seiner Erinnerungen erzählte; es war in hohem Grade fesselnd und interessant.

Die neue Bezeichnung „Wilhelmshaven" hatte für uns Bewohner des Jadegebiets keine großen Veränderungen zur Folge. Wir wohnten in einer Stadt; vorläufig war dieselbe fast ohne Häuser und ohne eigenen Vertreter -; nach dem hübschen Sommer wurde die drückende Langeweile des darauffolgenden Winters doppelt empfunden.

Im Juli 1870 traf der erste Stationschef von Wilhelmshaven hier ein, ein Korvettenkapitän, der den Posten provisorisch verwalten sollte. Er bezog mit seiner Gemahlin das Haus Kronprinzenstraße vis-à-vis dem damaligen „Hotel Keese". Parterre waren die Büros, die Räume im ersten Stock bewohnte der Stationschef.

8
Der Eindruck der Kriegserklärung von 1870 in Wilhelmshaven und die Vorsorge in der Stadt – Der Torfschiffer – In den Lotsenhäusern an der Manteuffelstraße – Festlichkeiten an Bord – Der neue Stationschef Kapitän z.S. Klatt – Kaisergeburtstagsfeier

Gerüchte von einem bevorstehenden Kriege mit den Franzosen durchschwirrten zu Anfang Juli die Luft, aber niemand glaubte daran - wie konnte man denken, daß Napoleon um einer so geringfügigen Ursache willen wie die eventuelle Berufung eines Hohenzollern-Prinzen auf den spanischen Thron, den Krieg heraufbeschwören würde; wir sollten bald eines anderen belehrt werden.

In der Nacht vom 15. auf den 16. Juli wurde bei uns heftig geklingelt - hier muß ich bemerken, daß mein Mann sich während des Besuchs meiner Schwiegermutter in der Mansarde einquartiert hatte, die Mädchenstube befand sich auf dem Boden -; also ich stehe auf und öffne selbst die Tür. Eine Depesche an meinen Mann! Ich sandte den Telegrafenboten nach oben; bald darauf kommt mein Mann herunter: „Der Krieg ist erklärt!" - Uns in der größten Aufregung zurücklassend, stürzte er aus dem Hause.

Diese Nacht war die erste von vielen, in denen ich kaum zur Ruhe kam. Alle halbe Stunde wurde ich alarmiert. Da waren zuerst die Ordonnanzen, dann der ganz abgehetzte Telegrafenbote, der dankbar war, wenn man ihn mit einem Kognak erfrischte. Der Herr Stationsschef in höchsteigener Person war auch auf dem Plan. - Mein Mann war mit den Verhältnissen hier vertraut, infolgedessen wurde sein Rat vielfach verlangt.

Also der Krieg war da, gekommen wie ein Dieb in der Nacht! Es bemächtigte sich unserer Angst und Sorge vor dem, was nun kommen würde - von der Panik im Jadegebiet kann man sich kaum einen Begriff machen, und natürlich genug war es ja, daß man sich aufs äußerste beunruhigte. In einem Kriegshafen zu wohnen und nicht armiert zu sein, ist wahrlich keine Kleinigkeit, gegenüber einer zu erwartenden feindlichen Flotte. Unsere Schiffe, auf der Ausreise nach den Azoren, wurden aus dem Kanal zurückberufen, man war froh, als sie glücklich

*Eduard von Jachmann,
1822 – 1887, seit 1868
Vizeadmiral*

hier anlangten. Der Prinz-Admiral Adalbert, mit den Schiffen sich auf dem „König Wilhelm" befindend, wurde nach kurzem Aufenthalt hier nach Berlin berufen, sich dem Hauptquartier anzuschließen.

Nach besten Kräften bereitete man sich auf den Feind vor. Die Seezeichen wurden aufgenommen; eine große Beruhigung, denn man hoffte, die französischen Schiffe würden sich bei dem verschmitzten Fahrwasser hier nicht hereinfinden. Vor der Jademündung lagen die Schiffe Flaggschiff „König Wilhelm" mit dem Geschwaderchef Admiral Jachmann an Bord, Kommandant Kapitän z. S. Henk - „Kronprinz", Kapitän z. S. Reinhold Werner - „Friedrich Carl", Kapitän z. S. Klatt. Mit großer Freude begrüßten wir den Admiral Jachmann, man setzte viel Vertrauen in ihn.

„Roon dem König Vortrag haltend" - „als Marineminister hatte er auf Befehl des Königs die Einweihung des ersten deutschen Kriegshafens zu vollziehen."

In Wilhelmshaven rechnete man natürlich mit allen Eventualitäten. Von der Seeseite her konnten wir so beschossen werden, daß kein Stein auf dem andern blieb; der Feind landete Truppen bei Horumersiel und wir würden von der Landseite angegriffen; er würde die Eisenbahn zerstören, wir waren preisgegeben. Das feindliche Feuer erwidern konnte man nicht, kein einziges Geschütz stand auf seinem Platz - die Situation war unerquicklich. Nun hieß es, retten, was zu retten war! Baby, Silber, Wäsche, Wein - alles wurde schleunigst zu meinen Eltern nach Varel gebracht. Meine Schwiegermutter und unser Neffe reisten sofort ab, aus Besorgnis, später nicht mehr fort zu können.

Als ich in Varel anlangte mit Sack und Pack, sagte meine Mutter ganz lakonisch: „Vor den Franzosen hättet Ihr Eure Siebensachen nicht flüchten brauchen, die haben wir kennen gelernt 1803; das waren sehr nette, bescheidene Leute, mit allem zufrieden; wohingegen unsere Verbündeten, die Kosaken und Hanseaten, so plünderten und marodierten, daß wir sie bald dahin wünschten, wo der Pfeffer wächst; von der rohen Bande haben wir viel zu leiden gehabt! Mein Mann hatte sehr den Wunsch, ich möge in Varel einen längeren Aufenthalt nehmen, aber ich konnte mich nicht dazu entschließen.

Unser stilles Wilhelmshaven hatte mit einem Schlage seine Physiognomie verändert. Offiziere, Beamte, von den Schiffen, von Berlin und Kiel hierher kommandiert, trafen in großer Anzahl ein; die sonst so ruhige Königstraße war bevölkert mit Uniformen, die beiden Hotels hier hatten keinen Platz für alle, das „Hotel Denninghoff", das einzige ersten Ranges, war bis unter das Dach besetzt. Wir sahen und sprachen viele Menschen und manche alte Bekannte, unter ihnen den Kapitän z. S. Reinhold Werner; er war voll Feuereifer und hatte sich seinen Schlachtplan bereits gemacht. Leider sollte es unserer Marine nicht vergönnt sein, Teil zu haben an den siegreichen Erfolgen des Krieges.

Unsere Schiffe lagen vor der Jade, vergebens hoffend auf den Feind. Da verbreitete sich eines Tages das Gerücht, französische Kriegsschiffe seien auf der Fahrt hierher. Was nun? Mit Recht wurde eine feindliche Invasion befürchtet. Man telegraphierte also nach Oldenburg und bat, ein Bataillon Infanterie zu schicken. Es kam sofort. - Nun Einquartierung, und dazu kaum noch einen silbernen Löffel im Hause, es war schon nicht mehr schön! Lorbeeren konnten die tapferen Krieger hier nicht pflücken, man hatte sie vergebens alarmiert. Die feindlichen Kriegsschiffe, die man gesehen haben wollte, erwiesen sich als eine optische Täuschung - als eine Mastkorbphantasie irgendeines Seekadetten. Das Bataillon marschierte einige Tage später nach Frankreich ab. Vorher hielt der Marinepfarrer Langheld den Soldaten auf dem Hofe des Laboratoriums eine ergreifende Abschiedsrede. Kein Auge blieb trocken. Neben mir stand ein blutjunger Offizier, ein Graf Lüttichau, er war sehr bleich, sehr bewegt. Mir sagte eine Ahnung, der kehrt nicht aus dem Feldzug zurück - und so war es auch.

In der Jade wurden Torpedos ausgelegt, sie bildeten eine gefährliche Sperre gegen den Feind. Selbstverständlich waren in allen Blättern offizielle Bekanntmachungen erlassen, worin vor den gefährlichen Geschossen gewarnt wurde. Die Leute, welche nicht lesen konnten, standen natürlich außerhalb der Berechnung. - Dahinten, irgendwo in Muffrika, dem unzivilisiertesten Teil des Münsterlandes, wo die Füchse sich „gute Nacht" sagen, wohnte Jan Frerk, ein Torfschiffer. Lesen hat er nicht gelernt, statt seiner Unterschrift macht er drei Kreuze. Er lebt ganz für sich, geht nicht in den Krug und weiß kaum etwas von den Händeln dieser Welt. - Eines Tages befrachtet er seine Kuff mit Torf und segelt, natürlich unbekannt mit der Verfügung die Torpedos betreffend, unbefangen die Jade ein.

Beide, Kapitän und Schiffsjunge, sind, nachdem sie ihre Erbsen mit Speck verzehrt, auf dem Verdeck eingedruselt und lassen sich von der Mittagssonne bescheinen. Währenddem läuft das Schifflein gemütlich gerade auf ein Torpedo hinauf. Ein furchtbarer Knall. Jan Frerk und der Junge fliegen in die Höhe und fallen, oh Wunder! munter und gesund, ganz unbeschädigt wieder auf das Wrack herunter. „Junge, wat wer dat?" fragt Jan Frerk, nachdem er sich überzeugt, daß er noch alle Glieder hat. „Jee, Schipper, datt hett woll spökt!" Nachdem sich beide Unglücksgefährten aus der Schnapspulle neuen Mut getrunken, klettern sie in ihr kleines Boot und segeln nach Wilhelmshaven.

Hier angelangt, sucht der Torfschiffer zuerst den Lotsenkommandeur auf. Ich bin allein zu Hause, als dreimal ganz gewaltig an die Tür gedonnert wird; mit der Einrichtung einer Klingel schien Jan Frerk nicht bekannt zu sein. Das Mädchen öffnet und meldet einen Mann, von dem sie behauptet, daß er sich in mindestens sechs Wochen nicht gewaschen und gekämmt hat. Ich lasse Jan Frerk eintreten. „Goden Dag! Sünd Se Krohn sin Fru?" - „Ja!" - „Is Ehr Mann to Hus?" - „Nein!" Nun trug mir Frerk seine Leidensgeschichte vor. Ich frage den Mann, ob er denn die Bekanntmachung nicht gelesen habe? „Ne, Madam! Glöwt Se denn, dat ick dor noch Vergneugen an heff, wenn ick den ganzen Dag Törf graben de? Denn legg ick mi up min Stroh un slap!" Daß er nicht lesen konnte, gestand der biedere Schiffer nicht. „Seggen Se man Ehren Mann, dusend Dahler möt ick hebben, unnerdem gung dat nich, ick heff doch von de dummen, narrschen Dinger den Schaden hatt!" - So viel hat Jan Frerk allerdings nicht bekom-

Heinrich Wilhelm Goeker,
1803 – 1886, Schüler des preußischen
Architekten und Baumeisters
Karl Friedrich Schinkel,
seit 1856 Leiter des Hafenbaus,
1869 anläßlich der Taufe
Wilhelmshavens mit dem
Titel Geheimer Baurat geehrt.

men, doch ist er nicht ungetröstet geblieben. Exzellenz Jachmann schrieb darüber an meinen Mann: „Der aufgerannte Torfschiffer ist eine Erfrischung in dieser Misere!"

Ungefähr gleichzeitig mit dem Ausbruch des Krieges war der Hafen nunmehr vollendet, und das Wasser konnte eingelassen werden. Wie oft hatten wir vorher darüber gesprochen und uns die Feierlichkeit dieses Momentes vergegenwärtigt, an große Festlichkeiten dabei gedacht, wenn der Durchstich gemacht würde, und nun ging alles - angesichts der Kriegsgefahr - spurlos vorüber, ohne Sang und Klang. Schmerzlich bedauerten wir dieses unglückliche Zusammentreffen, auch im Sinne desjenigen, der den Hafen erbaut hatte, unseres Hafenbaudirektors Goeker.

Nach und nach fingen die Bewohner Wilhelmshavens an sich zu beruhigen; die Geschütze standen auf den Forts, und wenn die großen Sechsundneunzigpfünder losgingen, dann klirrten die Fensterscheiben; sofort wurden auf eine offizielle Order alle Fenster geöffnet. Der Donner der Geschütze erklang uns wie Musik, gab er uns doch die Gewähr, daß wir nun wenig mehr zu fürchten hatten. - Je mehr wir uns in Sicherheit wiegen durften, je öfter wendeten sich die Gedanken denen zu, die im Felde standen, die für uns kämpften und die vielleicht am Notdürftigsten Mangel litten. Wie in ganz Deutschland, wurde auch hier geschafft und gesorgt; ein großer Transport von Gaben ging nach dem Kriegsschauplatz unter einem bewährten Führer, auch wir Frauen beteiligten uns an dem Liebeswerk. Am meisten Wert hatte alte Leinwand, sie wurde stets gewünscht, wir gaben natürlich alles, was wir hatten.

Nach Saarbrücken war man etwas verzagt - es ist nicht zu leugnen -, aber dann kam Sieg auf Sieg: Weißenburg, Wörth, Gravelotte, Sedan, Straßburg, Metz! Wer diese große Zeit mit durchlebt hat, dem schlägt nach dreißig Jahren noch jetzt das Herz höher, und wenn ich an den unendlichen Jubel zurückdenke, als die Schlacht bei Sedan geschlagen und Napoleon gefangen war, erzittert in mir noch jeder Nerv.

Damals gab es keine Meinungsverschiedenheiten, das ganze deutsche Volk beseelte nur ein Gefühl, das des Dankes gegen Gott, gegen unseren König Wilhelm, gegen Bismarck, Moltke, unsere genialen Heerführer, voran „unser Fritz", und unsere tapfere, siegreiche Armee.

Nach dem Fall von Sedan glaubte man, der Krieg sei nun beendet - es war im hohen Rat anders beschlossen. Unsere Schiffe hielten noch immer die Jademündung besetzt; es hatte, da der Feind nicht zu erwarten war, keinen Zweck mehr, und so gingen sie hier auf Reede und später auf die Werft. Damit war das Signal gegeben für die Frauen der Offiziere, hierher zu kommen. Teils quartierten sich die Damen im „Hotel Denninghoff" ein, andere wohnten bei den Lotsen in den Lotsenhäusern an der Manteuffelstraße. Bei einem Oberlotsen zog Frau Minna Klatt ein - zum Segen der Familie. Des Hauswirts Frau lag schon länger krank, und der Haushalt war infolgedessen fast verwahrlost. Frau Klatts erstes war, Ordnung zu schaffen mit Hilfe der kleinen, dummen Marjell; dann stellte sie sich Tag für Tag an den Kochherd und bereitete das Essen für die Kranke. Anderthalb Jahre später war sie unsere Frau Stationschef.

In den Lotsenhäusern mußten die Damen eben auch vorlieb nehmen. Es waren bescheidene, kleine Räume, mit Möbeln aus Tannenholz und binsengeflochtenen Stühlen; auf der Kommode standen die früher in keiner Seemannsstube fehlenden weiß- und braungefleckten, aus England mitgebrachten Porzellanhunde in jeder Größe. Trotz aller Einfachheit waren wir dort doch häufig sehr vergnügt beim abendlichen Whist. - Im „Hotel Denninghoff" wohnten der Graf und die Gräfin Monts. Manchen Scherz hat es dort gegeben, wie war das anders möglich, wo die Gräfin Monts das Szepter führte.

Der Winter kam ins Land. Unsere Truppen lagen vor Paris; mancher Hilferuf drang zu uns herüber und blieb nicht ungehört. Sammlungen wurden veranstaltet, man tanzte, sang und spielte Theater für unsere Soldaten.

Wenn auch herzliches Mitleid uns erfüllte für die manchmal Hungernden und Frierenden, so hatte die Stimmung sich doch selbstverständlich gehoben seit den Siegen unserer Armee.

Man plante ein Konzert. An musikalischen Kräften fehlte es nicht, und so kam ein ganz hübsches Programm zustande - Klavier, Violine, Gesang. Ein höherer Marineoffizier entlockte seiner Amati Zauberklänge, die Leistungen auf dem Pianino waren ganz achtungswert. Frau Baumeister S. sang einige Lieder mit wohlklingendem Mezzosopran; ich hatte die Lieder zu begleiten, es war für mich keine geringe Aufgabe. Seit mehreren Tagen schon plagte ich mich mit Zahnschmerzen, und am Morgen des Tages, an welchem das Konzert stattfinden sollte, bekam ich eine dicke Backe. So sollte ich mich also dem Publikum, den mir teilweise nicht bekannten Offiziersdamen, präsentieren - und eitel sind wir Evastöchter doch mehr oder minder alle. Aber was half's! Mich tröstete nur der eine Gedanke, daß man mich herzlich bedauern und das Opfer meinerseits gebührend anerkennen würde. Und was war der Effekt? Einige Zeit darauf, als ich die Freude hatte, unsere Gräfin näher kennen zu lernen und das Gespräch auf dieses erste Wilhelmshavener, so gut gelungene Wohltätigkeits-Konzert kam, sagte die Gräfin: „Über Sie, liebe Frau von Krohn, haben wir uns halb tot gelacht; Sie sahen aber auch zu komisch aus mit Ihrer dicken Backe!"

Einen Sänger gab es damals noch in Wilhelmshaven, den Adjutanten der Nordseestation; er wirkte aber nicht mit, trotz seines schön gefärbten Tenors. Wer erinnert sich aus jener Zeit nicht noch des kleinen, feudalen Herrn mit den hohen Absätzen an den zierlichen Stiefelchen? Herr von K. war ein liebenswürdiger Mensch mit angenehmen, geselligen Formen, von ausgesuchter Höflichkeit gegen das schöne Geschlecht – nur einmal ließ ihn dieselbe im Stich. Es war bei einem Kasinofest, wo ihn die Damen furchtbar drangsalierten. Man hatte ein Büfett gestellt, und wie immer bei dieser angenehmen Einrichtung, fiel den Herren die Aufgabe zu, die Damen mit Speise und Trank zu versorgen. Da hieß es denn: Bitte, Herr von K., mir noch etwas Mayonnaise, die erste, die zweite flötete: mir süße Speise; alle riefen durcheinander: mir Braten, mir Häringssalat, mir Kuchen. Da war es vorbei mit Herrn von K's sonst so unerschöpflicher Geduld. Er stürzte davon, kam einige Zeit darauf wieder, wie der geschickteste Kellner fünf Teller auf seinen Armen balancierend: „Damit das ewige Gelaufe aufhört!" – Nach dem Konzert, das zu allgemeiner Zufriedenheit verlief, sollte noch ein Tänzchen gemacht werden. Man erwartete, daß einer unserer Stabsoffiziere mit der ältesten Dame den Reigen eröffnen würde; da war es wieder Herr von K., dem sein angeborener Schönheitssinn einen Streich spielte: er kam allen anderen zuvor und trat mit der sehr hübschen Tochter eines Bauschreibers zum Tanz an. Dieses kühne Vorgehen soll ihm die allerhöchste Mißbilligung zugezogen haben.

Die Zeit war zu ernst für eine geräuschvolle Geselligkeit. Das Wohltätigkeitskonzert mit dem sich anschließenden Tanzvergnügen war eine Ausnahme geworden. Die Kommandanten der Schiffe, welche hier auf der Werft lagen, gaben an Bord mitunter kleine Diners, zu denen wir meistens eingeladen waren. Für mich war das alles reizvoll und neu. Exzellenz Jachmann veranstaltete eine größere Festlichkeit, auch ein Mittagessen, auf dem „König Wilhelm", wo natürlich die Herren in großer Mehrzahl waren. Bei Tisch unterhielt ich mich sehr angenehm mit dem Kapitän z.S. von Bl., der mich geführt hatte. Nach dem Diner erfreute uns Leutnant G. mit einigen Zither-Vorträgen. Er spielte meisterhaft; ich habe später nie wieder etwas ähnliches gehört.

Unsere Truppen lagen noch immer vor Paris. Im Januar fand in Versailles die Krönung unseres Königs zum deutschen Kaiser statt. Wunderbares Walten der Vorsehung! In denselben Räumen, wo die unglückliche Marie Antoinette, auch eine deutsche Kaisertochter, so tief gedemütigt und insultiert wurde vom französischen Pöbel, der in das Schloß gedrungen war, empfing nach achtzig Jahren ein deutscher Herrscher die Kaiserkrone. Gleich einem seltsamen Traum waren die Kriegsmonate an uns vorüber gezogen, die welthistorischen Ereignisse, die sich auf so kurze Zeit zusammengedrängt hatten, vermochte man kaum zu fassen.

Alexander Graf von Monts, 1832 – 1889, Vizeadmiral, seit 1883 Stationschef, ab 1888 Chef der Admiralität

Mitte März hatten die Feindseligkeiten ihr Ende erreicht, der Friede wurde erst am 10. Mai geschlossen. Unsere Schiffe hatten uns verlassen, und wir waren wieder einsam wie zuvor.

Im September 1871 wurde hier das erste Schiff vom Stapel gelassen, der Aviso „Loreley". Wer die „Loreley" taufte, erinnere ich mich nicht mehr; große Festlichkeiten hatte man nicht veranstaltet, die Herren vom Bau feierten das Ereignis unter sich mit einem Abendessen.

Nach und nach zogen die hierher versetzten Offiziere mit ihren Familien in Wilhelmshaven ein, eine neue, tonangebende Gesellschaft war somit in der Bildung begriffen. Zuerst kamen der Graf und die Gräfin Monts, sie bewohnten bis zum Herbst eine kleine Villa am Ende der Knoopsreihe, unweit des Deiches. Das Stationskommando verlegte man von der Kronprinzen- nach der Moltkestraße in die Dienstwohnung des Offiziers vom Platz. Stationschef wurde der Kapitän z. S. Henk.

Mit Frau Henk hatte ich schon bei ihrem ersten Hiersein verkehrt, natürlich war es daher, daß sie sich bei ihren kleinen wirtschaftlichen Sorgen an mich wendete. So hatte sie auch an meine Adresse eine Kiste Konserven abgehen lassen, teilte mir indessen nicht mit, daß sie die Besitzerin sei. Ich wiege mich also in dem angenehmen Gedanken an einen unbekannten Wohltäter, der uns eine kleine Freude hat machen wollen. Wir verschmausen mit Behaglichkeit verschiedenes von den schönen Sachen. Leider kam der hinkende Bote nach. Frau Henk will ein Diner geben, da denkt sie an ihre Kiste und fragt mich danach; nun fällt es mir wie Schuppen von den Augen. Daß der nächste Erste mir ein bedeutendes Defizit brachte, bedarf keiner besonderen Erwähnung; wir hatten sehr schön, aber sehr teuer gespeist.

Im November war der erste Ball beim Stationschef. Es war eine Gesellschaft von fünfzig bis sechzig Personen, und so genügten die Räume vollständig. Die Arrangements waren zweckmäßig getroffen - es war ein hübsches Fest, nur mit der Musik haperte es. Wenn jetzt die Wöhlbiersche Kapelle mit einem Walzer von Strauß die tanzlustige Gesellschaft elektrisiert, so muß ich an dieses erste Tanzvergnügen denken. Der Klavierspieler, ein früherer Organist, verfügte nur über einen Walzer und einen Galopp, mit diesen beiden half er sich den ganzen Abend aus; in der Francaise kombinierte er die Melodien. wie es sich danach tanzen ließ, kann man begreifen - die Marine ist ja aber stets taktfest gewesen.

*Gustav Klatt,
1823 – 1898, Vizeadmiral,
seit 1873 Stationschef*

Im Januar verließ uns unser erst seit einigen Monaten ernannter Stationschef Henk; sein Nachfolger wurde Kapitän z. S. Klatt. Klatt hatte von der Pieke auf gedient, er war einer von denen, die aus der Handelsmarine zur Kaiserlichen Marine übergetreten; auch seiner Gattin war es nicht an der Wiege gesungen, daß sie zu so hohen Ehren gelangen sollte. Beide, Gustaving und Minning, wie sie sich gegenseitig nannten, führten eine sehr glückliche Ehe; Meinungsverschiedenheiten gab es wohl selten zwischen ihnen. Klatts waren hier außerordentlich beliebt, bei jung und alt, hoch und niedrig, besonders auch bei den Bewohnern von Wilhelmshaven. Den jungen Offizieren war Klatt ein väterlicher Freund, stets darauf bedacht, daß sie nicht über ihre Verhältnisse lebten - Schulden machen war ihm ein Greuel! Im Verkehr mit ihnen fiel er mitunter in das gemütliche „Du". - „Ihr jungen Leut' wißt gar nicht, wie gut Ihr's habt, Ihr lebt wie die Prinzen! Da hättet Ihr mal, wie wir, auf de alten Kanonenboote kampieren sollen - Kinnings, ich sage Euch, dat war kein Spaß!" - Aber wehe dem, der sich durch diese Art verleiten ließ, auch gemütlich zu werden, er wurde ganz fein in seine Schranken zurückgewiesen. Der hohe Vorgesetzte wußte jederzeit den ihm gebührenden Respekt zu wahren. - Frau Minning war die wohlwollende Mutter der Marine, außerdem eine gute Wirtin, eine durchaus praktisch veranlagte Dame. Ihr Haus, ihr Gatte war ihre Welt; eine kleine Schafzucht machte ihr viel Freude, und häufig konnte man sie am Spinnrad finden, in den Händen einen Faden von der Wolle „ihrer Schaf".

Vorläufig war also, wie schon erwähnt, das Stationskommando noch an der Moltkestraße. Am 15. Februar feierten wir dort den Geburtstag unseres Chefs. Feuerlärm störte uns, als wir bei Tisch saßen, und trieb unsere Männer nach der Brandstätte; zum Glück brannte nur ein Schuppen in der Stadt.

Am 22. März, als dem Geburtstag unseres Kaisers, gab Frau Klatt den Marinedamen ein Diner, gekocht von der „langen Christine" - der ersten Kochfrau Wilhelmshavens. Der einzige Omnibus, den es damals gab, beförderte uns nach und nach zu unserer verehrten Gastgeberin. Ich fuhr zusammen mit zwei hohen Würdenträgerinnen. Unterwegs wurde zwischen den beiden Damen die brennende Frage erörtert, wer kompetent sei, den Toast auf die Frau Stationschef auszubringen. Das war hier ein ganz kritischer Fall: Herr Kapitän z. S. Y. hatte den Korvettenkapitän X. vor vierzehn Tagen übergangen. Also Frau Y. zu Frau X.: „Gnädige Frau, Sie haben die Ehre, die Gesundheit auf Frau Klatt auszubringen!" - „Pardon, meine gnädige Frau, Ihr Herr Gemahl ist seit kurzer Zeit älter im Range, also sind Sie daran", entgegnete sehr spitz Frau X. Nun muß ich hier einschalten, daß die Offiziersdamen - selbst intime Freundinnen, wenn sie nicht gerade auf dem Duzfuß standen - sich gegenseitig „gnädige Frau" titulierten, oder auch „Frau Kapitän", „Frau Kapitänleutnant"; Admiralinnen gab es damals außer Frau Jachmann noch nicht. - Als wir am Ort unserer Bestimmung anlangten, war der strittige Punkt noch nicht erledigt. Bei Tisch hüllten sich Frau Y. und X. in tiefes Schweigen. „Die maikäfern über einen Toast", sagte ich mir. Die Gesundheit des Kaisers hatte Frau Klatt ausgebracht - nun war es an der Zeit. Die Stabsoffiziersgattinnen X. und Y. ergriffen zugleich ihr Glas, um das Signal zu geben; da - von ganz unberufener Seite ein kling-kling: „Ich bitte Sie, meine Damen, mit mir anzustoßen auf das Wohl unserer verehrten Frau Kapitän Klatt. Sie lebe hoch!" Eine junge Kapitänleutnantsfrau hatte den gordischen Knoten durchschnitten. Ob dieser Kühnheit erstarrte Frau Y. zur Meduse, Frau X. schluckte heftig die gewiß sehr wohlgesetzte Rede herunter!

Der Sekt perlte in den Gläsern, und wir waren sehr vergnügt. Nach dem Diner fanden sich auch unsere Herren ein. Sie hatten im „Hotel Keese" gefeiert und waren in feucht-fröhlicher Stimmung. Ihr Vorschlag zu tanzen, erregte allgemeine Begeisterung, es wurde ausgeräumt und ein Walzer riskiert. Die Damen hielten ihre Tänzer krampfhaft fest. Nachdem wir uns von unserer liebenswürdigen Wirtin verabschiedet hatten, nahm jede Frau ihren etwas schwankenden Marinus, Robbert, Tschunni, Juhl an den Arm, um in der Stadt beim ersten Kompagniefest in Wilhelmshaven den Abend zu beschließen.

Schon Anfang 1872 waren die fiskalischen Wohnungen an der Adalbertstraße zum größten Teil bezogen worden. Im Vier-Familienhause wohnten Stabsoffiziere und ein Maschinenbaudirektor. Der Graf und die Gräfin Monts waren die ersten Bewohner dort - Graf Monts war Kommandant S. M. S. „Renown" und so öffnete die Gräfin ihr gastliches Haus zuerst an jedem Dienstag den ihrem Gatten unterstellten jungen Offizieren; die Familien und die übrigen Offiziere, welche nicht verheiratet waren, wurden zu diesen reizenden Abenden eingeladen. Es war ein Elitekorps von des Kommandanten Erziehung - die Offiziere S. M. S. „Renown", und keiner von ihnen ist verloren gegangen; im Gegenteil, die, welche nicht durch den Tod viel zu früh abberufen wurden, sind in hervorragenden Stellungen. Wie lebhaft habe ich sie in meiner Erinnerung, diese so harmlos fröhlichen, jungen Menschen; jeder bemühte sich, zur Erheiterung sein Scherflein beizutragen.

Leutnant D., er ist auch schon dahin, produzierte sich in Kraftübungen mit zwei Hutschachteln, auf denen mit Kreide 1000 Pfund geschrieben stand; sein Elan war tadellos, wie er sich zum Schluß auf der Fußspitze wiegte und die elegante Handbewegung machte – es war eines Equilibristen vom Fach würdig. Oder auch: einer spielte die Begleitung auf dem Flügel, die übrigen stellten sich in Reih und Glied auf und sangen von der Streichholzschachtel herunter die schwedische Nationalhymne – wie sie sagten: „Utan sfafol og phosphor!" Gerade der feierliche Ernst dabei wirkte überaus komisch. Dann trat unser lyrischer Tenor, Leutnant W. B., auf und sang mit schmelzender Stimme irgend ein schönes Lied; er bevorzugte den Asra von Rubinstein: „Ich bin Mohammed aus Yemen!"

Panzerfregatte „Preußen", Stapellauf 1873

Manchmal wurde an diesen Abenden auch sonst hübsch musiziert, Sprichwörter gestellt; irgend etwas amüsantes wußte die Gräfin stets anzugeben. Für die materiellen Genüsse war durch ein einladendes Büfett gesorgt und zum Schluß wurde öfters getanzt.

Was die Familie Monts während ihres langen Hierseins für uns bedeutete, wissen alle, welche das Glück hatten, in ihrem Kreise zu verkehren. Der Graf war ein liebenswürdiger Herr, ein wohlwollender Vorgesetzter, stets bereit, für seine Untergebenen einzutreten. Nun, und die Gräfin! Wer sie gekannt, spricht noch jetzt von ihr in den Ausdrücken größter Verehrung, von der geist- und humorvollen Frau mit dem goldenen Herzen. Wir Krohns haben vor allem Ursache, uns ihrer mit innigster Dankbarkeit zu erinnern; ich kann sagen, meine schönsten Erinnerungen wurzeln im Hause Monts.

9
Das Zwölf-Männerhaus – Gartenkunde – Ausbau der Straßen und Entwicklung des Geschäftslebens – Parkanlagen und Stationsgebäude – Erste kommunale Verfassung - Bürgerschaftssitzungen und Gründung der Schulen

Im Januar 1872 war das Zwölf-Männerhaus soweit fertiggestellt, daß es bewohnt werden konnte, und wir zogen, wenn ich nicht irre, als erste Bewohner dort ein.

Zwölf-Männerhaus! Eigentlich war dieser Name ein Witzwort einer Marinedame; doch er muß wohl allen gefallen haben, denn man hat ihn beibehalten bis auf den heutigen Tag.

Vor mehreren Jahren fuhr ich auf der Strecke Hannover – Berlin mit einem alten Herrn, der mir sehr interessant aus seinem vielbewegten Leben erzählte. In Wilhelmshaven war er auch gewesen, die unfertige Stadt hatte bei ihm keinen günstigen Eindruck hinterlassen. Auf seine Frage, in welcher Gegend ich wohne, antwortete ich ihm: „Auf der Adalberstraße, im Zwölf-Männerhause!" – Da lachte er mir ungeniert ins Gesicht. Empfindlich berührt, beeilte ich mich, zu erklären, das Zwölf-Männerhaus sei ein großes, zweistöckiges Gebäude, eingerichtet zu Wohnungen für höhere Offiziere und Beamte; mit geschmackvoller Fassade, hübsch angelegten Vorgärten – ich phantasierte von Teppichbeeten und schönen Baumgruppen, größeren Gemüse- und Obstgärten. Den dunklen Punkt, die Hinterfront unseres Hauses, erwähnte ich nicht. – Der Herr entschuldigte sich. „Verzeihen Sie die Ausbrüche meiner Heiterkeit, gnädige Frau, ich war lange in Australien und erwarb mir dort ein hübsches Vermögen. Zurückgekehrt in meine süddeutsche Heimat, errichtete ich in meiner Vaterstadt ein Asyl für hilfsbedürftige Greise, und da das Haus zwölf Bewohner faßte, nannte ich es Zwölf-Männerhaus!" – Seitdem hat der Name für mich einen unangenehmen Beigeschmack.
Das Zwölf-Männerhaus hat wie jedes Haus, insbesondere wie eines, welches so häufig die Bewohner wechselt, seine Geschichte. „Greift nur hinein ins volle Menschenleben, und wo ihr's packt, da ist es interessant!" - Es ist mir nicht vergönnt gewesen, wie Asmodeus, die Dächer abzuheben, und wo ich hier und da etwas hörte, habe ich es vergessen; auch der Tod ist eingezogen in unser Haus - ich denke nicht gern daran zurück. Freundliche, liebe, auch scherzhafte Erinnerun-

gen sind es, die in mir auftauchen, und in buntem Durcheinander, wie sie mir kommen, will ich von ihnen erzählen.

Allerdings muß ich zuerst mit weniger Angenehmem anfangen, das ist unser Einzug in das Haus, was wir nunmehr seit dreißig Jahren bewohnen. Wie die Adalbertstraße, an welcher es liegt, ein einziger Sumpf war, so stand auch unser Haus im Wasser, und nur mittels eines Steges konnten wir hineingelangen in das zukünftige Heim. Merkwürdigerweise war in den oberen Räumen des Hauses wenig von Feuchtigkeit zu spüren; überall war Luft und Licht in unserer schönen, neuen Wohnung. Man hatte nicht gewagt, gleich zu Anfang die Zimmer zu tapezieren, dafür waren sie in schokoladebraun angestrichen, was sich nicht schlecht machte. Mängel hat jede Wohnung, hier bestehen sie in den dunklen Treppen und dem ebenso dunklen Souterrain - nebenbei gesagt, mußte man am Kochherd, als er noch ganz an die Wand gerückt war, eine Lampe anzünden, wenn man irgend etwas sehen wollte. Doch das dürfen wir dem genialen Baumeister nicht anrechnen, ebenso verzeihen wir es ihm, daß er in seinem Plan einiges Notwendige ganz vergessen hatte. - Im Souterrain waren Bretter gelegt, dort stand das Wasser fußhoch. Die Köchin konnte das Geschäft des Essenbereitens nur im Sitzen besorgen; ein Gestell wurde kunstvoll aufgebaut, auf dem sie thronte.

Vorläufig fehlte unserem Hause ein Bretterzaun, und das Federvieh unserer Mitbewohner machte uns manchen freundnachbarlichen Besuch. Besonders liebenswürdig benahm sich dabei eine kleine, graue Henne, jeden Morgen legte sie ein Ei auf die Schwelle unserer Hintertür; allerdings hat sie sich später den Dank dafür bei unseren Schoten geholt.

Trotz der kleinen Mängel waren wir, als wir vollständig eingerichtet, unbeschreiblich glücklich in den schönen Räumen, und was stets mein Sehnen gewesen war, jetzt hatte ich endlich Platz für eine Bühne zum Theaterspielen, nun konnten die Jünger der Kunst einziehen. Baldmöglichst ging ich ans Werk. Zwei Stücke waren ausgesucht, ein Podium hatte mir mein guter Mann geschenkt, die Requisiten lieh ich mir zusammen. Bereitwillige, die unsere Bretter betreten wollten, fanden sich, besonders unter den Damen. Die Proben waren in vollem Gange - da nahte mit schweren Schritten das Verhängnis: einige Tage vorher wurden drei von den Mimen zu einer Reise nach Kiel kommandiert. Natürlich setzte ich alles daran, die Rollen wieder zu besetzen, und es gelang mir ja, sogar mein Gatte ließ sich bewegen mitzuspielen, es war rührend von ihm, daß er es tat, denn es war ihm gräßlich, wie er sagte; im Übrigen gab er den edlen Vater ganz gut.- Die Stücke waren das bekannte „Erste Mittagessen", damals noch nicht auf jedem Polterabend vorgeführt, und ein Einakter „Wer zuletzt lacht". In dem letzten Stück mußte ein Hund vorkommen; leider aber benahmen sich die Köter, die wir nacheinander probierten, so ungebärdig und waren so wenig salonfähig, daß wir zu dem einst zärtlich geliebten, ausgestopften Ammi einer alten Jungfer unsere Zuflucht nahmen. Die Stücke wurden flott gespielt, alles ging vortrefflich, und ich war selig! Gott weiß, was ich in den darauf folgenden Jahren nicht noch in jedem Winter vorgenommen habe: Lebende Bilder, Theaterstücke, Ritterkomödien, Karnevalsscherze, musikalische Aufführungen - aber eine solche Freude, wie dieses erste Mal, habe ich nie wieder daran gehabt.

Amtsgericht an der Marktstraße, 1878 eingeweiht

Während ich schreibe, wachen sie auf in meiner Erinnerung, die vergangenen Zeiten, sie ziehen an mir vorüber in bunter Reihe, die Gestalten - die wunderschöne „Loreley" mit ihrer blonden Haarpracht; das entzückende Zigeunerpaar aus dem Bilde „Schmerzvergessen"; der Ritter „Toggenburg", nicht das bleiche Antlitz nach dem Fenster seiner Angebeteten gewendet - rotwangig, behäbig, im blauen Mantel und rosafarbigem Trikot; der taube Ritter „Willibald" mit seiner „Mechtildis" aus dem Ritterstück; „Der Ohrenbalsam des Eremiten oder der ungehörte Vaterfluch"; „Die Haremsschöne"; „Prinz Karneval"! - Wie viel liebe Menschen haben nacheinander bei uns mitgewirkt zu fröhlichem Tun; wer zählt die Namen, und wie manche von den Akteuren und den so nachsichtigen Zuschauern deckt schon die kühle Erde! Viel Mühe hat es auch gemacht, und manchmal schlug mir mein Gewissen. Wenn die Proben ihren Anfang genommen, ging alles herunter und herüber im Hause; mein Mann hatte nicht seine Gemütlichkeit, die Kinder waren eine kleine, wilde Horde, Strafzettel wegen Zuspätkommens in der Schule nichts ungewöhnliches.

An einen entsetzlichen Tag denke ich mit Grauen. Es sollte Generalprobe sein. Am Morgen erwache ich mit rasenden Kopfschmerzen. Von unten dringt ein wüster Lärm herauf, Kochtöpfe krachen aneinander, lautes Lachen und Sprechen, dann fällt etwas zur Erde, wie mindestens ein Dutzend Teller: die „lange Christine", die Kochfrau, ist eingerückt; ich kleide mich an und gehe hinunter. Mittlerweile hat sie sich beruhigt, sie sitzt beim Kaffee, die Arme aufgestützt, in zwei Händen die dampfende Tasse. „Morgen, gnä' Frau!" Während ich nach diesem und jenem mich umsehe, läßt sie sich nicht stören, sie frühstückt mit übergroßer Gemütlichkeit. „Es ist schon spät, Christine!" – „Werden fertig!" sagt Christine mit unverwüstlichem Phlegma. – „Es ist viel zu tun heute," wende ich zaghaft ein. Nun steht sie auf, ganz langsam: „Haben wir denn alles? Na, denn man los! Nu kümmern Sie sich um garnichts, gnä' Frau, das kommt allens zurecht; gehen gnä' Frau man nach ihr Theater!" – Na, ich gehe denn auch „nach mein Theater". Auf der Bühne steht ein Malergehülfe mit seinem Farbentopf, im Begriff, den Hintergrund zu den lebenden Bildern im schönsten Ultramarin anzustreichen. Gerade komme ich noch zur Zeit, ein Unglück zu verhüten! Er hält mit seiner ersprießlichen Arbeit inne und bringt mir die Kunde, daß sein Meister, Herr Popken, am Kommen verhindert sei – der Unentbehrliche streikte. Lebende Bilder ohne Popken, eigentlich ein Ding der Unmöglichkeit! – Der Tüll für den Rahmen ist verloren, endlich finde ich ihn; dann wollen die reflektierenden Blechplatten hinter den Lampen nicht haften – alles geht verkehrt, und dann der ewig abhanden gekommene Schlüsselkorb an solchen Tagen; ich bin auf dem Boden und muß ihn gebrauchen, steht er ganz gewiß in der Küche – und umgekehrt.

Aus dem Souterrain herauf höre ich die Trompetenstimme der „langen Christine", die immer alles, was in ihren Bereich kommt, zu ihrer Hülfe requiriert. Dieses Mal ist es der Bursche. „Rasch, gehen Sie auf die Nachbarschaft, einerlei, wohin, und suchen Sie Eier zu leihen, ich muß notwendig noch Eier haben." Mir ahnt schreckliches; ich gehe hinunter. „Was ist denn passiert? Es waren doch Eier genug da!" – Probieren die gnädige Frau mal die Mayonnaise. Schmeckt sie nicht etwas nach Petroleum?" – Etwas nach Petroleum! Garnicht zu genießen! Christine hatte aus einer Flasche, die ihr unglücklicherweise in die Finger kam, einen Rest Petroleum in die Soße gegossen. Zum Glück konnte der Schaden repariert werden. Unter all dem Wirrwarr ist es Mittag geworden. Das Essen ist natürlich nicht fertig, trotz Christine. Doch nun weiter, denn meine Leiden sind noch nicht zu Ende. Kaum habe ich mir ein nasses Tuch um meinen schmerzenden Kopf gewunden, mich etwas hingelegt zum Schlafen, da klingelt es. Der Schlachter bringt ein mächtiges Stück Fleisch von dem Rücken eines Ochsen. Ich berate mit der Stütze. „Sagen Sie Christine, sie soll für die Leute davon schneiden, das große Stück soll zu heute abend gebraten werden." – Es klingelt wieder. Herr Leutnant v. M. wünscht mich zu sprechen in einer Kostümfrage, der Besuch dehnt sich etwas länger aus. Die Generalprobe beginnt – es sind ungefähr dreißig Personen – sie währt ziemlich lange. Als ich zum Büfett bitten will, kommt mir mein Mann aus dem Eßzimmer entgegen – bleich vor Zorn. „Denkst Du mit Deinem Braten, wie diesem, die ganze Gesellschaft satt zu machen?" Mein Blick fällt aufs Büfett – da sehe ich das Malheur. die Stütze hatte mich falsch verstanden; das kleine Stück Fleisch war gebraten für die Probe, das große Roastbeef harrte noch seiner Verwendung. Ich hinunter in die Küche, und was fertig war für den anderen Tag wurde preisgegeben. Trotz der kleinen Verzögerung hatte niemand etwas gemerkt. Ich hatte die Genugtuung, daß nicht einmal alles gegessen wurde, nie haben mir Reste mehr Vergnügen gemacht. Als uns unsere Schauspieler verlassen, war ich dem Umsinken nahe; beim Einschlafen war mein letzter Gedanke: „Nie wieder!" Und doch – der nächste Winter fand mich stets aufs neue schwach.

Sehr treu unterstützte mich bei unseren jährlichen Völkerfesten Frau H., eine Mitbewohnerin unseres Hauses. Sie hatte einen kühnen Nordpolfahrer geheiratet. Das reizende, talentvolle Persönchen malte und war eine geschickte Klavierspielerin, so führte uns die Musik zusammen. Wir spielten vierhändig, allerdings bei 18 Grad Reaumur. Diese Temperatur gebrauchte meine kleine Freundin um sich zu erwärmen. Bei Bällen, wenn sie nicht gerade tanzte, bei Gesellschaften habe ich sie selten ohne ihren großen Hermelinkragen gesehen. Leider hatte man nur im Winter etwas von ihr; im Sommer, wenn der Gatte auch fort war, flatterte sie meistens davon, mitunter kehrte sie auch ein paar Tage hierher zurück, um nach den Motten zu sehen, fand dann die Luft in Wilhelmshaven so schön und erquickend, wie nirgends. Das hinderte sie aber garnicht, sich nach kurzer Zeit wieder zu empfehlen.

Die nervöse bleiche Engländerin auf dem rechten Flügel (des Zwölf-Männerhauses) kannte ich wenig, zollte ihr im übrigen mein herzlichstes Mitleid. Frau B. wurde häufig in ihrer Nachtruhe gestört durch einen über ihr wohnenden Offizier, der die Rücksichtslosigkeit hatte, erst zwischen zehn und elf Uhr in sein Quartier zurückzukehren, und er ging dann nicht gerade auf leisen Sohlen. „O Shocking! Uenn er kommt abends nach Hause, er zieht seine Stiefeln aus, das eine wirft er in das eine Ecke, das andere in das andere Ecke – das kracht serr. Ich wachen auf und ich nicht wieder schlafe ein!" Arme Frau!

Über den Winterfreuden der Geselligkeit war der Frühling ins Land gekommen. Wir merkten wenig von ihm. Bäume sahen wir nicht sich belauben, es waren keine da, alles war wüst und leer, wie zu Anfang der Schöpfungsgeschichte. Nun

Die Adalbertstraße, Mitte der siebziger Jahre – hat Frau von Krohn gerade die Bettlaken im rückwärtigen Garten aufgehängt?

aber begann ein eifriges Treiben in den uns zugewiesenen Gärten. Es wurde gegraben, gedüngt, das Land in Beete eingeteilt, Sträucher angepflanzt, man säte Radieschen, Spinat, Salat, Kressensamen, „der es leicht verrät". Selbst unsere Großstädter sah man - nachdem sie sich ein Paar alte Glaces über die wohlgepflegten Hände gezogen, fleißig hantieren mit Schaufel, Harke und Spaten. „Es wächst der Mensch mit seinen höheren Zwecken." Ja, einer der Mitbewohner unseres Hauses legte sogar Spargelbeete an, die bis vor kurzer Zeit noch einen Ertrag geliefert haben.

Wenn man die Neulinge in der Gartenkunde so reden hörte, meinte man, ganz erfahrene Leute vor sich zu haben. Doch jeder hatte im Geheimen sein Buch, mit dem er dem Nachbarn über die Hecke hinüber blauen Dunst vormachte und ungeheuer weise Ratschläge gab. Nicht lange währte es, da sproß alles hervor. Zuerst reckten die Radieschen ihre Blätter heraus, dann kamen Spinat, Salat und Erbsen.

Nun aber erwachten auch die schlechten Regungen in der Menschenbrust, der Neid, die Eifersucht. „Guten Morgen, Herr Nachbar, denken Sie, wir haben gestern abend die ersten Radieschen gegessen." „So" – mit verbissenem Ärger – „morgen sind wir auch so weit, übrigens, Erbsen kommen bei mir schon heraus." „Das muß ich sehen, um es zu glauben." Mit einem kühnen Satz hatte der Herr Kapitänleutnant die Hecke genommen. „Sie irren sich, mein Lieber – das ist ja Unkraut." „Verzeihen Sie, ich werde doch Unkraut von Erbsenkraut unterscheiden können!" Die Gemüter erhitzten sich immer mehr, da legte sich das „ewig Weibliche", die Hausfrau, ins Mittel, und so war der Frieden wieder fürs erste geschlossen.

Eigentlich war es ein Streit um des Kaisers Bart, denn die Erbsen hatten längst die Hühner aufgepickt. Besonders tätig war bei diesem Geschäft, wie ich gestehe, meine Freundin, die graue Henne gewesen. Sie wurde später die Stammutter einer großen Spitzbubenfamilie, deren Raubzüge in unseren Gärten als sehr unangenehm empfunden wurden. Doch das waren nicht die einzigen, die uns schädigten, jeder Bewohner, uns ausgenommen, hielt sich Witwe Boltes nützliche Vögel. Wehe, wenn sie losgelassen! Und das geschah leider sehr häufig – nicht in böser Absicht – nein, durch die offene Hoftür entkamen die Tiere. Ich kann nicht sagen, daß ich dem Geflügel mein Wohlwollen entgegenbrachte. Morgens um vier erwachte man beim ersten Hahnenschrei, um nicht wieder einzuschlafen. In den Kaffees war von nichts anderem die Rede, wie von Federvieh. Wild entbrannte der Streit über Kochinchina, Bauernhuhn, Gold- und Silberlack, über gelbe, weiße, große und kleine Eier. Die lieben Nächsten, die Babys, die Minen, Linen, Rieken, Jetten, hatten Schonzeit. – Nun erst die Tauben, diese unreinliche Gesellschaft saß in den Gossen, und unser Zisternenwasser wurde nicht dadurch verbessert.

Als die Erdbeeren anfingen sich zu röten, brach der Hader aufs neue aus. Doch von größeren Feindseligkeiten in unserem Hause berichtet die Geschichte nichts, wir waren im ganzen friedfertige Leute, und wir konnten es sein, denn wir hatten keine gemeinschaftliche Waschküche, keinen gemeinschaftlichen Trockenboden. Diese Streitobjekte haben schon manches Unheil angerichtet. Leute, die neben-, unter-, über- und miteinander friedlich lebten, entzweiten sich auf Leben und Tod. In den Annalen des Vier-Männerhauses soll darüber einiges verzeichnet sein.

Unsere Vorgärten bepflanzten wir mit Bäumen und Sträuchern und legten uns Blumenbeete an. Mein Stolz und meine Freude waren meine Verbenen, Heliotrop, die Monatsrosen. Wie alles im Juli so recht schon zur Blüte gelangte, freute ich mich immer aufs neue an dem Gedeihen und dem Duft meiner Blumen.

Da, eines morgens war die ganze Herrlichkeit verschwunden, auch nicht ein einziges Blümchen hatten mir die Diebe gelassen; acht Tage später feierte ich auf dem Schützenfest ein schmerzliches Wiedersehen. – Dem mangelnden Schatten halfen wir durch sogenannte Lauben ab. Vier Pfähle wurden eingeschlagen, darüber zwei Querleisten befestigt und mit Segelleinen bezogen; wer luxuriös sein wollte, machte sich noch aus rotem Wollband benähte Lambrequins daran.

Mitunter besuchte mich auf meinem Plätzchen die Frau Doktor Loewe, die Schwiegermutter eines Seeoffiziers, bei dem sie auch in unserer Nähe wohnte. Sie war eine feine, angenehme Dame, mir noch dadurch interessant, daß sie die Witwe von Carl Loewe war. Sie erzählte mir mitunter aus dem Leben ihres Mannes - er war ein Protegé von Friedrich Wilhelm IV. gewesen. Der Komponist der herrlichen Balladen ist in den letzten Jahren mehr denn je zur Geltung gekommen.

Die Alterspräsidentin unseres Hauses war Tante Berta, eine sehr energische Dame. Ihrer hier an einen Offizier verheirateten Nichte führte sie den Haushalt und hielt mit kräftiger Hand die Zügel. Sie war überall und nirgends, wenn sich unten alles in Sicherheit wiegte, die Köchin hinten am Tor ein Rendezvous hatte, das Hausmädchen sich in einen Räuber- und Ritterroman vertiefte, der Bursche eine von seines Herrn Zigarren rauchte und dazu eine Flasche Bier trank; plötzlich war sie da – auf Filzpantöffelchen kam sie herangeschwebt. Niemand hatte sie kommen hören. Dann brach das Unwetter los. Die Domestiken hatten einen großen Respekt vor ihr; eigentlich war sie auch Herrn und Frau C. nicht gerade sympathisch, aber man konnte sie nicht entbehren. Von keinem verstanden, wendete sie den ganzen Schatz ihres liebesbedürftigen Herzens dem sechswöchigen Baby zu, sie pflegte es mit unendlicher Sorgfalt. Bei ihren sonstigen trefflichen Eigenschaften hatte sie den einen Fehler: sie war etwas zerstreut und sehr kurzsichtig.

Eines Abends, als Tante Berta im Begriff ist, das Kindchen zu entkleiden, dringt ein Geruch von übergekochter Milch nach oben. „Das ist denn doch zu arg, so'n nachlässiges Frauenzimmer!" Tantchen legt schleunigst das Baby beiseite und eilt herunter, nach dem Rechten zu sehen. Nach einer längeren Strafpredigt – sie konnte nie ein Ende finden – steigt sie wieder hinauf, aber – wo ist das Kind? Nirgends zu finden! In ihrer Herzensangst alarmiert die Tante Herrn und Frau C.; die ganze Familie geht auf die Suche, Tante Berta mit dem brennenden Licht voran; sie leuchtet nochmals in die Wiege – ganz besinnungslos, denn dort hat sie schon nachgesehen, und kommt der Mulldraperie zu nahe – Hui! geht dieselbe in Flammen auf. Das Feuer wird gelöscht, aber immer noch kein Kind! Die Mutter ringt verzweiflungsvoll die Hände, Vater läßt sich zu einigen unparlamentarischen Ausdrücken hinreißen; Tante Berta hat Lust, sich aus dem Fenster zu stürzen und ihr Leben zu enden. Auf dem Hausflur stehen die Leute in heller

Schadenfreude; der Bursche sagt: „Kinners, paßt up, nu warden wi de Olsch los!" – Man hat überall nachgesehen, in den Sofaecken, in den Ecken, in den Schränken, Kommoden – nirgends ist der Liebling zu finden, man ist einfach ratlos!

Da, was ist das? Aus dem verschlossenen Eßzimmer dringt ein jämmerliches Geschrei! – Alles stürzt hin. Da liegt Klein-Leni in ihrem Steckkissen mitten auf dem Eßtisch. Wie aber kommt sie dahin? Jetzt weiß es die Tante: sie hatte eine Flasche Öl, derer sie bedurfte, vom Büfett holen wollen, das Kindchen auf dem Arm gehabt und dort weggelegt. Tränen rannen Tante Berta über das runzlige Gesicht, mit zitternden Händen nahm sie ihr liebes Kind und drückte es fest an die Brust: „Leni, liebe, süße, kleine Leni!"

Wie Frau H., so machten es auch die anderen Sommerwitwen, deren Männer auf dem Geschwader waren, sie gingen auf und davon; ich hatte dann häufig die verantwortungsvolle Aufgabe, den Silberschatz zu hüten. – Eines Sommers erinnere ich mich, da war während der großen Ferien unser Haus wie ausgestorben; eine einzige Dame, Frau K., zwei junge Offiziere, mein Mann und ich, wir bildeten den kleinen Rest, alle anderen waren auf Reisen gegangen. Alle Tage hatte ich vollauf Beschäftigung, aber da waren die Abende, die schönen, warmen Sommerabende, die uns so melancholisch stimmten. Gegen neun Uhr traf ich mich mit Frau K. zum Promenieren vor dem Zwölf-Männerhaus – weiter wagten wir uns nicht, also immer auf und ab. Das, was der ganze Tag gebracht, ließen wir noch einmal an uns vorübergehen; es war ein ergiebiges Thema, denn wir machten gerade ein. „Ich rechne Pfund auf Pfund," sagte Frau K.; am linken Flügel angelangt, wurde sie in ihrer Rede unterbrochen. Von oben her klangen weiche Flötentöne uns ins Ohr: „In einem kühlen Grunde!" Es war der Leutnant A., der uns in dieser zarten Weise daran mahnte, daß es auch noch etwas anderes auf dieser Welt gab, wie Kirschen, Erd- und Himbeeren. Wir kehrten um bis zum rechten Flügel; Frau K. und ich waren just darin übereingekommen, daß man Saft gären lassen müsse. Wieder erfrischte uns die Poesie in der nüchternen Prosa des Lebens; diesmal war es der Geiger, Leutnant von Z.; er spielte das Lied, was wir Deutschen singen, wenn wir recht vergnügt sind! „Ich weiß nicht, was soll es bedeuten!" So Abend für Abend. Um zehn Uhr trennten wir uns, wir hatten dann vollauf genug. – Später wohnte im linken Flügel noch einmal einer, der die Flöte blies, doch den Leutnant A. erreichte er nicht.

Noch etwas vom Leutnant A. oder vielmehr von seinem Hund. Einst war A. zur Kirche gegangen. „Pluto", ein großer schwarzer Neufundländer folgte, sich einsam fühlend, den Spuren seines Herrn. Majestätisch trabte er durch den Mittelgang der Kirche und legte sich der Kanzel gegenüber nieder, unverwandt den Prediger anstarrend. Die fest auf sich gerichteten Hundeaugen waren Langheld unbequem, sie störten ihn in seiner Rede. Sich unterbrechend, befahl der dem Küster, das Tier zu entfernen. Pilz faßte „Pluto" am Halsband, er rührte sich nicht: die ganze andächtige Gemeinde folgte mir großem Interesse dem Vorgang. Nun wurde auch A. aufmerksam, er lockte den Hund und verließ mit ihm gemeinsam das Gotteshaus. Dem von oben herab gegebenen Befehl, das Tier zu beseitigen, ist er nicht nachgekommen und man hat nicht gehört, daß es ihm in seiner Karriere geschadet hat.

Ganz amüsant konnten sich aber auch die abendlichen Spaziergänge gestalten. Es war mehrere Jahre später. Zwischen elf und zwölf Uhr – zu meiner Schande muß ich gestehen, es war beinahe Mitternacht – kamen wir zu zweien aus einem Damentee; wir waren dabei nicht auf unsere Rechnung gekommen und hatten Neigung, ein wenig zu kritisieren. Die Luft war so köstlich und wir beschlossen, die Sommernacht noch ein Weilchen zu genießen. Das Fenster eines Souterrains war erleuchtet, während oben alles dunkel, ein Zeichen, daß die Herrschaft schlafen gegangen war. Ich schöpfte sofort Verdacht! „Ich bin überzeugt, da hat mal wieder eins von den Mädchen vergessen, beim Zubettgehen das Licht zu löschen," sage ich zu Frau D. – Wir schleichen uns in den Vorgarten; das Fenster war nicht ganz verhängt und richtig, da lag unter einem blau- und weißgewürfelten Federbett, so tief vergraben, daß nur ein blonder Haarschopf hervorsah, die Köchin. Vor dem Bett, in fast unmittelbarer Berührung mit der Decke, stand auf einem Stuhl die brennende, blakende Petroleumlampe. Was nun machen? Klopften wir an, dann erschrak die Schläferin, machte eine unvorsichtige Bewegung und warf die brennende Lampe um. Zum Glück war das Fenster nur angelehnt, ich öffne es und säusele in den schmelzendsten Tönen: „Sophie!" Da kam ein roter Kopf unter der Decke hervor: „Was wollen Sie, gehen Sie man weg, ich will mit Sie garnichts mehr zu tun haben!" Darauf tauchte Sophie wieder tief unter die Federn. Ich flüsterte nochmals: „Sophie, machen Sie die Lampe aus!" Nun hatte Sophie begriffen; vorsichtig raffte sie das Federbett zusammen, und Finsternis umgab die Maid.

Die den "Linden" in Berlin nachempfundene Adalbertstraße, deren Bau Anfang der siebziger Jahre begonnen wurde, reizte die Künstler immer wieder zu neuen Ansichten.

Beruhigt und in dem angenehmen Gedanken, unser Haus vor einer Feuersbrunst bewahrt zu haben, wollten wir uns entfernen. Wir waren aber doch wohl nicht leise genug gewesen, denn es öffnete sich oben ein Fenster, dort erschien gleich einem weißen Gespenst – der Herr des Hauses. Weit beugte er

sich heraus. „Wer ist da?" Wie wir uns ganz an die Mauer drückten und selbstverständlich nicht antworteten, rief er nochmals: „Was wollt Ihr, Spitzbuben? Antwortet oder ich schieße!" – Herr T. war sehr leicht erregt. – Alles still! „Na, wartet, ich werde Euch kommen." Er schloß das Fenster; das war der gegebene Moment, daß wir uns schleunigst davon machten. Erschöpft sanken wir auf unsere Gartenbank, wartend dessen, was sich weiter ereignen würde. – Herr Z. hatte sich in Uniform geworfen, sich mit der reglementsmäßigen Waffe versehen, dann zu seiner Assistenz den Burschen geweckt, so währte es ziemlich lange, bis Herr und Diener erschienen. „Natürlich haben die Kerls das Hasenpanier ergriffen – nun, Zeit genug hatte man ihnen gelassen." – „Quintmeyer, sehen Sie zu, daß Sie sie noch erwischen, vielleicht haben sie sich in einem der Gärten versteckt." Quintmeyer trabte los, suchte die Gärten ab, sah auch bei uns herein und kehrte natürlich unverrichteter Sache zu seinem Herrn zurück. „Nee, Herr Kapitänleutnant, de sünd all' weg." Darauf gingen beide ins Haus und Herr z. schloß sehr energisch die Tür hinter sich ab. – Nach zwei Tagen war ich in einem Kaffee. Alle riefen mir entgegen: „Haben Sie gehört, bei Z's ist eingebrochen worden. Die Diebe sind durchs Küchenfenster gestiegen, haben aus dem verschlossenen Büfett das Silber genommen." Ich schwieg, ich wollte doch sehen, was in den nächsten Tagen nicht noch alles hinzukommen würde. So hatte sich in wesentlich kurzer Zeit unsere einfache Mahnung zu einem großen Einbruchsdiebstahl herausgewachsen. Natürlich klärten wir die Sache bald auf – es gab enttäuschte Gesichter – es ist doch so jammerschade, wenn ein interessantes Ereignis zu einem Nichts zusammenschrumpft.

Ende 1880 zog eine Familie in unser Haus, mit der wir jahrelang in Freundschaft verbunden waren, besonders wir Frauen fanden uns, vorzugsweise im Sommer, täglich zusammen. Wir saßen mit der Handarbeit in den Vorgärten unter dem Schat-

Das Haus des Oberwerftdirektors an der Adalbertstraße, Ecke Marktstraße

ten der Kastanien; die Marktbuden waren längst verschwunden. Am Abend trafen wir uns wieder zu dem mir von Alters her gewohnten Auf- und Abwandeln vor dem Zwölf-Männerhause. Unsere Interessen vereinigten sich in den gleichalterigen Töchtern, und mütterliche Freuden und Sorgen teilten wir redlich miteinander. Sehr habe ich den hübschen, so anregenden Verkehr entbehrt, als die Familie D. uns verlassen hatte.

Noch einmal zog im rechten Flügel die Musik ein. Ein gottbegnadeter Sänger wohnte dort mit seiner liebenswürdigen jungen Gattin. Er reißt jetzt die Berliner zur Bewunderung hin. – Manch schönes Liedlein bekamen wir da zu hören, gemeinschaftlich machten wir Musik. Doch der Wahrheit die Ehre: wir ergaben uns auch profaneren Beschäftigungen. Unser Sänger wußte immer etwas Nettes an Gesellschaftsspielen anzugeben. – Die Musik kam noch zu ihrem Recht im „Adagio geht das Trulala" – dann aber war da der „Lämmerstall".

Die Schafmutter seufzt: „Ach, wenn es doch erst Sommer wäre!" Die Jugend ist immer zuversichtlich, so sagen die Lämmer. Es wird schon werden, wir werden's erleben! Der alte Bock mekkert traurig: „Eckt nech." Die letzte Rolle übernahm derjenige, der über einen schönen, sonoren Baß verfügte: Voila tout.

Ja, wir waren damals sehr vergnügt im rechten Flügel des Zwölf-Männerhauses und damit will ich unserem gemütlichen Heim „Adieu" sagen.

Nach Beendigung des Krieges begann man mit dem Ausbau der projektierten Straßen. Eine Bremer Baugesellschaft bebaute zuerst die Roonstraße. Zwei- und dreistöckige Häuser wur-

Blick in die Roonstraße nach Westen, Mitte der siebziger Jahre – links Hempels Hotel an der Ecke Kronprinzenstraße

„Die Hafenanlagen zu Wilhelmshaven"
Dock, Bauhafen und rechts die Kesselschmiede

den aufgeführt und die in denselben befindlichen Läden bald eröffnet; die Geschäfte wuchsen wie Pilze aus der Erde. Manche von den neuen Ansiedlern, die das nötige Betriebskapital zu hohen Zinsen anleihen mußten, sind nicht recht vorwärts gekommen, wohingegen andere, die in der Lage waren, etwas in ihr Geschäft hineinzustecken, sich hier eine auskömmliche Existenz gründeten und jetzt reiche Leute sind; vor allem hat sich in unserer Stadt mit der Zeit ein wohlhabender, solider Handwerkerstand herangebildet.

Der Fiskus machte den Versuch mit Holzhäusern, welche man aus Schweden kommen ließ und die hier zusammengesetzt wurden. Sie erwiesen sich als praktisch, im Sommer kühl, im Winter leicht zu erwärmen, nur hatten sie den Nachteil, daß sie sehr hellhörig waren; man erzählte sich darüber in der ersten Zeit ergötzliche Geschichten. - Vor kurzer Zeit sind die sogenannten Schwedenhäuser abgebrochen, drei- und vierstöckige Gebäude erheben sich an ihrer Stelle.

Im Frühjahr 1871 hatte man bereits mit dem Anlegen eines Parks begonnen. Das Areal - sumpfiges Weideland - wurde zunächst von einer Dornenhecke umgeben, sie diente dazu, den Bäumchen und Sträuchern Schutz zu geben gegen die hier herrschenden starken Winde, welche dem Wachstum so hinderlich sind. Der Park wurde angelegt von dem Gärtner Orth aus Oldenburg. - Gedenken möchte ich bei dieser Gelegenheit des Geheimrats Domeier. Domeier hat viel für den Park getan und das nicht allein, allen öffentlichen Anlagen wendete er sein Interesse zu: dem Friedrich-Wilhelm-Platz, den Anlagen vor und auf der Werft. Domeier besaß einen auserlesenen Geschmack und großes Verständnis für die Landschaftsgärtnerei, ein warmes Herz für die Stadt Wilhelmshaven, deren Bewohner er achtzehn Jahre lang gewesen ist. - Zu dem Park haben auch die Kinder der Marine ihr Scherflein beigetragen. Jedes von ihnen stiftete ein Bäumchen; es wurde mit einem Schild versehen, welches den Namen des kleinen Spenders oder der Spenderin trug: Marie, Robert, Eberhard, Martha. Die Mädchen sind jetzt lange verheiratet, die Knaben, nun erwachsene Männer, meistens im Dienst S. M. Marine - wir aber sitzen unter der Laubkronen kühlem Schatten vor dem Restaurant, lauschend den Klängen unserer Militärkapelle.

Im Frühjahr 1872 war auch das Stationsgebäude vollendet. Es nimmt fast die ganze Breite der Adalbertstraße ein. Die Front ist stilvoll und imposant, und man hat den Wunsch, daß die Nischen, die das Portal flankieren, endlich einmal die Standbilder erhalten, für die sie bestimmt sind. Von der Seite gesehen, hat der stolze Bau einige Ähnlichkeit mit einem Versatzstück auf dem Theater. Die Tiefe steht in keinem Verhältnis zu der Breite; wegen der Mehrkosten hatte man in Berlin, entgegen dem ursprünglichen Plan, so ungefähr ein Viertel von der Tiefe gestrichen - eine Sparsamkeit, die sich bitter rächen sollte. Die Räume erweisen sich jetzt, wo die Gesellschaft so bedeutend gewachsen ist, als viel zu klein; bei den Bällen ist man sogar gezwungen, die Musik auf dem mittels eines Bretterverschlages gedichteten Balkon zu placieren. Das Anlegen des zu dem Stationsgebäude gehörigen Gartens hat viel Mühe gekostet, denn er war ebenfalls ein Morast. Unter jedem Stationschef ist etwas für seine Verbesserung getan; jetzt erfreut derselbe das Auge durch seine schönen Baumgruppen und Blumenbeete inmitten eines wohlgepflegten Rasens. Die von der Gräfin Monts angelegte Terrasse und besonders der Springbrunnen bieten eine angenehme Abwechslung. Gleichzeitig mit dem Fertigstellen des Stationshauses wurde der Adalbertplatz gepflastert, mit vier Reihen Bäumen bepflanzt und der nicht gepflasterte Teil in der Mitte zu einem Rasen besamt.

Im Frühjahr 1873 begann man mit dem Bau der Ostfriesenstraße. Zuerst baute man Häuser für zwölf, dann für vierundzwanzig Familien, ebenso an der Hinterstraße, welche die Verbindung mit dem jetzt noch sogenannten Neuheppens herstellt. Kapitän z. S. Werner, welcher hier damals Oberwerftdirektor war, verwarf die großen Arbeiterkasernen aus verschiedenen Gründen. Er veranlaßte es, daß kleine Häuser gebaut wurden, für je zwei Familien, mit einem Gärtchen dabei. Das Territorium, auf welchem sie stehen, verkaufte der Gutsbesitzer de Cousser auf Hahn dem Fiskus; es war die Ladewig'sche Stelle mit den daran grenzenden Ländereien, im Kirchspiel Neuende belegen. Man nannte den Häuserkomplex erst Belfort, später Bant.

Werner war außerdem Gründer des ersten Konsumvereins hier. - Dann befahl er das Anpflanzen von Sonnenblumen in den Gärten gegen das hier damals noch grassierende Marschfieber, und man hat allerdings da, wo die Sonnenblume wuchs, ein Abnehmen des Fiebers konstatiert. Werner lag das Wohl der Arbeiter sehr am Herzen, und er würde gewiß noch manches Segensreiche geschaffen haben, wenn er länger hier geblieben wäre. Gleichzeitig ungefähr mit der Ostfriesenstraße entstanden die Ausläufer der Stadt Wilhelmshaven; man tauf-

„Im Frühjahr 1872 war auch das Stationsgebäude vollendet. Es nimmt fast die gesamte Breite der Adalbertstraße ein – die Front ist stilvoll und imposant".

Blick auf Werft und Bauhafen über die Ostfriesenstraße hinweg

te sie damals im ersten Siegestaumel nach den Eroberungen, welche wir im Kriege gemacht: Elsaß, Lothringen, Metz, Straßburg. Nach und nach haben diese Namen anderen Platz gemacht.

1873 erhielt Wilhelmshaven, welches bereits im Jahre 1869 zur Stadt eingeweiht war, endlich eine Verfassung. Ein Bürgermeister wurde ernannt, Ratsherren gewählt, ein Bürgervorsteherkollegium. Mit ihrem ersten Vertreter hatte die junge Stadt wenig Glück. So erwachte der lebhafte Wunsch, den auf zwölf Jahre bestätigten Herrn wieder loszuwerden. Mit beträchtlichen Geldopfern gelang es auch, der Bürgermeister quittierte mit Freuden sein schwieriges Amt. Toll soll es damals in den städtischen Sitzungen hergegangen sein, und Vergleiche aus dem Tierreich gehörten nicht zu den Seltenheiten. Wer mit dem Hochdeutschen nicht genügend vertraut war, bediente sich, wenn er dem Bürgermeister oder den Kollegen etwas Freundliches zu sagen hatte, der plattdeutschen Sprache, drückte sich dann aber um so kräftiger aus. - Mit dem Bürgervorsteher Y. sympathisierte der Bürgermeister noch weniger, als mit den anderen Herren, und so soll es vorgekommen sein, daß die beiden Antipoden, als sie sich im Geschäftszimmer eines Bankiers zufällig trafen, hart aneinander gerieten. Ein heißes Ringen begann, es endete damit, daß die Gegner unter dem Zahltisch in schmerzlichster Umarmung sich wiederfanden.

An gutem Trinkwasser in genügender Menge mangelte es noch sehr. An der jetzigen Goekerstraße war allerdings schon länger nach Süßwasser mit gutem Ergebnis gebohrt, doch für die Bewohner Wilhelmshavens war es umständlich, es zu beschaffen. Wir hatten keine Wasserleitung und mußten das Wasser aus der Goekerstraße holen lassen. Erst Ende der siebziger Jahre wurde die Wasserleitungsanlage in Feldhausen dem Betrieb übergeben.

Bis 1877 existierte hier nur eine Volksschule, die an der Königstraße. So wurde das Bedürfnis nach einer höheren Lehranstalt immer dringender. Nach längerem Schwanken entschied man sich für ein Latein-Gymnasium; eine vierklassige Privat-Knabenschule hatte man schon seit einigen Jahren ins Leben gerufen. Was für uns das Gegebene war, vermag ich nicht zu beurteilen; im Laufe der Zeit haben sich viele Stimmen für ein Realgymnasium erhoben, und wir haben allerdings den Beweis, daß nur wenige das Gymnasium bis zum

> ## Gymnasium.
>
> Es ist dem Vorstande der hiesigen höheren Knabenschule betreffenden Ortes aufgegeben, fortan, wie alle übrigen Gymnasien, **in die Vorklassen Schüler von jedem schulpflichtigen Alter, also auch bisher noch gar nicht unterrichtete Knaben, aufzunehmen.**
>
> Indem wir dieses zur allgemeinen Kenntniß bringen, ersuchen wir nunmehr alle diejenigen Ein- und Umwohner unseres Ortes, welche ihre Söhne von Ostern d. J. ab die hiesige höhere Knabenschule besuchen lassen wollen, dieselben bei uns, und zwar bei dem Herrn Gymnasiallehrer Bugge **möglichst bald** anzumelden. Derselbe ist Freitags und Sonnabends, Nachmittags von 2—4 Uhr, in seiner Wohnung im Schulhause zu treffen.
>
> Zugleich bemerken wir, daß es Absicht des Schulvorstandes ist, zu Ostern d. J. eine zweite Vorklasse einzurichten, und daß derselbe bestrebt ist, das Schulgeld in den untersten Klassen der Anstalt entsprechend herabzusetzen.
>
> **Der Vorstand der höheren Knabenschule.**
> **Langheld.**

Anzeige vom 19. Februar 1880 aus der Wilhelmshavener Zeitung

Abiturienten-Examen ausnutzen. Die, welche nicht studieren wollen, sondern sich einem anderen Berufe widmen, gehen in der Regel mit der Reife zur Prima ab.

Ebenfalls im Jahre 1877 wurde die höhere Töchterschule gegründet, auch sie war anfangs eine Privatschule, ohne Zuschuß von der Stadt. Im Anfang befand sich dieselbe in der früheren Seebataillons-Kaserne an der Roonstraße; dann siedelte sie in das sogenannte Rote Schloß über, und jetzt besitzt sie in der Wallstraße ein stattliches Schulgebäude.

Dasselbe Mißgeschick wie die Stadt hatte bei ihrem Beginn die Töchterschule. Die erste Schulvorsteherin soll ihrem verantwortlichen Posten wenig gewachsen gewesen sein. Doch schon seit längeren Jahren ist die Leitung in andere Hände übergegangen und eine bewährte Kraft steht an der Spitze. – Wenn ich mich für die Entwicklung unseres Schulwesens von jeher interessierte, so ist das begreiflich, habe ich doch auch in dieser Beziehung den kleinen Anfang miterlebt. Noch erinnere ich mich aus den ersten Jahren meines Hierseins, daß wir sehr stolz waren, als eine stattliche Anzahl von 57 Kindern die Volksschule an der Königstraße besuchte, jetzt sind es tausende, die auf die verschiedenen Schulen verteilt sind.

Als einen Vorzug habe ich es stets betrachtet, wenn ich noch jetzt, wo unsere Kinder längst der Schule entwachsen sind, eine Einladung zu der Schulfeier an Kaisers Geburtstag erhalte. Die Feier im Gymnasium beginnt hier, wie auch anderswo, mit der Kaiserhymne. Dann sagen die Schüler, von den

1873: Das Rote Schloß, Roonstraße 87, Ecke Wilhelmstraße, errichtet von dem Oldenburger Baumeister Klingenberg. Die ersten Mieter waren u.a. die Wilhelmshavener Stadtverwaltung, die Buchhandlung von Carl Lohse und ab 1876 waren hier auch die ersten Räume der Sparkasse untergebracht.

Vorklassen anfangend, ihre Gedichte auf; im Alter geht uns leider der Sinn für Poesie mehr verloren, Verse liest man selten noch, doch wie hübsch klingen sie aus Kindermund. Wenn so ein kleiner Mann sich hinstellt, seine Verbeugung macht, ganz militärisch die Hände an der Hosennaht und frisch, frei, fröhlich sein Gedicht aufsagt, es ist für alle, auch für die nicht näher Beteiligten, eine Freude. Abwechselnd singen sämtliche Schüler ihre Chöre, der jugendfrische Klang der trefflich eingeübten Knabenstimmen muß allen Hörern zu Herzen gehen; einer der Lehrer hält eine patriotische Rede, die Kaiserhymne bildet wiederum den Schluß. Dasselbe Programm hat bei ihrer Feier die Töchterschule; sie hat auch einen einheimischen Dichter, man bedauert, daß die Erzeugnisse seiner Muse nur einem kleinen Kreis zu gute kommen. Hier beschließt ein von jeder Klasse verschieden getanzt und gesungener Reigen, bei dem die Mädchen mitunter viel Grazie und Anmut entwickeln, die Feier.

10
**Vaterländischer Frauenverein – Das Musikleben –
Beginn der Ära Wöhlbier und Rothe –
Etwas vom Kapitel Liebe –
Die Wilhelmshavener Presse – Die schöne Gräfin R.**

Im Herbst 1874 wurde ein Zweigverein des Vaterländischen Frauenvereins in Berlin hier ins Leben gerufen.

Eines Tages erhalte ich einen Brief von Rechtsanwalt Hoyer aus Oldenburg. Ich werde darin aufgefordert, dahin zu wir-

> ## Wilhelmshavener Frauen-Verein.
> ### Aufruf.
> Die Statuten des im December v. J. gegründeten hiesigen Zweigvereins des unter dem Protektorat Ihrer Majestät der Kaiserin stehenden vaterländischen Frauenvereins sind bestätigt worden und ist der Verein damit constituirt.
>
> Zur Zeit sind bereits 94 Frauen und Jungfrauen als ordentliche und 11 Männer als außerordentliche Mitglieder demselben beigetreten.
>
> Der Beitrag ist auf 10 bis 15 Sgr. pro Vierteljahr festgestellt.
>
> Außer der Pflege und Fürsorge für verwundete und erkrankte Krieger, welche der Verein **für den Kriegsfall** sich als Aufgabe gestellt hat, verfolgt er in **Friedenszeiten** den Zweck, Nothstände, welche bei Mittellosen durch Krankheit, Mangel an Pflege oder durch Arbeitslosigkeit entstanden sind, durch Rath und That zu lindern.
>
> Es bedarf gewiß nur des Hinweises auf das reiche Feld, welches in Wilhelmshaven der Verein für seine Aufgabe zu finden vermag, um die Nothwendigkeit und den Nutzen desselben zu erläutern, eine Wirksamkeit in größerem Maßstabe kann jedoch nur dann erwartet werden, wenn die Betheiligung eine rege und allseitige ist.
>
> Alle patriotisch und menschenfreundlich gesinnten Mitbürgerinnen und Mitbürger, welche dem Verein noch beizutreten wünschen, werden ersucht, sich bei einem der unterzeichneten Vorstandsmitglieder anzumelden.
>
> ### Der Vorstand.
> Admiralin Klatt, Vorsitzende. Clara Gräfin v. Monts, Stellvertreterin.
> Frau A. Dinkloge. Königstraße. Frau A. Doerry. Kronprinzenstraße.
> Frau M. Guyot. Adalbertstr. Frau E. Reich. Neuheppens.
> Frau M. Werner. Adalbertstr. Corvetten-Cap. Zirzow, Schatzmeister.
> Oberstabsarzt Dr. Wenzel, Schriftführer.

Anzeige vom 12. März 1874 aus der Wilhelmshavener Zeitung

ken, daß Wilhelmshavener Damen dem Zweigverein des Vaterländischen Frauenvereins in Oldenburg sich anschließen möchten. Mir werden Schmeicheleien gesagt, die ich beschämt zurückweisen muß, mich fragend: „Wie kommt der Herr dazu, an dich zu schreiben?"

Am Abend bin ich zu einem kleinen Damentee eingeladen. Ich stecke den Brief zu mir, um ihn dort vorzulesen, angenehm berührt fühlte ich mich doch. Als wir versammelt sind, zieht eine Dame im Laufe des Gespräches aus ihrer Tasche ein Kuvert heraus, welches dem meinen verzweifelt ähnlich sieht, berichtet unter verschämtem Erröten von einem Schreiben, welches sie erhalten. Kurz, es stellte sich heraus, daß uns allen, wir waren sechs Damen, dasselbe geschrieben worden war. Erst ärgerten wir uns, dann amüsierten wir uns darüber. – Gräfin Monts nahm das Wort: „Wir werden uns doch nicht dem Oldenburger Verein anschließen, wie kämen wir wohl dazu! Natürlich gründen wir selbst einen Zweigverein, ich werde mich sofort mit dem Vorstand in Berlin in Verbindung setzen."

Nun beschlossen wir, zuerst Mitglieder zu sammeln. Das Feld meiner Tätigkeit war die Roonstraße, und ich machte mich schon anderen Tages auf den Weg. Überall eine frostige, halbe Zusage oder man lehnte auch direkt ab. Die erste erklärte, ihr Mann sei grundsätzlich ein Gegner aller Vereine und ohne seinen Willen dürfe sie nicht beitreten. Die nächste bedauerte außerordentlich; sie seien im Begriff, das Geschäft hier aufzugeben, in dem traurigen Nest Wilhelmshaven könne man ja Hungers sterben, die Auktion sei schon angesetzt – es war eine lange, wohl gesetzte Rede. Die Frau war eine Virtuosin im Lügen, und es machte ihr entschieden Spaß, mich hinters Licht zu führen. Noch jahrelang sah ich die Person im höchsten Putz bei allen öffentlichen Gelegenheiten, es ging den Leuten sehr gut; dabei hatte sie noch die Unverschämtheit, mich beim Begegnen äußerst freundlich zu grüßen. – Eine andere wollte gern beitreten, auch den Beitrag zahlen bis zu einer Höhe von drei Mark, nur bitte sie dringend, sie von den Nähtagen zu dispensieren, vor allem, sie nicht in den Vorstand zu wählen; ich versprach ihr letzteres mit heiligen Eiden, und

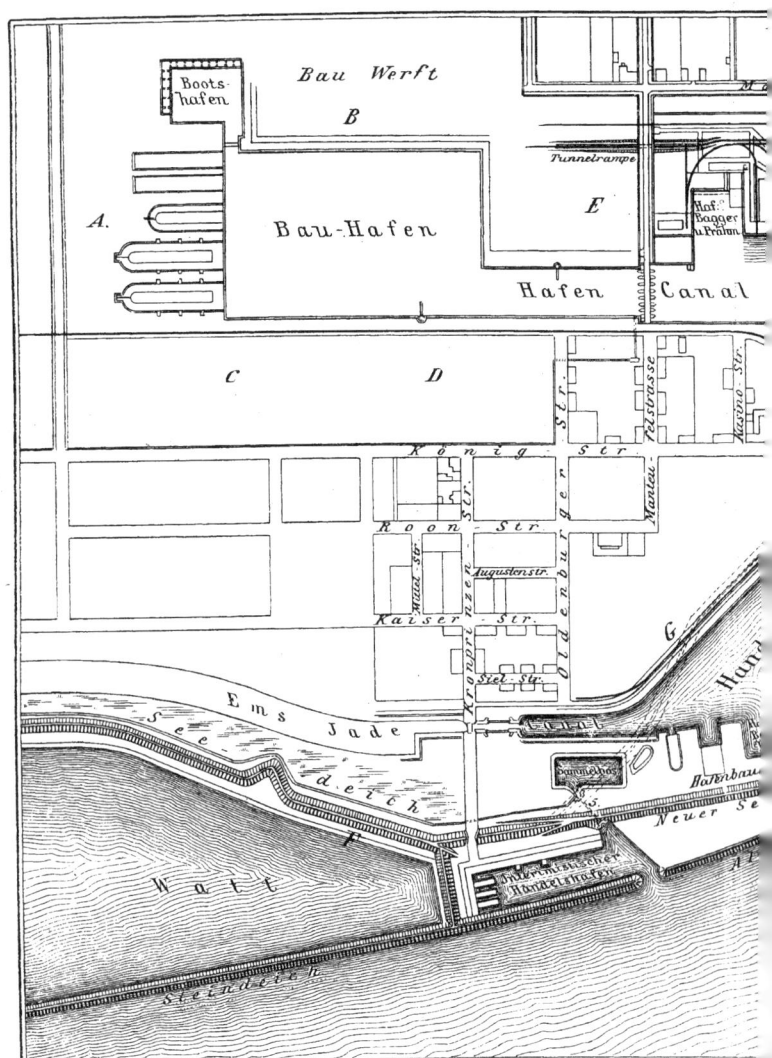

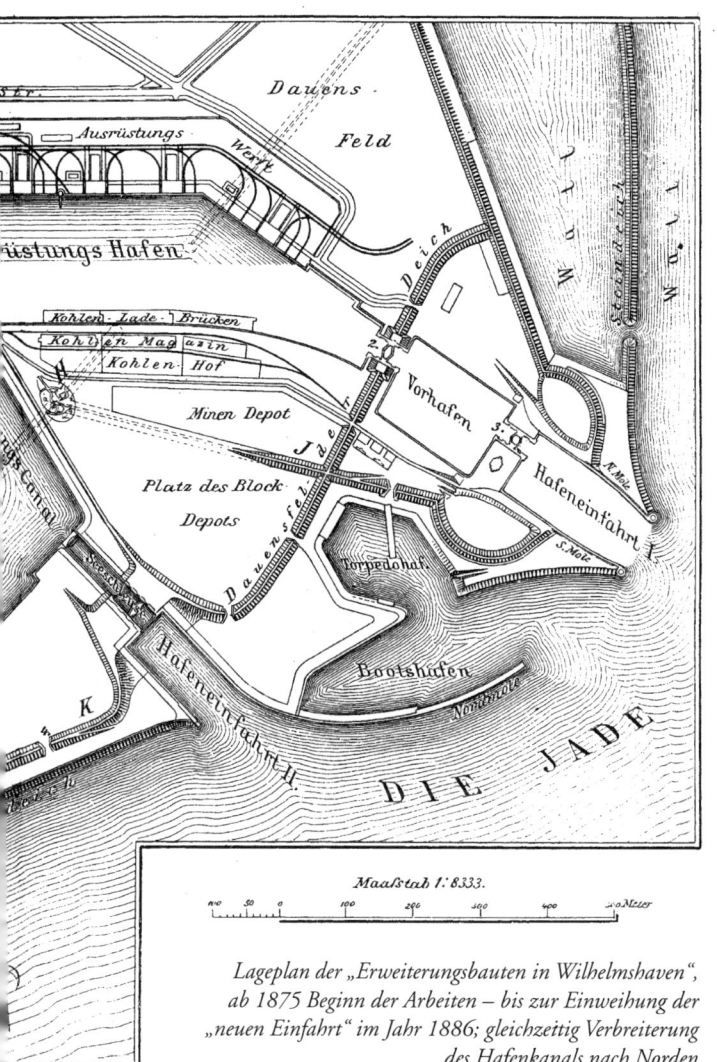

Lageplan der „Erweiterungsbauten in Wilhelmshaven", ab 1875 Beginn der Arbeiten – bis zur Einweihung der „neuen Einfahrt" im Jahr 1886; gleichzeitig Verbreiterung des Hafenkanals nach Norden

Panzerfregatte „Kronprinz", 1867 in London gebaut. Gemeinsam mit der „Friedrich Carl" und der „König Wilhelm" lief sie als erstes Schiff am 18. Januar 1871 in die alte Einfahrt ein.

die hatten wir dann ja. – Mein letzter Versuch machte mir das meiste Vergnügen. Sie war eine helle Berlinerin: „Jotte doch, de Katze' im Sack kaufen – is nich!" Sie ließ sich alles von mir aufs ausführlichste erklären. Für den Kriegsfall würde ein Teil der Beiträge deponiert und für die im Kriege Verwundeten nähte man schon im Voraus Verbandsgegenstände usw.. - „Krieg?" rief sie ganz erstaunt aus, „na, damit sind wir ja eben erst fertig!" – „Nun" sage ich, „die Franzosen könnten doch bald wieder mit uns anbinden, für ihre Niederlage Revanche nehmen wollen." – „Na, jnädige Frau, davor, da können Sie janz unbesorgt sein, die Franzosen haben Respekt vor uns jekriegt, die werden sich scheen hüten. Was ick Ihnen sage, Sie könnens mir jloben, in hundert Jahren jibts keinen Krieg wieder, na und was heute jenäht wird, das haben dann längst de Motten aufjefressen!"

Die Aussichten waren also sehr schlecht, denn die andern Damen hatten keine besseren Resultate aufzuweisen als ich. Trotzdem wurde eine Versammlung im Stationsgebäude ausgeschrieben und siehe da, es kam eine ganze Anzahl Frauen aus allen Ständen, zum Teil hatte die Neugierde sie hergetrieben – nun, und wer A sagt muß auch B sagen. Unsere Frau Stationschef hielt, an der Rückwand eines Lehnstuhls sich stützend, eine kleine Rede. Darauf wurden die Damen gebeten, zur Wahl eines Vorstandes zu schreiten. Zettel wurden verteilt. Eigentlich war die Sache im voraus schon gemacht; die Namen der zu Wählenden standen bereits auf einem Bogen Papier, alle schrieben danach ab, und so ergab sich eine seltene Einstimmigkeit. Demnächst wurden die Statuten entworfen und Nähtage angesetzt. Alle vierzehn Tage arbeiteten wir gemeinschaftlich. Zuerst abwechselnd bei den Vorstandsdamen, dann verlegten wir die Zusammenkünfte ins Lazarett der Marinestation der Nordsee, wo uns gütigst ein Zimmer eingeräumt war. Die Nähmaschinen rasselten, der neu beschaffte Schrank füllte sich mit den fertigen Gegenständen. Dann schliefen nach einiger Zeit die Nähtage ein, um im Jahre 1880 aufs neue zu erstehen, das heißt, nur zu den damals im großen Stil in Szene gesetzten Weihnachtsbescherungen wurde eifrig genäht.

Die von dem Vaterländischen Frauenverein in Szene gesetzten Wohltätigkeitsbazare haben sich aus kleinen Anfängen entwickelt. Die Damen fertigten Handarbeiten an, welche im großen Saale des Stationsgebäudes ausgestellt waren; sie wurden

„Im Hotel „Prinz Heinrich" traf sich der Vaterländische Frauenverein und veranstaltete wohltätige Bazare."

teuer verkauft. Dann verlegte man die Bazare in den „Prinzen Heinrich" und in die „Burg Hohenzollern", immer glänzender gestaltet, mit auserlesenen Büfetts, Theater, Konzertaufführungen und, was die Hauptsache ist, von Jahr zu Jahr größeren Erträgen.

Was das musikalische Leben Wilhelmshavens anbetrifft, so kann eigentlich erst nach 1870 davon die Rede sein. In den ersten zehn Jahren nach unserer Verheiratung gab es keine Konzerte in Heppens, aus dem einfachen Grunde, weil kein Publikum da war. Bei Tanzvergnügungen und sonstigen kleinen Festlichkeiten kam die Kapelle aus Varel, sechs bis acht Mann, unter ihrem Dirigenten Karl von Schiller, der stolz darauf war, zu der Familie des großen Dichters zu gehören.

Krohns hatten aber noch ihr Privatkonzert, wochenlang freute ich mich darauf - man war doch recht genügsam geworden. Im Juli, um die Zeit des Jeverschen Schützenfestes, erschien bei uns regelmäßig ein Orgeldreher mit seiner Frau. Außer der Drehorgel führten sie ein großes, auf Wachstuch gemaltes Bild mit, welches die vorgetragenen Mordgeschichten illustrierte. Viel rote Farbe war dazu verwendet, das Blut der Ermordeten und Hingerichteten floß in Strömen. In der Mitte des Bildes sah man ein Schafott, daneben den in einen roten Mantel gehüllten Scharfrichter mit blinkendem Beil. Vor ihm auf den Knien lag die Verbrecherin, im himmelblauen Gewande und aufgelöstem Haar, die Hände hoch gehoben, um Gnade flehend. Der Henker machte ein sehr freundliches Gesicht, doch Erbarmen hatte er nicht, wie man sehen wird; an den Seiten war noch Raum gelassen für „Des Pfarrers Tochter zu Taubenheim". - Der Orgeldreher, ein schlankgewachsener Mann, brünett, mit gelbem Teint, gebogener Nase, war von französischer Abstammung; er führte den Namen: Anatole Lion. Sein Vater, mit dem Eroberungsheer Napoleons ins Land gekommen, war hier zurückgeblieben, hatte sich im Oldenburgischen ansässig gemacht und sich verheiratet. Anatoles Gattin, Gesche-Magret, geborene Happje, war ein Landesprodukt, rotbäckig, blauäugig, gelbhaarig. Sie sprach und sang den unverfälschten Dialekt der hiesigen Gegend. Ein großer Kunstgenuß waren die Leistungen der beiden nicht, besonders der schrille Sopran der geborenen Happje fiel mir auf die Nerven.

Nachdem sich unser Paar im Garten aufgepflanzt hatte, kam Gesche-Magret zu mir herein. Ihre stehende Frage war: „Paßt es Sie auch?" Natürlich paßte es. Dann zog sie aus der Tasche ihrer großen, geblümten Kattunschürze einen Text. „Drei schöne, neue Lieder, gedruckt in diesem Jahr." - Daran hatte sie großen Vorrat. Das erste war: „Du hast ja Diamanten und Perlen", dann kam „Des Pfarrers Tochter zu Taubenheim", den Schluß bildete eine Liebes- und Mordgeschichte, von der ich mich nur noch des letzten Verses erinnere:

> „Als sie steht auf dem Schafott verdrossen,
> Spricht sie, Mädchen, hüte dich!
> Laß dich nicht durch die Mannsleut' verlocken,
> Sonst gehts dich sicherlich wie mich.
> Dieses war ihr letztes Wort. -
> Klapps! man trug den Leichnam fort."

Nach beendigtem Konzert lud ich Monsieur et Madame ein zu einer Kumme süßen Kaffee, nebst mit Butter bestrichenen Beenbunks, ein Häfengebäck der damaligen Zeit, wie ein Knochen geformt - daher der Name. Während meine Leute es sich schmecken ließen, tischten sie mir die Erlebnisse des verflossenen Jahres auf. Eine Heimat hatten sie nicht, im Winter nächtigten sie in der Scheune, im Sommer größtenteils im Heu; dabei waren sie kreuzfidel und wollten sich bei ihren eigenen Erzählungen immer halbtot lachen. Beim Abschied wußten sie des Dankes kein Ende. Dann wand Frau Lion ihrem Mann einen wollenen Schal um den Hals, trotz der Julitemperatur: „Damit Du Dich die Stimme nicht verküllst!" Für die innerliche Erwärmung tat Anatole, glaube ich, mehr, als ihm gut war. - Nachdem wir umgezogen, hatten sie unsere Spur verloren, ich habe Herrn und Frau Lion nicht wieder gesehen.

Die erste Militärkapelle erhielten wir im Jahre 1872. Sie war ziemlich schwach besetzt, an ihrer Spitze stand der Kapellmeister Latann. Was ihr Programm anbetraf, so war sie sehr konservativ, man bekam häufig alte Bekannte zu hören. Am Sonntagnachmittag spielte die Kapelle im damals noch unbelaubten Park und dann brachte sie die üblichen Morgenständchen. Im Winter gab sie zwei Konzerte.

Im Herbst 1873 fand im großen Saale der Station ein Wohltätigkeitskonzert statt; es wurde viel dazu geübt, doch entsprach der Erfolg den Bemühungen nicht. Spott und Hohn trug uns noch außerdem das Terzett von Kurschmann: „Blühe, liebes Veilchen!" ein. Obwohl es ganz gut gesungen wurde, machten wir damit gänzlich Fiasko. „Man hätte unser Gewimmer kaum gehört", sagten die bösen Menschen. Im Damenkaffee lispelte man uns ironisch an: „Blühe, liebes Veilchen!"

1875 wurde der jetzt noch bestehende „Bürgergesangverein" gegründet, dann folgten die Vereine „Nordost", „Arion", „Cäcilia". - Häufig hat man sich an einen gemischten Chor gewagt; manchmal blieb es beim ersten Versuch, wie zum Beispiel im Kasino, im Offizierskreise, die Herren wurden versetzt, abkommandiert und nach einigen Zusammenkünften gab man die Sache auf; in anderen Kreisen hielten sich die Vereine für gemischten Chor etwas länger, doch nach höchstens zwei bis drei Jahren schliefen auch sie wieder ein. Es war überhaupt kein warmes Interesse für Musik in Wilhelmshaven. Künstler und Künstlerinnen von Ruf haben hier konzertiert in schlecht besetzten Sälen. - Hermine Spieß, die gefeierte Altistin, die sich schwer überreden ließ, nach Wilhelmshaven zu kommen, sang hier vor leeren Stühlen. Es war ein unglückliches Zusammentreffen, daß ein früher hier beliebter Komiker an dem Abend eine Gastrolle gab, die musikalischen Leute zogen diesen zweifelhaften Genuß dem wahrhaft Schönen vor.

So kam es, daß Wilhelmshaven, selbst, als es schon eine größere Stadt war, in der Künstlerwelt den denkbar schlechtesten Ruf hatte. Virtuosen, Sängerinnen, die sich hier bereits annonciert hatten, traten zurück so wie sie nach dem Norden kamen; in Bremen und Oldenburg wurden sie dringend vor dem Auftreten hier gewarnt.

Einen Aufschwung nahm unser musikalisches Leben, als nach Latanns Verabschiedung Wöhlbier die Militärkapelle übernahm; er hat dieselbe im Laufe der Zeit auf eine seltene Höhe gebracht, unsere Seebataillonskapelle leistet ebenfalls Anerkennenswertes - und so können wir zufrieden sein, wenn wir mit den Verhältnissen rechnen, mit dem Gebotenen uns zu begnügen verstehen. Wir haben jetzt in jedem Winter drei sehr schöne Sinfoniekonzerte der Wöhlbierschen Kapelle. Herr Rothe, der Dirigent der Seebataillonskapelle, führt uns seit einigen Jahren ein Oratorium vor; man muß ihn bewundern, wie er es in verhältnismäßig kurzer Zeit fertig bringt, Sänger und Sängerinnen, die nicht miteinander eingeübt sind, zu einem harmonischen Ganzen zu vereinen.

Im Sommer sind wir Bewohner der Adalbertstraße in musikalischer Hinsicht ganz besonders bevorzugt. Unsere Kapellen kann man fast täglich hören - da sind zuerst die den Offi-

„Einen Aufschwung nahm unser musikalisches Leben, als nach Latanns Verabschiedung Wöhlbier die Militärkapelle übernahm".

zieren und ihren Damen gebrachten Morgenständchen, am Sonnabend die Paroleausgabe, einmal in der Woche spielt die Musik auf dem Tennisplatz, am Freitag vor dem Stationsgebäude und dienstags vor dem Zwölfmännerhause. Bei schönem Wetter sitze ich im Vorgärtchen, versteckt im Grün, sehe und höre. Viel Publikum hat sich versammelt und ungezählte Kinderwagen. Wenn die Babys, die so auf Musik dressiert werden, nicht zum mindesten später anfangen, auf dem Klavier zu klimpern, weiß ichs nicht. Die hübschen Bürger- und Beamtentöchter aus der Stadt erscheinen in ihrem schönsten Putz, dann finden sich wohl auch Verehrer ein; da wird die Cour gemacht, manchmal hinter Mutters Rücken - denn wo hatte Anna ihren Volksschullehrer mit dem schwärmerischen

Blick auf Teile des Friedrich-Wilhelm-Platzes und die Adalbertstraße – rechts das Haus des Oberwerftdirektors und der Wasserturm, hinten das Stationsgebäude an der Viktoriastraße und links das Zwölf-Männerhaus, wo die Familie von Krohn am längsten gewohnt hat.

Aufschlag seiner blauen Augen, dem blonden Schnurrbart über der Lippe, zuerst gesehen? Bei den Klängen des Rotheschen Liedes: „Es kann ja nicht ewig Frühling sein!"

Anna war die Tochter des Maurermeisters Wendel. Sie wurde ängstlich behütet, besonders vor dem so gefährlichen Militär. Kompagnie- und Unteroffizierbälle, Festlichkeiten des Marine-, des Kriegervereins waren für sie nicht vorhanden, oder vielmehr für ihren Vater, nur den Bürgerball durfte sie besuchen. Herr Wendel hatte einen Freund, den Zimmermeister Bredemeier. Zu gleicher Zeit hier eingewandert, lernten sie sich beim Bau der großen Mietskasernen kennen und drückten sich verständnisvoll die Hand, dann trafen sie sich häufig am Stammtisch. Herrn Bredemeiers Sohn Friedrich war einige Jahre älter als Anna. Das paßte alles so nett, daß die beiden beschlossen, ihre Kinder miteinander zu verheiraten; vorläufig war Friedrich aber in die Fremde geschickt.

An einem schönen Maientage kam Freundin Marie, Anna zur Musik in die Adalbertstraße abzuholen. Sie wußte alles so verlockend zu schildern, wie hübsch das Auf- und Abwandeln unter den grünen Bäumen sei. – Ehe Mutter die Erlaubnis gab, erkundigte sie sich vorsichtig, was denn da so für Herren herumwimmelten. Marie lachte pfiffig: „Nur Schüler vom Gymnasium und sonst noch so einige Zivilisten!" Also ganz harmlos – kein Militär! Oh, ihr kurzsichtigen Mütter! Erst Blicke hin- und herüber, dann ein schüchternes Sichnähern; so spannen sich die zarten Fäden weiter – sie promenierten zusammen bei der Musik in der Adalbertstraße, später am Wasser unter dem Schutz des Deiches, ohne Musik – sie schworen sich ewige Liebe und Treue – das alte Lied!

Eines Tages sagte Herr Wendel zu Anna, seiner Tochter: „Friedrich ist gestern abend zurückgekehrt und wird morgen kommen, um Dich anzuhalten! Nu freu' Dich man!" Aber Anna freute sich nicht. „Vater, ich kann ihn nicht nehmen!" – „Dumme Deern, was fällt Dir ein?" Anna bekannte, daß sie einen anderen gern hätte, sie brachte alles sehr schön vor; sich gut auszudrücken, hatte sie von ihrem Lehrer gelernt. Vater rührte es nicht. „Das ist klipp und klar zwischen Friedrich und Dir und damit – basta." – Doch Herr Wendel kannte sein Töchterchen nicht. „Vater, das sage ich Dir, haben will ich ihn nicht und wenn Ihr Euch auf den Kopf stellt, so, nun weißt Du's!" Nach dieser energischen Willensäußerung warf Anna die Tür krachend ins Schloß; von der Wand, die Herr Wendel selbst aufgemauert, fiel der Mörtel in großen Stücken herunter. Vater war ganz baff. „So 'ne Deern, aber ganz meine Tochter! – Nu können wir die Gans, die im Küchenfenster hängt, allein verzehren, und so 'nen feinen Punsch sollte es geben! Nee, so was!" Das Ende vom Lied kann man sich vorstellen; Verlobung wurde gefeiert, nur mit dem kleinen Unterschied, daß der Bräutigam nicht Friedrich Bredemeier sondern Emauel Stange hieß. Der feine Punsch, den es nun doch gab, trotz alledem, hatte Herrn Wendel ganz versöhnlich gestimmt; er umarmte den unerwünschten Schwiegersohn und gab ihm einen herzhaften Kuß.

Beim Zubettgehen sagte er zu seiner Frau. „Der Schulmeister ist ein ganz netter Mensch, die beiden müssen wir aber sozusagen mit durchfüttern." – „Wir haben es ja dazu, Vater!" – „Natürlich, aber der andere wäre mir doch lieber gewesen." – „Ja, ja, der Friedrich, so 'ne gute Partie!" – „Mutter, weißt Du was?

Wenn ich noch sechs Töchter hätte, keine dürfte mir zur Musik in die Adalbertstraße." – Diese kleine Plauderei mag hier Platz finden, weil ihr etwas wahres zugrunde liegt, die Namen sind selbstverständlich geändert.

Der „Bürgergesangverein" ist derjenige, welcher am längsten bestanden hat; er feierte bereits sein fünfundzwanzigjähriges Stiftungsfest und gibt alljährlich ein Konzert, von denen ich keins versäumen mag; es bietet die einzige Gelegenheit, wo man, nachdem auch der Verein „Nordost" aufgehört hat zu existieren, einen guten Männergesang zu hören bekommt. - Wenn Wilhelmshaven fortfährt, sich so zu erweitern wie bisher, wird es bald seinen Platz in der Reihe der Großstädte einnehmen; möge es das auch in Bezug auf musikalisches Streben von sich sagen können. - Schon in den letzten Jahren haben hervorragende Leistungen volle Säle erzielt, ein Zeichen, daß man anfängt, wirklich gute Musik zu würdigen.

Für unsere geistige Nahrung sorgte in den ersten siebziger Jahren ein von einem gewissen Schuhmacher redigiertes Blatt, freisinniger Tendenz. Infolge eines taktlosen, unwahren Referats über das Benehmen einiger Offiziere durfte das Blatt nicht mehr erscheinen. Das daraufhin ins Leben gerufene „Wilhelmshavener Tageblatt" hat sich durch seine anständige, dezente Haltung viel Sympathien erworben; dann haben wir noch die „Wilhelmshavener Zeitung", die ebenfalls einen sehr großen Leserkreis besitzt.

Wenn ich meinen Haushalt besorgt hatte und die Kinder in guter Hut wußte, ging ich, tugendhaft mit einer Handarbeit versehen, zum Adjutantenhause, in die Laube der Gräfin R.; dort zog es mich unwiderstehlich hin. An jedem Vormittag versammelte sich unter dem Zeltdach ein kleiner, gemütlicher Kreis. Da war zuerst unsere Gräfin mit ihrem brillanten Erzählertalent und dem köstlichen Humor, unsere Juno, die stattliche Frau Prz., die schöne Gräfin R., die anmutige, liebenswürdige Frau St., welche so gern anderen eine Freude bereitete.

Eines abends geht sie durch die Roonstraße, in dem Zimmer einer Parterrewohnung sind die Fenster nicht verhängt; da sitzen zwei Offiziere, ihrem Hause befreundet, bei der Abendmahlzeit. Vor jedem steht ein Glas Bier, ein Brot liegt auf dem Tisch, daneben ein Schälchen Butter. Der eine ist

Promenade auf der alten Adalbertstraße – links das Zwölf-Männerhaus

beschäftigt, seine Schnitte mit grünem Käse zu bereiben, der andere streckt schon verlangend die Hand danach aus. Die beiden verstanden es, sich mit den ihnen zu Gebote stehenden Mitteln einzurichten. – Frau St. faßte sofort den Entschluß, einen kleinen Beitrag zu dieser frugalen Abendmahlzeit zu spenden; am andern Morgen schickt sie einen Frühstückskorb mit allen möglichen guten Sachen, begleitet von einem Gedicht: Grüner Käse, das ist böse, und so weiter. Die jungen Leutnants von Anno dazumal – die großen Herren von heute – erinnern sich vielleicht noch daran.

Die Zusammenkünfte in der Laube hatten für uns einen großen Reiz. Die Gräfin R. machte zugleich die liebenswürdige Wirtin. Besondere Festtage waren es, wenn Sophie Busch, die Köchin, frisches Brot gebacken; wir genierten uns nicht, den halben Vorrat zu verzehren. In unserem lauschigen Versteck konnten wir von der Straße aus nicht gesehen werden; die schützende Leinwand entzog uns profanen Blicken – aber gerade dann, wenn man meint, recht ungestört zu sein, wacht der Verräter. – Eines Tages fanden wir, daß die Gräfin R. ihr schönes, blondes Haar nicht genug zur Geltung brachte; modern war die Frisur auch nicht mehr, ergo, sie mußte eine neue bekommen. Man holte ihr Peignoir hervor, flugs wurden ihr die Nadeln aus dem Haar gezogen, es umfloß wie ein goldener Mantel die reizende Frau. In diesem Augenblick riß ein tückischer Windstoß einen Teil der Gardinen herunter, und wir präsentierten uns einem vorüber gehenden, neu hierher versetzten Offizier vom Seebataillon, der auf dem Besuchspfade war. Unwillkürlich blieb er stehen. Erstaunen und Verwunderung malte sich auf seinem Gesicht, er war ganz bewältigt von dem Loreleyzauber. Wir boten ein seltenes, unbewegliches, lebendes Bild: Die Friseurin zur Salzsäule erstarrt, hielt in der hochgehobenen Hand die Haarbürste! – Bei schönem Wetter trafen wir uns abends wieder im St'schen Garten, dort saßen wir manchmal in Gesellschaft der Gatten bis in die Nacht hinein.

11
**Wasserpartien – Seekrank – Im Seebad Wangerooge –
An Bord S.M. Artillerieschulschiff „Renown" –
Das alte Offizierkasino – Verkehrsmittel**

Wie gemütlich auch das Zusammenleben im großen und ganzen sich gestaltete, es gewährte doch wenig Abwechslung. - Wilhelmshaven entbehrte damals jeglichen Reizes, der Park war im Werden, die Bäume in der Adalbertstraße warfen noch nicht ihren Schatten, und so konnte man nirgends der lieben Sonne entrinnen; war es windig obendrein, so jagte uns der emporwirbelnde Sand ins Haus zurück. An heißen Tagen erwachte natürlich die Sehnsucht nach dem Wasser, und von allen Seiten bestürmte man meinen Mann, Fahrten auf der Jade und nach den Inseln zu entrieren. Der Lotsendampfer bot damals dazu die einzige Gelegenheit. Gern tat mein Mann es nicht - nie, wenn es sich nicht mit einer Diensttour vereinigen ließ, ebensowenig, wenn der Dienst an Bord dadurch beeinträchtigt wurde. Außerdem hatte er den Aberglauben, daß Damen an Bord schlechtes Wetter brächten, und häufig hat er Recht behalten.

Einstens fuhren wir los an einem schönen Sommermorgen. Die Ehegatten waren durch Dienst verhindert, mit von der Partie zu sein - also nur Damen, bis auf einen Kavalier, der sich uns anschloß. Es war ein älterer Junggeselle, er hatte es sich als besondere Gnade ausgebeten, mitfahren zu dürfen. Wie vergnügt waren wir alle und wie elegant die Damen in Aussicht auf das Nordseebad Wangerooge. - Kein Wölkchen trübte den Himmel, nur eine leichte Brise kräuselte das Wasser, mit Wollust atmeten wir sie ein, die Salzluft der Jade; ein mit Appetit eingenommenes Frühstück erhöhte die gute Laune, die Gläser klangen aneinander: Auf glückliche Fahrt! Bis wir in See waren - da änderte sich das Bild. Stiller und blässer wurden unsere armen Strohwitwen, ja - kurz sei es gesagt, auch nicht eine blieb verschont von der Seekrankheit; sie saßen und lagen auf den Bänken und Sesseln, sorglich von meinem Mann in Decken eingehüllt. Die Vernünftigen ergaben sich resigniert in ihr Schicksal, sie öffneten die fest zusammengepreßten Lippen nur, wenn die Notwendigkeit es dringend gebot.

Frau von B. war wie von Sinnen, sie wäre am liebsten ausgestiegen; da das jedoch nicht ging, verlangte sie, in das Boot gebracht zu werden, welches oben in den Davits hing. Die Jungverheiratete jammerte nach ihrem Mann: „Ach, Heinrich, wäre ich doch bei Dir zu Hause geblieben! Wenn Du wüßtest, was Deine arme Lilli" – den Satz zu vollenden, gebrach es ihr an Zeit. – Um zwölf Uhr drang ein kräftiger Fleisch- und Zwiebelgeruch aus dem Logis der Leute zur Qual der Kranken. Unser in ein pikfeines Zivil gekleideter Reisender, den Krimstecher am Lederriemen umgehängt, spazierte gemütlich, seine Zigarre rauchend, auf und ab. Um die Damen kümmerte er sich nicht – immer hübsch weit vorm Schuß! Auf seinem Gesicht lag ein unangenehm spöttischer Ausdruck. Plötzlich wandte er sich zu Frau von B., die noch immer tapfer kämpfte: „Hätten gnädige Frau vielleicht Appetit, ein Beefsteak zu essen, so ein recht saftiges mit Bratkartoffeln?" Zornsprühend rief Frau von B. aus: „Oh, Sie – Sie Ungetüm" – weiter kam sie nicht, da war auch sie fertig. – Am Bug stand hochaufgerichtet unsere Gräfin und starrte ins Wasser, sie war totenblaß. „Was machen die anderen?", fragte sie mich. – „Leider sind alle krank." – „Schwächliche Naturen, da sind wir aus anderm Holz geschnitzt, was?" Dann kehrte sie mir ganz plötzlich den Rücken und sah angelegentlich über Bord, suchte sie das Fischlein auf dem Grund?

Endlich der Ruf: „Land, Land!" Und da tauchten sie auch schon auf aus dem Meer, die weißen Dünen von Wangerooge. Nun gingen wir zu Anker und das Ausbooten begann. Vom Boot dann auf den Inselwagen, der herbei signalisiert war. Jetzt war wieder alles kreuzfidel: „Nein, wie reizend ist doch solche Fahrt, das bißchen Seekrankheit nimmt man gern mit in Kauf!" - „Herr von Krohn, Sie haben so schön für uns gesorgt, mit Ihnen gehen wir morgen wieder auf die wogende See", so schwirrte es durcheinander.

Als wir auf den Wagen kletterten, hörte ich, daß mein Mann Befehl gab, Persennings in das Boot zu legen, welches uns abholen sollte. „Na, na", dachte ich, ließ mir aber nichts merken. Für die, welche es nicht kannten, war die kurze Fahrt auf dem Wagen ganz interessant, sie bedauerten die armen Pferde, welche bis an den Leib im Wasser gingen, doch die Tiere sind das gewohnt. Sehr neugierig betrachtete uns die Bade-

Die Einsatzfahrzeuge von Julius von Krohn in der Kammer der alten Einfahrt: links der Tonnenschoner „Heppens", Indienststellung 1878. Rechts der seit 1866 im Dienst befindliche, in England gebaute, Lotsenschoner „Wangerooge"; zeitweilig auf Seestation in der Jademündung. Seit 1856 war bereits der „Iltis" auf der Jade tätig.

gesellschaft, ungefähr zwanzig Leute, vom Strande aus mit dem Kieker. Im Kurhaus angelangt, ließen wir uns ein Zimmer geben, um unsere etwas derangierte Toilette und Frisur in Ordnung zu bringen; dann ging es zum Mittagessen, unsere Leistungen waren achtungswert. Ganz übermütig und lustig hatten uns die überstandenen Leiden der Wasserfahrt gemacht, wir sangen und tanzten nach den Klängen eines Pianos und wollten, wenn der Kaffee getrunken, noch einen Spaziergang nach der Saline unternehmen. Mein Mann sah mittlerweile ins Wetter. Als er zurückkam, hatte er keine angenehme Botschaft. „Es tut mir leid, meine Damen, aber wir müssen an den Aufbruch denken." „Aber, Herr von Krohn, das schönste Wetter von der Welt!" Da, was war das? Ein ganz entferntes Donnern, ein Gewitter im Anzuge! Nun hasteten wir uns, um wenigstens trocken an Bord zu kommen, ehe das Unwetter losbrach; doch schon, als wir im Boot saßen, folgte Blitz auf Blitz, Schlag auf Schlag. Ein furchtbarer Platzregen hätte uns bis auf die Haut durchnäßt ohne Ölzeug und Persennings, die Leute schöpften fortwährend das Wasser aus. Endlich waren wir an Bord. Was ist da zu sagen - die Rückfahrt gestaltete sich noch viel unangenehmer als die Hinfahrt. Das ganze Verdeck war naß, sich häufig wiederholende Sturzwellen jagten uns von Steuerbord nach Backbord und umgekehrt; mein Mann und die Leute hatten bei dem schlechten Wetter vollauf ihren Dienst, keiner konnte sich um die Damen, welche abermals seekrank geworden, kümmern.

Als wir hier anlangten, waren die aufs äußerste besorgten Ehegatten an den Molen. Heinrich schloß sein Weibchen unter Freudentränen in die Arme! Wir, oh liebe Eitelkeit, hatten nur den Wunsch, daß uns niemand begegnen möchte, besonders fürchteten wir unsere Offiziere. Er sollte nicht in Erfüllung gehen: in hellen Haufen hatten sie sich aufgemacht und grüßten, wie es mir vorkam, mit spöttischem Mitleid die schiffbrüchige Gesellschaft. Herrgott, wie sahen wir aus! Verregnete Kleider, das Haar hing uns in Strähnen an beiden Seiten unseres bleichen Antlitzes herunter, und unsere Hüte waren eben keine Hüte mehr, nur ein vom Wasser zerstörtes Etwas aus Stroh, Tüll, Federn oder Blumen. Eine elegante Schlepprobe war zu einem mehr wie fußfreien Backfischkleidchen zusammengeschrumpft, ein schwarzes Samtjackett vollständig vernichtet. Mir fiel es auf, daß mich alle, die mir begegneten, so vergnügt anlachten; zu Hause vor dem Spiegel fand ich die Erklärung. Mein Hut, bestehend aus schwarzem Tüll, garniert mit dunkelroten Rosen, hatte infolge des Regens zu gunsten meines Angesichts sich seiner Farben entäußert und hübsch rot- und schwarzgesprenkelt, war ich die Augenweide der an mir Vorübergehenden gewesen. – Hier hatte indessen ein solcher Orkan gewütet, daß unsere Haustreppe unterspült war vom Wasser; im Souterrain stand dasselbe mehrere Fuß hoch, ebenso im Wirtschaftsgange. Eine Köchin, welche einen Ausflug in die Nachbarschaft gemacht hatte, konnte nur mittelst eines Waschtroges zu ihrer Herrschaft zurück gelangen.

*„Der Westen von Wangerooge mit dem Dorf,
welches in der großen Flut von 1854/55 zerstört wurde."*

Ein Vergnügen eigner Art, ist so eine Wasserfahrt! Ja, wenn es keine Seekrankheit gäbe, und wem haben wir sie zu verdanken? Dem bösen Gott des Meeres. Neptun liebt es nicht, in seinem Reich gestört zu werden und Leute, die nichts auf dem Wasser verloren haben, mag er vollends nicht leiden. Zu ihrem Schaden hat er die abscheuliche Plage erfunden, und deshalb schafft sie kein Mittel aus der Welt, denn mit den Göttern kämpft der Mensch vergebens.

Ein anderes Mal hatten wir mehr Glück. Schon beim Morgengrauen machten wir uns auf, es war ein vielversprechender Septembertag. Außer meinem Manne und mir fuhren noch der Graf und die Gräfin M., sowie Graf und Gräfin R. mit. Nach herrlicher Fahrt langten wir schon um elf Uhr auf Wangerooge an. Anstatt den Wagen zu benutzen, ließen wir uns vom Boot aus an den Strand tragen, wir wollten diesmal die ganze Insel umgehen. Zuerst marschierten wir am Wasser entlang nach dem Westen. Der Westen hatte die Glanzzeit Wangerooges gesehen. Dort lag ein großes, wohlhabendes Dorf. Die oldenburgische Regierung baute ein Kurhaus, Logierhäuser, und alljährlich verlebte die Großherzogliche Familie da in dem kleinen Nordseebad einige Wochen während der Julihitze: Paul Friedrich August, seine Gemahlinnen, er war dreimal verheiratet, die schöne Prinzeß Amalie, nachherige Königin von Griechenland, Herzogin Friederike, der Großherzog Peter. Viele Familien aus Oldenburg, auch die Schauspieler vom Hoftheater, welches sich damals einer gewissen Berühmtheit erfreute, folgten den Spuren der hohen Herrschaften; Namen aus ganz Deutschland weisen die alten Kurlisten auf. An der Spitze der Verwaltung stand der Geheime Hofrat Westing mit seiner Gattin; sie hat sich ein Denkmal gesetzt durch das treffliche Kochbuch: Die Wangerooger Küche.

Im Januar 1855 wurde bei der großen Springflut der ganze damalige Westen ein Raub der Wellen. Nur die Kirche blieb stehen, und man ist mit allen Kräften bemüht, sie zu erhalten, als Wahrzeichen für die Schiffahrt. Der Turm von Wangerooge war die Kirche, in ihm wurde allsonntäglich der Gottesdienst abgehalten. Vor vielen Jahren ließ ich mir einmal die Tür aufschließen. Nur das großherzogliche Gestühl war gut erhalten, sonst lag alles in Trümmern. Als das Unglück über die armen Insulaner hereingebrochen war, siedelten sich einige Familien auf dem Ostende wieder an, für andere baute die Regierung kleine Häuser am Vareler Hafen; man nannte den Häuserkomplex „Neu-Wangerooge".

Gräfin R., mein Mann und ich stapften durch den tiefen Sand zu dem Hause des Gemeindevorstehers Hanken, um Mutter Hanken aufzusuchen, eine alte Bekanntschaft meines Mannes.

Das Haus von Hanken, damals das größte und ansehnlichste auf Wangerooge, war ein langgestreckter einstöckiger Bau. Links vom Hausflur und nach hinten hinaus lagen die Zimmer für die Badegäste, rechts die Staatsküche, dahinter die Küche, wo gekocht wurde, und ein Aufwaschraum. Die Staatsküche war bei Mutter Hanken das, was bei uns der Empfangssalon ist: Gäste, die man besonders ehren wollte, wurden dort hineingeführt. - Kaum hatte die lärmende Hausglocke uns angekündigt, so erschien auch schon Frau Hanken auf der Diele. Sie hatte eine mittelgroße, kräftige Gestalt, ein freundliches Gesicht mit hellen, klugen Augen. Es war umrahmt von einer blütenweißen, gefältelten Haube, unter dem spitzen Kinn mit einer großen, gestärkten Schleife gebunden. Dazu trug sie die Jacke der Ostfriesin, welche die Taille glatt umspannt und einen langen, an das Leibchen gekräuselten Schoß hat - die ihrige war von hellem, geblümten Kattun -, einen blauwollakenen Rock, weiße Strümpfe und ausgeschnittene Lederschuhe. Alles war straff, kernig und gesund an dieser alten, prächtigen Frau. Freudestrahlend gab sie uns die Hand.

„Frau Hanken, dat is min Dochter", sagte mein Mann, auf die Gräfin R. deutend. Sie sah schlau lächelnd erst die Gräfin, dann meinen Mann an: „Ja, Herr von Krohn, dat kunn Eenen woll gefallen!" Doch ging sie auf den Scherz ein: „Hel moje Minsch, Er Dochter! Man watt fin! Nu kamen Se herinn in Dörens." Sie öffnete die Tür und ließ uns eintreten. „Setten Se sick!" Wir folgten dieser Aufforderung nicht sogleich, sondern zollten erst Bewunderung der Staatsküche. Sie war mit roten Ziegelsteinen gepflastert, aus denen auch der niedrige Feuerherd aufgemauert war, nur mit dem Unterschied, daß dort die Steine nochmals mit Farbe gestrichen und die Fugen weiß markiert waren. An einer Kette hing über der Feuerstelle ein blankgeputzter Messingkessel, ringsherum standen Kochtöpfe, Bratpfannen, denen man es ansah, daß sie nie zum Kochen und Braten benutzt waren. Die Nische, in welchem der Herd stand, zierten blaue und weiße holländische Kacheln mit Bildern aus der biblischen Geschichte von Anbeginn der Schöpfung an; da sah man, wie Adam und Eva aus dem Paradiese vertrieben wurden, Kain, der den Abel erschlug, Daniel in der Löwengrube, und wie die Leute schon damals um das goldene Kalb tanzten. Auf Borten an der Wand standen Teller, Kümpjes,

Tee-, Kaffee-, Milchkannen in verschiedenen Formen. Alles alte, wunderschöne Delfter Fayence, einem Sammler hätte das Herz im Leibe gelacht. Der Glasschrank, aus poliertem Eichenholz, enthielt Vasen mit gemachten Blumen, Tassen, goldumrändert, mit der Devise: „Dem Hausherrn", „Der Hausfrau", „Zum Geburtstag" und die Lieblinge aller Seeleute, die weiß- und braungefleckten Porzellanhunde. Von der Decke herunter hing ein Dreimaster unter vollen Segeln und ein Straußenei. An der Wand zwischen den beiden Fenstern hatte der früher in keinem Hause fehlende „Oldenburgische Kalender für den Bürger und Landmann" seinen Platz; er war in rotem Löschpapier geheftet und schon für sechs Grote zu haben.

Nun hatten wir alles gründlich in Augenschein genommen und setzten uns an den mit Wachstuch überzogenen Tisch auf die altmodischen Binsenstühle. „So, nu möt Se erst en Köpje Koffee drinken." Als wir bestens dankten, war das Mutter Hanken gar nicht recht. Nachdem sie sich in das Unvermeidliche gefunden, kam sie auf ihr Lieblingsthema, die alte Herrlichkeit von Wangerooge, zu sprechen. Dann brachte ich sie auf ihre Badegäste: „Hebbt Se et got drapen dissen Sömmer?" - „So tämmlich; ick har dar 'ne Familie ut Barlin. De Fro seggte, dat er Mann ganz wat Hohes wer, „Herr Rechnungsrat" wurde he nömt. Bi de Lüde, glöw ick, wer dat man knapp; sünst weren se ganz nett - man de Söhn Atur, dat war en Slüngel, de Jung hätt mi wat argert; wenn he minen Polli nich targte, denn schudderte he achter de Höhner an!"

Leider waren wir gezwungen, den Redefluß zu unterbrechen, um an den Aufbruch zu denken, selbst auf die Ferkelzucht, die wir noch besichtigen sollten, mußten wir verzichten; es

*Das Linienschiff „Renown" wurde 1870 in England gekauft,
Artillerie-Schulschiff in Wilhelmshaven*

war die höchste Zeit, die Heimreise anzutreten. Die Rückfahrt war etwas kühl, doch der Abend schön, und wir konnten mit Recht sagen, es war dieses Mal eine durch nichts getrübte, hübsche, vergnügte Tour gewesen.

Manchmal waren wir Gäste S. M. Artillerieschulschiff „Renown". Die „Renown" war ein Linienschiff, im Jahre 1850 in England gebaut und von uns später angekauft. Jetzt baut man diese, dem Auge so gefälligen hölzernen Kriegsschiffe nicht mehr, die Panzer haben sie verdrängt. - Hoch über Wasser lagen die mit vielen Fenstern versehenen Räume des Kommandanten, ringsherum lief eine Galerie; alles war hell und luftig. - Kommandant war in den ersten siebziger Jahren Graf Monts. Gastlich und liebenswürdig wie in seinem Hause in der Adalbertstraße, repräsentierte er auf seinem Schiffe. Wie erfreut waren wir, wenn wir an einem heißen Sommernachmittag, umfächelt vom Seewind, den Kaffee auf der Galerie der „Renown" nehmen durften. Lag das Schiff draußen auf Schilligreede zu den Schießübungen, dann lautete die Einladung für den ganzen Tag.

Eine fröhliche Gesellschaft versammelte sich morgens an den Molen, um hinauszufahren. Große Proviantkörbe wurden mitgenommen für das Curryessen. Eine Spezialität der Bordsküche ist Huhn mit Reis und Curry und sehr beliebt bei unseren Marineoffizieren; es gibt Leute unter ihnen, die den raffiniertesten Leckerbissen dafür stehen lassen. Eine Menge Ingredienzien gehören noch dazu: Chutney (Mango), hartgekochte Eier, Mixpickles, Buletten, Eierkuchen, Makassarfische und dergleichen mehr. Die Brühe der gedämpften Hühner

Das Lotsenkommando Wilhelmshaven um 1890; in der zweiten Reihe - mit der aufgestützten Hand - Lotsenkommandeur Julius von Krohn

wird stark mit Curry gewürzt; die Grundlage bildet ein tadellos gekochter Reis. Wie manche eheliche Szene hat es schon gegeben, wenn der Reis zum Curry zu weich oder nicht gar war. „Ja, mein liebes Kind, so ein chinesischer Koch versteht das besser, von dem könntest Du lernen!" - Die Marinefrau hat es nicht leicht mit dem an Bord verwöhnten Gatten. Der Curryesser nimmt sich zuerst Reis auf den Teller, auf einem, der daneben steht, schneidet er die vorbenannten Zutaten in kleine Stücke, vermischt sie sorgfältig mit dem Reis, wie auch die Currysauce, und nun kann es losgehen.

Nach der lebhaften, angeregten Unterhaltung bei Tisch waren wir in tiefes Schweigen versunken - dolce far niente - die herrliche Luft in vollen Zügen genießend. Rechts haben wir die Butjadinger Küste, geradeaus den Wangerooger Kirchturm und die offene See, links das Jeverland; hinter Bäumen sieht das Dach der uralten Sengwarder Kirche hervor; Bauernhöfe, in Grün gebettet, liegen auf der weiten Ebene. - „Nette Gegend, Ihr geliebtes Oldenburg, gnädige Frau", sagte mein Nachbar mit leichtem Gähnen, „da lobe ich mir meine gebirgige Heimat!" - „Der Geschmack ist verschieden", erwiderte ich, „wenn ich in einem Tal leben sollte, von Bergen eingeschlossen, ich würde vor Sehnsucht vergehen nach meinem Flachlande." - Wie schön es auch war, es mußte doch einmal geschieden sein. So rüsteten wir uns denn zur Abfahrt; herzlich dankbar waren wir dem ritterlichen „Renown"-Kommandanten für den an hübschen Eindrücken so reichen Tag.

Nach dem Herbst, der uns noch einige Male zu Ausflügen veranlaßte, kam der Winter. Er verging wie der vorige in angenehmer, anregender Geselligkeit, deren Mittelpunkt doch eigentlich das Marineoffizierskasino hätte sein sollen; indes unser Stationschef gab es aus verschiedenen Gründen für Zusammenkünfte nicht gern her -, dann aber auch war es recht primitiv eingerichtet, die Nebenräume fehlten so ziemlich.

Eines Tages entsinne ich mich, wo wir in den Mannschaftsräumen soupierten. Man hatte sie mit Flaggen dekoriert, trotzdem war es kalt und ungemütlich, die Luft mit Tabaksrauch durchschwängert, der Fußboden nicht rein zu bekommen gewesen. Diese Einrichtung fand keinen Beifall, und so blieb es bei dem ersten Versuch.. Der Tanzsaal ließ ebenfalls zu wünschen übrig. Man bohnerte ihn freilich, aber – lag es an der Bohnermasse – die hellen Seidenschleppen der Damen wurden derart unsauber, daß man es aufgeben mußte. Nun spannte man Segelleinen, reinlicher war das ja, aber es tanzte sich sehr schlecht darauf.

Doch das sind Mängel, welche jetzt längst beseitigt sind, schon seit mehreren Jahren ist das Kasino ein behaglicher, eleganter Raum, seitdem es mit großen Kosten renoviert wurde. Selbstverständlich ist lange Parkett gelegt, wie es überhaupt in Wilhelmshaven wohl kaum jetzt noch einen nicht parkettierten Tanzsaal gibt.

Was hätten wir in früheren Zeiten darum gegeben, wenn wir die Lokalitäten von heute zur Verfügung gehabt hätten. Konzerte, auch in einem Winter ein alle vierzehn Tage stattfindendes Kränzchen, Privatmaskenbälle, Dilettanten-Vorstellungen verlegte man damals in das „Hotel Keese", jetzigen „Prinzen Heinrich". Meistens behalf man sich jedoch, so gut es gehen wollte, im eigenen Hause; da wurde dann aufgeräumt, alles ausgeputzt mit Flaggen und Grün - und es war doch stets das netteste, besonders der junge Offizier, der ja auf Kasino und Kneipe angewiesen war, freute sich, wenn die Familien bei sich etwas veranstalteten.

Fuhrwerke gab es in jener Zeit wenige, zwei bis drei Mietswagen und einen Hotelomnibus; wenn man konnte, ging man, aber bei schlechtem Wetter sah es übel aus. - Da verfiel man auf die seltsamsten Verkehrsmittel. Hatte es geschneit, dann war zuerst unser großer Kinderschlitten eine beliebte Beförderung, auch unsere Frau Stationschef benutzte ihn mitunter; sonst aber nahm man einfach eine Pianokiste, der Bursche nagelte Kufen darunter, Stühle wurden hineingestellt, und dann ging die Fahrt los - es war noch lange das Schlechteste nicht, wie Oberleutnant Fritz B. einmal sagte, als ich ihn einlud, sich zu mir aufs Sofa zu setzen.

Die jungen Offiziere benutzten auf ihrem Wege von der Kaserne häufig die Draisine - das Originellste kommt noch. Frau von S., deren sehr duftige Tarlatanrobe den Abendmantel und feuchte Luft nicht vertrug, setzte sich in einen Lehnstuhl, ein Tischtuch wurde über das Ballkleid ausgebreitet. Zwei handfeste Matrosen hoben sie in die Höhe, und auf ihrem improvisierten Thron ließ sie sich zum Ball in die Station tragen. Schweißtriefend langten die beiden Seeleute mit ihrer holden Bürde dort an. Frau von S. lobte ihre Erfindung in allen Tonarten, doch ich habe nicht gehört, daß jemand wieder davon Gebrauch gemacht hat.

12
Theater bei Gräfin Monts – Prinz Adalberts letzter Besuch – Besuch der Reichstagsmitglieder – Whistabende – Versetzung der Familie Graf Monts – Frau Lucinde – Karneval und Küchenfest

Der Winter war fast zu Ende, da raunte man sich ins Ohr, daß Gräfin Monts noch eine Überraschung der Gesellschaft bereiten würde. - Eines Tages erschien sie bei mir mit einem ziemlich umfangreichen Manuskript. „Frau von Krohn, Sie müssen mir aus der Verlegenheit helfen. Ich habe die Absicht, eine kleine Aufführung bei mir zu veranstalten und brauche noch eine Person dazu. Frau Prz. hat mir noch in letzter Stunde abgesagt, und nun möchte ich Sie bitten, die Rolle zu geben!" - „Zuerst möchte ich wissen, als was ich figurieren soll, Komische Alte, das ist mein Fach, also, wenn Sie mich dazu gebrauchen können, herzlich gern. „Na, das nun weniger, die Nixe der Jade habe ich Ihnen zugedacht." Ich lachte laut auf! „Ich, eine Nixe? Da werden sich wohl doch noch jüngere finden, bedenken Sie, daß ich der Vierzig näher als der Dreißig bin." - „Das schadet garnichts, wenn Sie sich gut schminken, sehen Sie aus wie 'ne Zwanzigjährige; denken Sie an die Bimpinelli, die tanzte mit siebzig Jahren noch auf dem Seil." - „Nun denn, wollen Sie mir das Manuskript anvertrauen, dann will ich sehen, ob ich der Sache gewachsen bin."

Ich las es durch und war so begeistert, daß ich mich über die Schwierigkeiten hinwegzusetzen beschloß. Wer die Dichterin war, wird man leicht erraten. Ich lernte, wir probten, ich drapierte mich als lehmfarbene Jade mit graubräunlichem Farb-

Prinz Adalbert von Preußen hat sich große Verdienste erworben um die Entwicklung Wilhelmshavens, 1811 – 1873, Neffe von Friedrich Wilhelm III., seit 1854 Admiral der preußischen Küsten. Nach seinem Tod hieß es im Nachruf des Marine-Verordnungsblatts: „Die Marine verliert in dem Entschlafenen ein Herz voll der treuesten Teilnahme an der Sache und an den Personen, hoch oder niedrig."

ton, besetzte das Gewand mit Silberband, bekränzte mein aufgelöstes Haar mit Schilf und Wasserrosen, strich mich brav an - und da lag ich nun, an ein Torpedo gelehnt, hinter mir das wild bewegte Wasser der Jade, und als der Vorhang sich hob, vor mir drei Schritte von mir entfernt, gerade vis-à-vis - Se. Kgl. Hoheit Prinz Adalbert von Preußen. Mühsam bewahrte ich meine Fassung, und um ein Haar wäre ich stecken geblieben, doch der liebenswürdige Prinz sah mich so freundlich an, als wenn er sagen wollte: Nur Mut, es wird schon gehen; und so raspelte ich denn ganz flott meine siebenundvierzig Strophen herunter.

Der Inhalt der hübschen Dichtung war folgender, so viel ich mich noch erinnere: Die Jade klagte, daß man sie aus ihrer Ruhe aufgeschreckt durch das Bauen eines Kriegshafens, sanft floß bis jetzt ihr Leben dahin in ihrem Wasserreich, da kommen die bösen Menschen, klopfen und hämmern, und mit Frieden und Glücklichsein ist es vorbei. Rat und Hilfe hofft die arme Jade zu finden bei ihrer Mutter, der Nordsee, doch die ist weit, wen nun wird sie betrauen mit der Botschaft? Da taucht der ihr so ergebene Tümmler aus dem Wasser auf und ihn beschließt sie zu senden. Unser Tümmler trug die Seebataillonsmütze. - Hier möchte ich einschalten, daß damals die Seebatailloner „Tümmler" genannt wurden. Es bestand infolge einer Rangstreitigkeit, wer die Berechtigung haben sollte, bei der Kaisergeburtstagsparade zuerst zu marschieren, eine gewisse Gereiztheit bei der Marine und Seebataillon, daher die scherzhafte Bezeichnung. - Die Nordsee erscheint, wunderschön anzusehen, in weißer Seide mit einem Mantel von meergrünem Moiree, die goldene Krone auf dem Haupt; beleuchtet war die schöne Frau von Magnesiumlicht. Ach, ich arme Jade, der Vergleich fiel sehr zu meinen Ungunsten aus! Mutter Nordsee tröstet ihr Kind. Sie weist darauf hin, daß sie die hehre Aufgabe hat, dem edlen Volk der Germanen den Weg zu bahnen zur Macht zur See. Jade läßt sich vernünftig überzeugen, und der Vorhang fällt.

Rauschender Beifall, auch dem Prinzen Adalbert hatte die Aufführung (es wurde noch ein kleines Lustspiel „Der weiße Othello" gegeben) anscheinend gefallen; er sagte uns viel freundliches über unser Spiel. Nach dem Souper verließ der Prinz die Gesellschaft, dann wurde noch getanzt, es war wieder ein hübscher Abend gewesen im Hause Monts.

Prinz Adalberts Aufenthalt dehnte sich dieses Mal etwas länger aus. Bei einem kleinen Diner, welches er gab, wurden es durch die Absage eines plötzlich erkrankten Herrn dreizehn Personen, man geriet dadurch in große Verlegenheit, denn der Prinz teilte den so verbreiteten Aberglauben in Bezug auf die ominöse Zahl. Man deckte rasch noch einen Tisch zu vier Kuverts, so daß für die prinzliche Tafel neun Gäste blieben.

Es war das letzte Mal, daß Se. Kgl. Hoheit in seinem geliebten Wilhelmshaven weilte; nach sechs Wochen war der edle Prinz nicht mehr unter den Lebenden, er erlag in Karlsbad einem Leberleiden. Tief betrauert wurde sein Tod von der ganzen Marine.

Am 22. Mai 1873 beehrte der Reichstag Wilhelmshaven mit seinem Besuch; leider mit Ausnahme von Bismarck, und, wenn ich nicht irre, war auch Lasker nicht gekommen. - Die Herren benutzten zum größten Teil einen Dampfer des Norddeutschen Lloyd, die „Mosel", zur Fahrt nach hier, andere hatten den Landweg vorgezogen, unter ihnen Windthorst. - Der Kommandeur des Seebataillons, Herr von Sp., hatte den Auftrag erhalten, die Perle von Meppen auf dem Bahnhof in Empfang zu nehmen und ihm die Sehenswürdigkeiten von Wilhelmshaven zu zeigen - aber er kannte ihn nur nach den Karikaturen des „Kladderadatsch". Der Zug hält, er bringt eine Menge Menschen, und da soll Herr von Sp. nun die „kleine Exzellenz" herausfinden. Ratlos steht er da, zwei andere Offiziere treten an ihn heran: „Wen suchen Sie, lieber Sp.?" - „Ich soll Windthorst hier empfangen und kenne ihn nicht." - „Ich habe ihn in Berlin mehrfach gesehen, es ist ein kleiner, häßlicher Kerl!" Plötzlich steht der Betreffende hinter den Herren: „Ich kann Sie allen Zweifels entheben", sagt er mit einem feinen Lächeln, „mein Name ist Windthorst!" Herr von Sp. legte

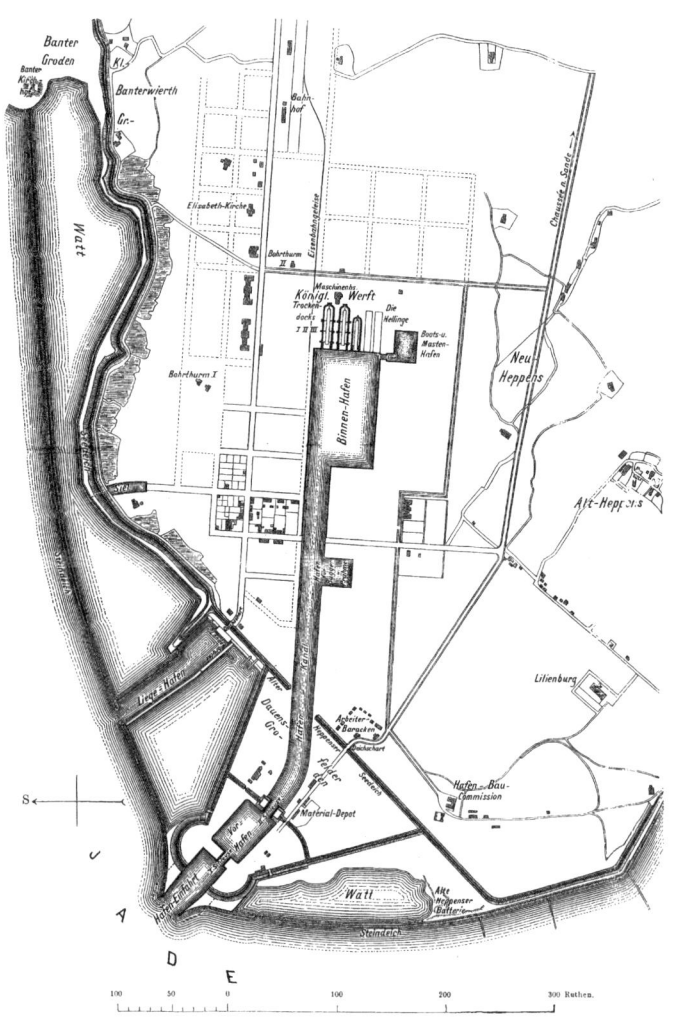

1869: „Situations-Skizze der Hafen-Anlagen an der Jahde"

stumm die Hand an die Mütze, nach einer verlegenen Pause stellte er sich vor, und daß er den Vorzug habe, Se. Exzellenz zu führen. Die Kameraden hatten sich schleunigst aus dem Staube gemacht.

Es ist bekannt, daß sich keiner, der mit Windthorst in Berührung kam, dem Zauber seiner Persönlichkeit entziehen konnte. Zum Frühstück im „Hotel Denninghoff" hatten sich noch einige Herren eingefunden, auch sie waren entzückt gewesen von der liebenswürdigen, geistreichen, kleinen Exzellenz. Herr von Sp. sagte später, trotz der im Anfang so peinlichen Situation würden ihm die in Windthorsts Gesellschaft verlebten Stunden stets unvergeßlich bleiben.

Zuerst nun besichtigten unsere Abgeordneten die Hafenanlagen, welche sie selbstverständlich sehr interessierten, besonders die, welche einen Kriegshafen noch gar nicht gesehen. Allerdings sagte uns später einer der Herren, denen das Führeramt übertragen war, die Wißbegier einzelner sei mitunter etwas unbequem gewesen. Ein Mann habe ihn am Rockknopf gepackt und ihn auch nicht wieder losgelassen. „Er fragte mir die Seele aus dem Leibe, und ich stand ihm mit großem Langmut Red' und Antwort. Leider war das Ergebnis nicht einmal ein befriedigendes für ihn und seine Wähler, denn nach beendeter Wanderung seufzte Herr Meier: Ich bin von alledem so dumm, als ging mir ein Mühlrad im Kopf herum!"

Der Sozialdemokrat aus Süddeutschland konnte sich eine kleine abfällige Bemerkung nicht versagen: „I schau a Wasser und a Mäuerchen drum herum, aber für die Millionen, die dös 'kost hat, i mein, dafür könnt' man bei uns a große Stadt baue, die Werft, ei ja, da mag a gut Stückle Geld drin sitzen, i will's schon glaube!" - Ein dritter hatte ein Buch gehabt, in welchem er alles ordnungsmäßig notierte. Als nichts mehr zu besichtigen war, drückte er seinem Führer unter vielen Danksagungen die Hand: „Ich habe wirklich profitiert durch Ihre freundliche Belehrung, Herr Baumeister. Versäumen Sie nicht, meine demnächstige Rede im Reichstag zu lesen, es dürfte von großem Interesse für Sie sein."

Nachdem unser Reichstag alles gründlich in Augenschein genommen, fand ein Diner statt an Bord S. M. S. „König Wilhelm". - Die Stimmung war animiert, und die Heiterkeit steigerte sich immer noch, denn der Sekt war gut. Die Berühmtheiten des Reichstags hielten geistvolle, zündende Reden, auch der Rechenmeister des deutschen Reichs brachte einen Toast aus. Er lobte alles Gesehene über die Maßen und war gegen seine sonstige Gewohnheit friedfertig gestimmt gewesen.

Einen Extrazug, der zur Verfügung gestellt war, benutzten die Reichstagsabgeordneten zur Rückreise. Sie sollen einstimmig ihre Anerkennung ausgesprochen haben über das, was deutscher Fleiß und deutsche Tüchtigkeit hier geschaffen.

So war bereits eine ganze Reihe von Jahren verflossen, seitdem wir als junges Ehepaar in unser altes Bauernhaus eingezogen, und ich darf sagen, die allgütige Vorsehung hatte es wohl mit uns gemeint. Unser Leben hatte sich immer angenehmer gestaltet, Kinder bevölkerten das Haus, sie gediehen und wuchsen fröhlich heran. Unsere schöne Wohnung war nicht zu unterschätzen; in Varel, welches in vierzig Minuten zu erreichen war, wohnten meine alten, lieben Eltern und Freundinnen meiner Jugend, an denen mein Herz hing.

Wir hatten außer dem ausgebreiteten konventionellen Verkehr noch einen kleinen gemütlichen Kreis. - Im Winter spielten wir von 1873 an jeden Donnerstag unseren Whist. Wir waren vier Familien, mit Ausnahme von Admiral Batsch gehörten unserem Kränzchen an der jeweilige Stationschef, zwei ältere Offiziere mit ihren Frauen und wir. Versetzungen brachten manchmal einen Wechsel, den wir jedesmal schmerzlich empfanden - doch die Lücke wurde durch neu Herzukommende wieder ausgefüllt. Le roi est mort, vive le roi!

Diese Whistabende gehören mit zu meinen schönsten Erinnerungen, obwohl ich keine berühmte Spielerin war. Etwas hatte ich allerdings seit meinem Debut – bei dem großen Schweiger – zugelernt, aber ich war zerstreut, wenn ich mich auch noch so sehr zusammen nahm . – „Wo gehen Ihre Gedanken nun wieder spazieren, Frau von Kröhnchen," mußte ich dann hören oder: „Einzigste, Goldenste, Sie bedienen ja nicht!"

Nicht alle waren hier so zufrieden wie wir, manche fanden es gräßlich in Wilhelmshaven, besonders die aus Berlin hierher Versetzten. Sie hatten dort an der Quelle gesessen, waren oben liebes Kind gewesen, dann wehte aber plötzlich ein anderer Wind, sie mußten fort nach dem fürchterlichen Nest Wilhelmshaven. Sie haderten mit ihrem unverdienten Schicksal und mit den hohen Herren, die ihnen das angetan. - Ein kleiner Trost waren denen, die ihrem Range nach Anspruch darauf hatten, eingeladen zu werden, die Oldenburger Hoffeste. Sie ließen sich vorstellen und fuhren dann hinüber zu den Bällen. Die, welche jung und hübsch waren oder einen hohen Rang, einen wohlklingenden Namen hatten, amüsierten sich

„Werfttorgebäude, erbaut 1876"

vortrefflich; die übrigen kamen wohl nicht auf ihre Rechnung, doch auch sie hatten es immer reizend gefunden.

Die im Jahre 1876 stattfindende silberne Hochzeit des Großherzogs von Oldenburg und seiner hohen Gemahlin, Großherzogin Elisabeth, gab Veranlassung zu verschiedenen Hoffestlichkeiten. Unsere Damen - es waren nach hierher viele Einladungen ergangen - hatten sich mit der Hoffnung geschmeichelt, außer dem Ball noch das Diner und das Reiterfest mitzumachen. Es war jedoch, da sich in letzter Stunde ein auswärtiger Hof, der schon abgelehnt, wieder angesagt hatte, bei den beschränkten Räumen unmöglich gewesen, noch auswärtige Gäste zu placieren, und so erfolgte nur die Einladung zum Ball. Infolgedessen griff eine ganz ungerechtfertigte Verstimmung Platz, und längere Zeit unterblieben die Besuche am Oldenburger Hofe.

Im Herbst 1875 verließ uns die Familie Monts. Es war ein großer Verlust für die Gesellschaft, und selbst der Ausspruch unserer Gräfin: „Herrschaften, über kurz oder lang sind wir wieder da", vermochte uns nicht zu trösten. - Doch ganz ohne ein anregendes Element sollten wir nicht bleiben. Es kam eine Dame hierher, nennen wir sie Frau Lucinde, die viel zur Erheiterung unseres Kreises beigetragen hat; sie gab reizende, originelle Feste, und schon Dank und Anerkennung ihrer Verdienste veranlassen mich, ihr ein längeres Kapitel zu widmen.
Frau Lucinde war in erster Linie Künstlerin, sie malte - hatte bei berühmten Meistern ihre Studien gemacht - und porträtierte in Kreide und Öl, und treffliche Bilder sind aus ihrer Hand hervorgegangen. Dann aber beherrschte sie manches Gebiet des Wissens: Schopenhauer, der mir ein Buch mit sieben Siegeln geblieben, las sie mit Verständnis. - Also, kaum war sie warm geworden in Wilhelmshaven, trug sie sich mit Plänen, wie man die Leute hier amüsieren könne. Ein Kinderfest war ihr erstes Debüt, und es war ein glücklicher Griff gewesen, denn dadurch gewann sie sich die Herzen der Mütter von vornherein. Lebende Bilder stellten die Kleinen; Szenen aus den bekannteren Märchen: Rotkäppchen, Aschenbrödel, Schneewittchen. - Erwachsene wirkten ebenfalls mit, den grausen Menschenfresser gab einer unserer nachherigen Stationschefs, dem es wirklich gelungen war, sein freundlich lächelndes Gesicht in grimmige Falten zu legen; unter jedem Arm hatte er ein zappelndes, verängstigtes Kind, an seiner Seite hing ein blankes Messer. Eine kleine Hilde meinte nachher: „Mama, es war doch nett von dem Menschenfresser, daß er nur so tat."
- Jede Mutter war natürlich stolz darauf, ihre Göre auf den

Brettern zu sehen, welche die Welt bedeuten. Nach der Aufführung richteten die Kinder eine furchtbare Verheerung an unter Flammeris, Kuchen und belegten Butterbroten, dann gingen groß und klein eine Polonaise, und damit war das Fest für den jugendlichen Nachwuchs beendet.

Wir Erwachsene waren uns darin einig, daß Frau Lucinde eine sehr angenehme Akquisition für uns sei. Bei unseren kleinen Festen standen Frau Lucinde und ich uns gegenseitig mit Rat und Tat bei; nur einmal bereitete mir die liebenswürdige Frau einige Ungelegenheiten. Ich muß hier vorausschicken, daß ich, wenn ich ein wenig aufführen wollte, es sehr diplomatisch anfangen mußte, meinen Mann für meine Pläne zu gewinnen. Nun gerade diesmal hatte er sich energisch gegen das Aufschlagen einer Bühne in seinem Zimmer gesträubt. „Alles geht bei mir herunter und herüber, nichts ist später wiederzufinden" - kurz, ich mochte es anfangen, wie ich wollte, er wollte partout nicht. Nun sollte es ein Karnevalsabend werden, lose aneinandergereihte Scherze, eingeführt durch einen Prolog des Prinzen Karneval, unter ihnen war auch ein Policinellkasten. Alles war fix und fertig, die Puppen angezogen, Kasperle, Hexe, Teufel und dessen Großmutter. Ein Leutnant vom Seebataillon, der länger in Köln gestanden, wollte die Puppen dirigieren; auch ein Buch war da mit den passenden Stücken. Da kam ich auf den unglücklichen Einfall, Frau Lucinde, die auch dichtete, zu bitten, eins von den Stücken auf maritime Verhältnisse passend umzuarbeiten. - Sie begab sich ans Werk, es war ein ziemlich langes Opus geworden, ungefähr folgenden Inhalts: Ein Marineoffizier, der mit seinem Kanonenboot vor Konstantinopel liegt, verliebt sich in eine Haremsschöne und entführt sie unter vielen Fährlichkeiten. Der Schluß war sehr drastisch: der empörte Sultan, dem man Zuleima geraubt, wurde von deutschen Matrosen gefangen, und man hing ihn an einem Kleiderständer auf. Man sieht, es war nicht einmal ein moralisches Stück, in welchem die Tugend den Sieg davonträgt. Ich hatte einen prachtvollen Marineoffizier angefertigt, der sehr schneidig aussah, denn er hatte Fischbein in den Hosen. In einer Kaffeesession zu dreien machten wir die erste Probe. Der Leutnant B. kroch in den Kasten; die Sache begann mit einem langen, verliebten Monolog des Offiziers, der aber währenddem trotz des Fischbeins wie ein Trunkener hin- und herschwankte und endete natürlich - sie kriegen sich. Schweißtriefend, keuchend kam Leutnant B. wieder zum Vorschein: „Gnädige Frau, ich mache Ihnen mein Kompliment, das Stück ist reizend, aber Puppen sind darauf nicht geeicht, das kann nur von lebenden Personen gespielt werden!" „Ja, liebe Frau von Krohn, dann müßten wir wohl eine Bühne haben!" sprach's mit einschmeichelnder Liebenswürdigkeit. - Ja, ja! Frau Lucinde! Mit ihrem hübschen, freundlichen Lächeln, den Kopf etwas auf die Seite geneigt, konnte sie bei mir alles durchsetzen. Ein Kanonenboot ist durchaus notwendig - es wurde gemacht. Noch in letzter Stunde kam der Bursche mit einer Empfehlung von Frau Lucinde, Frau von Krohn möge noch einen türkischen Mitschippsorden (wie er sagte) anfertigen. Ich war außer mir, aber was half's? Ich schnitt in aller Eile einen großen Stern aus Pappe, vergoldete ihn und klebte einen Kotillonorden von meinem Mann darauf. Das Stück amüsierte sehr; daß Frau Lucinde selbst die Haremsschöne gab, bedarf wohl keiner Erwähnung.

Unerschöpflich war Frau Lucinde im Ersinnen von etwas Niedagewesenem, z. B. gab sie ein Küchenfest, an das ich mit unbeschreiblichem Vergnügen zurückdenke. - Um acht Uhr abends traten die Gäste an. Die Damen als Köchinnen mit sehr kleidsamen Häubchen, Schürzen, wie die Küche sie selten zu sehen bekommt; die Herren schmückten ihr Haupt mit Kochmützen aus Papier und bekamen Handtücher vorgebunden, an welche Bänder genäht waren. Lampions und Grün schmückten das Feld unserer Tätigkeit; auf dem Herd brannte lustig das Feuer, den langen, blitzblank gescheuerten Tisch bedeckten Kochingredienzien aller Art. Meistens waren es italienische Gerichte, welche wir bereiten sollten; nicht umsonst war Frau Lucinde in dem Lande gewesen, wo im grünen Laub die Goldorange glüht. Wir durften unsere Kunst versuchen an Risotto, in Öl gebackenem Blumenkohl, farcierten Sardellen, Makkaroni mit Parmesan, doch kam auch deutsche Kochkunst zu ihrem Recht.

Einen wahren Feuereifer entwickelten unsere Herren. Der eine bestrich eine Tortenform und er nahm ganz ungeniert seine Finger dazu, ein anderer stieß die Mandeln in einem Mörser, der dritte schlug Schaum, man hatte den dazu auserlesen, der das sehr gut verstand, der vierte schnitt Sukkade. Besonders tätig war einer unserer älteren Herren. „Was haben die Frauen für mich zu tun? Ich habe einige Erfahrung in dem Fach, ein Beefsteak brate ich – es schmilzt Ihnen auf der Zunge." – „Schön, dann panieren Sie einmal diese Kalbsnieren, Herr Kapitän." – „Ja, das ist nun eigentlich nicht mein Fall, wie muß ich das machen?" – „Nun, jede in Mehl wälzen" – Frau Lucinde hatte bereits erklärt, Röstbrot sei nicht vorhanden – „dann in der Pfanne hübsch braun braten." – „Jede einzeln? Nee, das ist mir viel zu langweilig, ich bin stets für ein abgekürztes Verfahren." Sprachs, warf die Stücke in eine Bütte Mehl, von da in die Pfanne, daß die Butter hoch aufspritzte; ein penetranter Geruch von brenzlichem Fett verbreitete sich alsbald durch die ganze Wohnung. Was wir an dem Abend an Butter verpretzelt haben, es ist nicht zu sagen, eine ganze Familie hätte mehrere Wochen daran zu streichen gehabt, und – im Vertrauen – gegessen wurden unsere Delikatessen nicht. Zum Glück hatte die ahnungsvolle Hausfrau für ein anderes Menü gesorgt.

Zu einem gemeinschaftlichen Gesang nach Tisch waren Vorbereitungen getroffen, Kommerslieder wie „Ça ça geschmauset" wurden in vielen Exemplaren verteilt – aber für das Singen war keine Stimmung – wir waren heiser von vielem Lachen, ermüdet nach unserer so ersprießlichen Tätigkeit, doch es war reizend gewesen.

Poesie und Prosa wußte Frau Lucinde hübsch zu verbinden. So lasen wir häufig bei ihr mit verteilten Rollen. Wildenbruch war ihr Lieblingsdichter, doch auch unseren Klassikern, besonders Goethe, ließ sie Gerechtigkeit widerfahren. - Einstens wurde die Parole „Egmont" ausgegeben. Jeder Mitlesende bekam ein kleines Schild an rosaseidenem Bändchen, auf dem die Rolle geschrieben war und das wir uns an der Schulter feststecken mußten. So geschmückt traten wir an. Ich, als Klärchens Mutter, hatte die Ehre, mit meiner Tochter, Egmont, Brakenborg, Alba am Elitetisch Platz zu nehmen, die anderen saßen im weiten Kreise um uns herum.

Stumme Personen waren der schon früher erwähnte freundliche Menschenfresser und mein Mann, sie waren „Volk" und hatten nur zu murmeln, aber das machten sie so vortrefflich, daß ich hernach fragte, wie sie es angefangen hätten, eine aufgeregte, unzufriedene Volksmasse so natürlich darzustellen, worauf die Antwort: „Die Sache war sehr einfach, wir wiederholten nur immer den einen Satz: Ich bin so hungrig, hungerig, hungerig!" Wir anderen, die wir uns an Goethes herrlichem Werk begeistert und darüber alles andere vergessen hatten, waren empört über soviel Prosa, doch es muß auch solche Käuze geben. Nach Egmonts Hinrichtung, und nachdem die letzten Klänge der Musik von Beethoven verstummt waren, wurden wir dann noch ganz vergnügt, der einzige Unfrohe in der Gesellschaft war der Herr des Hauses; er sollte am andern Tag auf längere Zeit Abschied nehmen von Weib und Kind, und den Schmerz darüber vermochte er nicht ganz zu beherrschen.

Das Thema Lucinde ist ebenso unerschöpflich wie es die Dame war im Erfinden neuer Amüsements für die Gesellschaft. Waren es im Winter Maskenbälle, Leseabende, Küchenfeste, so waren es im Sommer ländliche Vergnügungen.

Auf dem Platz, wo jetzt das städtische Krankenhaus steht, lag ein altes Bauernhaus, eine preußische Domäne, verpachtet an den Landwirt G., dort sollte nun ein Fest stattfinden. Der von Frau Lucinde sinnig ausgedachte Plan gipfelte in einem Schäferidyll. „Damon" sollte sein „Chloe" mit süßen Liebesworten andichten, im Garten eine Promenade zu zweien, ein Haschen, Suchen, sich finden, neckisches Verstecken. Junge, hübsche Damen fanden sich genug, die Lust hatten, sich zu kostümieren à la Watteau, doch unsere Marineschäfer sträubten sich energisch. Keiner wollte in den vorgeschriebenen weißen Strümpfen und bebändert erscheinen, außerdem war niemand da, der die Flöte blies, und das gehört doch nun mal mit dazu.

Früh an einem Sommernachmittage versammelten wir uns zu fröhlichem Spiel. Im Garten waren Tische gedeckt, dort sollte Kaffee getrunken werden. Doch leider machte Gott Pluvius uns einen Strich durch die Rechnung. Reichlich strömte der Regen vom Himmel herunter und nötigte uns, in die Bauernstuben zu flüchten, wo wir eng aneinander gedrängt saßen, doch trug das nur noch mehr zum Amüsement bei. Dann ging es in die große Scheune, wo gesellschaftliche Spiele gespielt werden sollten. - Die Kühe waren noch teilweise aufgestallt, und so war die Gelegenheit günstig, das ländliche Fest durch ländliche Beschäftigungen zu verherrlichen. „Wer von den Damen versteht zu melken?" rief ein Schalk. „Ich", antwortete eine, die es in ihrer Kindheit einmal mit Glück versucht hatte. „Na, denn - bitte!" Ein umgestülpter Eimer diente als Sitz, einen anderen nahm die Dame vor sich, und nun konnte es losgehen, aber kaum empfand die in der Einladung so zart betitelte „Musche Muh" die Berührung einer fremden, ungeschickten Hand, als sie anfing, unheimlich mit den Ketten zu rasseln und sich so ungastlich und empörend benahm, daß die vorwitzige Melkerin schleunigst die Flucht ergreifen mußte.

So näherte sich der reizvolle Nachmittag immer mehr dem Abend, doch keiner hatte Lust, nach Hause zu gehen; aber einer gestand es heimlich dem anderen, daß der Magen begonnen hatte zu rebellieren. Ich wandte mich vertrauensvoll an unsere Gräfin und flüsterte ihr ins Ohr, daß wir alle furchtbar hungrig wären; sie gab es dann an Frau Lucinde weiter:

"Einzigste, Goldenste, es ist große Hungersnot." "Ja, aber was machen wir da?" - "Na, wir essen was." - "Frau G. haben Sie Brot, Butter, Eier, Schinken und frische Milch?" wendet sich unsere Gräfin an die Frau des Landwirts. Natürlich war alles vorhanden; nun griffen zierliche, flinke Hände mit zu, und im Nu waren die Vorbereitungen zum ländlichen Abendbrot beendet. Wir setzten uns an den langen Küchentisch, der die Ehre hatte, daß zwei Admirale sich die Eier auf ihm abklopften. - Nach dem Essen wurde noch ein Konter in der Küche getanzt; wir selbst sangen die Melodie dazu. Selten im Leben habe ich mich so wundervoll amüsiert, selten soviel gelacht, wie auf diesem ländlichen Fest.

13
Abschied von Stationschef Klatt – Unsere Marine und Bedeutung der Geschwader für Wilhelmshaven – Geschwadertage – Aus der Unglückschronik der deutschen Marine

Im Frühjahr 1878 verließ uns unser Stationschef Klatt, nachdem er sechs Jahre über uns geherrscht. Allgemein wurde das Fortgehen der in Wilhelmshaven so beliebten Familie bedauert, und ihnen war das Herz ebenso schwer. - Ein Salonwagen war gestellt worden, mit Blumen reich geschmückt; auf dem Bahnhof hatten sich viele Menschen eingefunden, den Scheidenden die letzten Grüße zu bringen; wir alle waren tiefbewegt. Durch die Menge bahnte sich ein Herr in grauem Zivil mühsam den Weg; wenige kannten ihn, er stieg gleichfalls in den Salonwagen zum Erstaunen der Anwesenden, entfernte von einem Sitz eins der damals üblichen Wagenräder mit den auf Draht gebundenen Blumen und der geschmackvollen Papiermanschette und nahm Platz. - Nebenbei gesagt, wenn man bei feierlichen Gelegenheiten nicht mit solch einem Unding von Bukett erschien, war man nicht nobel. - Der graue Zivilist war unser zukünftiger Stationschef, Admiral Batsch.

Die letzten Nachmittagsstunden brachte unser verehrtes Ehepaar Klatt bei uns zu, die wir ihnen wohl am nächsten standen. Wir hatten über dieses und jenes gesprochen, uns alter Zeiten erinnert, dann trat eine längere Pause ein. Plötzlich sagte Frau Minning ganz unvermittelt: „Frau von Krohn, es geht bergab mit der Marine!" Gleich der Pythia auf dem Dreifuß erschien sie mir, unheimlich klang ihre Stimme! – Gott sei Dank hat sich diese düstere Prophezeiung nicht erfüllt, doch oft habe ich an die Worte denken müssen, als sobald darauf nach den guten Jahren das Unglück über unsere Marine hereinbrach.

Unsere Marine! In ihr gipfelt sich das Interesse der deutschen Kriegshäfen Kiel und Wilhelmshaven; besonders ist es Wilhelmshaven, das ja der Marine seine Entstehung verdankt. Vor 1870, bevor der Hafen fertig war, kamen die Kriegsschiffe selten hierher. Zur Feier der Übergabe des Jadegebiets waren „Hela", „Nixe", „Salamander" auf der Reede von Fährhuk erschienen. Ich erinnere mich, im Jahre 1864 zuerst an Bord eines Kriegsschiffes gewesen zu sein, es war S. M. S. „Augusta", Kommandant Korvettenkapitän Klatt. Während des Krieges 1870/71 lagen, wie schon erwähnt, die Schiffe „Kronprinz", „Friedrich Karl" und der „König Wilhelm" im Anfang der Jade-

1864 war Louise von Krohn zum ersten Mal auf einem Kriegsschiff: S.M.S. „Augusta"; Kommandant war Korvettenkapitän Gustav Klatt.

mündung und später, nach dem Fall von Sedan, auf der Werft. Einen nennenswerten Vorteil hatte Wilhelmshaven eigentlich erst nach Bildung eines Geschwaders, welche zuerst Mitte der siebziger Jahre erfolgte.

In der Regel kommt das Geschwader zweimal im Sommer, zuerst im August, hier auf Reede. Selbstverständlich geht alles hinaus, unsere Panzer zu begrüßen. Da liegen sie majestätisch auf den Fluten, die weißen Kolosse, Boote werden abgelassen, emsig eilen die kleinen, flinken Pinassen hin und her, Offiziere und Mannschaften an Land zu bringen oder dieselben nach beendigtem Urlaub an Bord zurück zu befördern - es ist ein hübsches, belebtes Bild! Außerdem sind die Fahrzeuge mit den an Land eingekauften Vorräten für die Messen und für die

Mannschaften beladen. Das sind goldene Tage für Wilhelmshaven, für den Kaufmann, den Handwerker, für die Restaurants über und unter der Erde; aber auch der Landbewohner verkauft seine Produkte zu erhöhten Preisen auf den Märkten, und die Hausfrau seufzt über die eingetretene Teuerung, doch ist sie nicht egoistisch genug, um sich nicht über den Verdienst ihrer Mitbürger zu freuen. Hinter seinem Ladentisch steht strahlend der Delikatessenhändler, vor ihm der Steward mit einem langen Bestellzettel, das geht dann oft in die Hunderte, ja Tausende. - Zu solcher Zeit ist hier alles zu haben, wie uns ein Blick auf die Ausstellungen der Geschäfte belehrt. Der Schlachter sendet ganze Wagenladungen an Bord, die Läden sind bis in die Nacht hinein geöffnet; überall ein lebhaftes Treiben. Wenn man, nachdem die Mannschaften an Land beurlaubt, durch die Roonstraße geht, begegnen uns in langen Reihen unsere „blauen Jungen". Die Freude, an Land zu sein, strahlt aus ihren gebräunten Gesichtern. Zur Adalbertstraße eilt der ältere, verheiratete Offizier, die Seinen in die Arme zu schließen oder auch, um ihm bekannte Familien zu begrüßen, da sieht man dann allabendlich der fiskalischen Wohnungen ganze Front erleuchtet. Der junge Leutnant sucht das Kasino auf und vereinigt sich mit den hiesigen Kameraden zu einem Bierabend. Der hier aus der Umgegend gebürtige Matrose wandert in sein Heimatdorf, läßt sichs ein paar Tage bei „Moder und Vader" wohl sein, vertilgt Korinthenstuten und Kaffee in unglaublichen Mengen. Von der Dorfjugend wird er wie ein Wundertier angestaunt. Abends im Kruge erzählt er den Bauern haarsträubende Geschichten aus seinem Seemannsleben.

„Unkel Friederk", der Inhaber einer bei den Matrosen beliebten Kellerwirtschaft, hat schon mehrere Tage vorher Vorbereitungen zum Empfang seiner Gäste getroffen. Alles glänzt vor Sauberkeit, die Tische und Bänke sind mit Wasser und Seife bearbeitet, ebenso der Fußboden. Das Büfett ist frisch bestellt mit sauren Heringen, Kartoffelsalat und verschiedenen Wurstsorten; auf dem Piano sind mehrere Saiten, die seit langem fehlten, neu aufgezogen; über der Tür prangt zwischen zwei deutschen Flaggen die Inschrift: „Hoch unsre Mariners!" „Unkel Friederk", wie er von den Matrosen genannt wird, steht schon vom Vormittag an vor seiner Tür, er ist bekleidet mit einem neuen billigen Sommeranzug von Bührmann, der nach was aussieht. Rosig und wohlbehäbig wie er ist, gewährt Unkel Friederk einen erfreulichen Anblick. Das schwarze mit grüner Seide gestickte Sammetkäppchen hat er flott auf das eine Ohr gerückt; so strahlt er die Vorübergehenden an, und wer ihm standhält, den würdigt er einer Unterhaltung.

Herr Friedrich Benter, wie er eigentlich heißt, ist aus dem Jeverlande schon vor geraumer Zeit hierher gekommen und hat sich so nach und nach den höheren Schliff angeeignet. Er spricht ein gebildetes Hochdeutsch, sehr stolz ist er auf das von ihm mühsam gelernte: Scht. Augenblicklich nach Ankunft des Zuges erwartet er die von ihm engagierte Kapelle. Eine Sängerin, eine Violinistin, nebst einem Herrn, der auf dem Pianino begleitet - da kommen sie schon. Die Damen nicht mehr in erster Jugendblüte - ihr Begleiter ein ganz junger Bursche von ungefähr zwanzig Jahren. Nachdem „Unkel Friederk" seine Leute verpflegt und untergebracht hat, schlendert er gemächlich nach den Molen. Dort steht es dichtgedrängt voll von

Menschen. In Reih' und Glied die Wäscherinnen mit den abgedankten Kinderwagen, um die reinigungsbedürftigen Gegenstände in Empfang zu nehmen, die Gastwirte, sich die Matrosen zu kapern. „Unkel Friederk" hat das nicht nötig, er hat seine feste Kundschaft, denn er hat stets gutes Bier. Nur einen Blick wirft er auf die Fahrzeuge, die die Besatzung an Land bringen, dann strebt er eiligst seinen häuslichen Penaten zu.

„Nu, man fix! Sie sünd dor all, macht, daß ihr fertig werdet", ruft er ins Haus hinein. „Katharina, hast du dir schon angekleidet?" Katharina, früher hieß sie „Ketrin", erscheint in einer Robe von hellem Wollstoff. „Schteh mal schtill, Mutter, du hast einen Smierfleck auf dein Kleid!" - „Och, den lat man sitten, de sitt nü'mms in'n Wege!" - „Nein, heute muß alles sauber sein! Binde dich eine Schürze darüber."

Noch ein weibliches Wesen entwickelt sich aus dem Hintergrunde: es ist das Dienstmädchen, leidlich hübsch. „Süh,

„...wenn ein Schiff auf einige Jahre ins Ausland geht nach Ostasien, Amerika, nach dem so gefürchteten Kamerun" – Musterung der für Kamerun bestimmten Marine-Infanterie in Wilhelmshaven

Marie, ins blaue Kattunkleid mag ich dir immer gern leiden; was büst du für 'ne nüdliche Deern, wenn du dir rein gewaschen und fein angezogen hast."

Nach und nach sammelt es sich im Lokal, jetzt ist „Unkel Friederk" in seinem Element; keine Hand hat er gerührt zu den Vorbereitungen, um recht frisch zu sein, wenn sie da sind, seine Jungens, wie er sie nennt. - Katharina und Marie helfen fleißig mit, aber es ist schwer, die durstigen Seelen zu befriedigen. Der Bierkonsum in den Geschwadertagen soll großartig sein, wie man sagt. So jahraus, jahrein, und unsere Gastwirte wären bald Millionäre - leider sind es nur wenige Tage, dann haben uns unsere Schiffe verlassen, und Wilhelmshaven ruht wieder im tiefsten Frieden.

Dieses Mal ist der Abschied nicht so tragisch zu nehmen, in einigen Monaten sind die Schiffe wieder da zur Außerdienststellung, und dann geht's in die Winterquartiere, oder, wenn sich ein neues Bordkommando daran knüpft, auf längeren Urlaub.

Anders ist es, wenn ein Schiff auf einige Jahre ins Ausland geht nach Ostasien, Südafrika, Amerika, nach dem so gefürchteten Kamerun. Da steht man oben an der neuen Hafeneinfahrt. Das Schiff wird durchgeschleust; ein Winken mit den Händen, mit den Tüchern hin und herüber; die Kapelle spielt: „Muß i denn, muß i denn zum Städtele hinaus"; ein brausendes „Hurra!" und da gleitet es hinaus auf die wogende See. - Die Gattin, die Eltern, Geschwister, die von ihren Lieben haben scheiden müssen, sehen ihnen nach mit den Tränen des bittersten Schmerzes. - Und wie mancher ist nicht wiedergekehrt, ist dem Tropenfieber erlegen oder hat in den Wellen sein kühles Grab gefunden, oder auch, er kommt zurück, krank an Herz und Nieren. In den meisten Fällen wird er ja wiederhergestellt, der so schwer Leidende, doch es kann auch anders sein. Das sind die Schattenseiten des sonst so schönen interessanten Berufs des Marineoffiziers.

Ohne Trennung kein Wiedersehn! Abermals haben wir uns aufgemacht, um das Schiff, welches wir vor zweieinhalb Jahren mit unseren Segenswünschen begleiteten, zu begrüßen. Vom nördlichen Molenkopf hinaus, schweift unser Blick sehnsüchtig über das Wasser. Da taucht es am Horizont auf, es kommt näher und näher, schon sehen wir den Heimatwimpel gleich einem langen, weißen Bande im Winde flattern. Nun eilen wir zur Kammerschleuse - da stehen wir, wie damals, die Musik intoniert: „Wenn i komm, wenn i komm, wenn i wiederum komm." Dasselbe Bild, wie beim Abschied und doch - wie anders! Die Frau zeigt dem so schmerzlich herbeigesehnten Gatten strahlend die herangewachsenen, blühenden Kinder; Vater und Mutter tauschen einen innigen Blick mit dem zurückgekehrten Sohn - Tränen erglänzen im Auge, doch es sind Freudentränen!

Vor langer Zeit war auch eins von den Schiffen zurückgekehrt, ich glaube, es war die „Leipzig". Die Menge hatte sich bereits verlaufen, ich wartete auf meinen Mann, der auf der Signalstation beschäftigt war. Mein Blick fällt auf ein altes Mütterlein, ich nähere mich ihr und frage sie, ob sie jemand suche. „Ja, meinen Enkel, so'n ollen, leven Jung!" Er muß noch an Bord sein, denn unter den Beurlaubten hat sie ihn nicht entdeckt. Sie hat ihn aufgezogen, seine Eltern sind lange tot, ihr kleines Anwesen soll er bewirtschaften und später erben. -

1890: „Kaiser Wilhelm II. in Wilhelmshaven: Die Signalisierung der mit dem Kaiser nach Wilhelmshaven zurückkehrenden Uebungsflotte auf der alten Mole am 22. April."

Zwei Stunden ist sie marschiert, die alte Frau, sie ist „int säbenundsäbendtigste" und sie will heute Abend noch zu ihrem Gerhard in ihr Heimatdorf zurück. Ich kann ihr ja wenig zu ihrer Beruhigung sagen. Mittlerweile ist ein mir bekannter Offizier an Land gekommen. Nachdem ich die Alte nach dem Namen ihres Enkels gefragt habe, er heißt Cassens, wende ich mich an den Leutnant B. Leutnant B. besinnt sich nicht lange. „Mein Gott! Matrose Cassens, ist auf der Reise von England hierher über Bord gefallen und ertrunken." - Was nun anfangen? Die Wahrheit konnten wir der Großmutter nicht mitteilen! Ich sagte ihr, der Enkel habe noch Dienst an Bord, sie könne nicht auf ihn warten; er würde am andern Tage nachkommen. Traurig machte sich die arme Frau auf den Heimweg, nicht ahnend, was sie verloren.

Seit einer Reihe von Jahren war unsere Marine von Unglücksfällen verschont geblieben. Seitdem die „Frauenlob", das Schiff, aus den Gaben deutscher Frauen erbaut, in den chinesischen Gewässern im Taifun, das Segelschiff „Amazone" an der holländischen Küste untergegangen, war kein Opfer wieder gefordert worden.

Da brach es am 31. Mai 1878 über uns herein. Der „Große Kurfürst" versank in die Tiefe. Es war ein ganz neues Schiff, welches zum ersten Male eine längere Reise antrat. Schon die Probefahrten waren nicht gut verlaufen, eine üble Vorbedeutung. Das Geschwader, welches am Nachmittag des 29. Mai hinausging, bestand aus den Schiffen „König Wilhelm", Kommandant Kapitän z. S. Kühne, mit dem Geschwaderchef Admiral Batsch an Bord; S. M. S. „Preußen", Kommandant Kapitän z. S. von Blanc; S. M. S. „Großer Kurfürst", Komman-

Aviso „Falke"

dant Kapitän z. S. Graf von Monts. Es fehlten S. M. S. „Friedrich der Große", welches Schiff an der dänischen Küste bei Christianshaven Havarie erlitten, und der Aviso „Falke", der seine Besatzung nicht rechtzeitig an Bord nehmen konnte. Beim Hinausgehen bekam der „König Wilhelm" unklar Anker, so daß „Preußen" die Führung übernehmen mußte.

Am Abend des 31. Mai, am Freitag, erhielten wir die erste Kunde von dem Unglück. Der „Große Kurfürst", vom „König Wilhelm" gerammt, im Kanal vor Folkestone untergegangen. Niemand gerettet, so hieß es am Anfang. Freunde, Be-

S.M.S. „Großer Kurfürst" auf der Helling in Wilhelmshaven;
„Infolge eines Zusammenstoßes mit dem „König Wilhelm" ist er
am 31. Mai 1878 im englischen Kanal bei Folkestone gesunken."

kannte, denen man vor einigen Tagen Lebewohl gesagt, alle, alle auf dem Meeresgrunde! Gott sei Dank bewahrheitete sich die erste Nachricht nicht, doch über zweihundert deutsche Seeleute fanden ihren Tod in den Wellen. Sehr lobend sprach man sich über die Fischer von Folkestone aus, sie waren hilfsbereit bald mit ihren Booten zur Stelle gewesen. Die „Preußen" beteiligte sich nicht an dem Rettungswerk, konnte es vielleicht auch nicht, eine Frage, die damals vielfach erörtert wurde. - Noch unvergeßlich und in treuer Erinnerung sind mir diese schrecklichen Tage: am Freitag die Katastrophe vor Folkestone, am Sonntag das ruchlose Attentat auf unsern geliebten Kaiser. Es war fast zu viel! Man war ganz betäubt und konnte an nichts anderes denken als an die schrecklichen Stunden, die man durchlebt hatte.

Die, welche dem Wassertode entronnen, brachte die „Preußen" am darauffolgenden Mittwoch nach Wilhelmshaven zurück.

Mit dem ersten Zuge war die Gräfin Monts gekommen, und wir gingen nach den Molen. Auf der Straße rotteten sich die Arbeiter, die für den Tag auf der Werft frei bekommen, zusammen, laut äußerten sie sich in erbitterter Weise über das Unglück; ebenso staute sich an den Molen eine aufgeregte Menge, die ganze Schutzmannschaft war aufgeboten, etwaige Exzesse zu verhüten. Dann hatte man einen Kordon gezogen, der den Weg zum Anlegeplatz frei ließ. Auf dem Lotsendampfer fuhren wir zur „Preußen", wo die Gräfin Monts ihren geretteten Gatten in die Arme schloß. Die Kameraden hatten es aus allen Kräften verhindert, daß er seinen Entschluß, mit seinem Schiff unterzugehen, ausführen konnte.

Die Offiziere und Mannschaften wurden an Bord genommen, und so fuhren wir mit ihnen an Land. Ergreifende Szenen der Freude und des Schmerzes spielten sich ab. Die Geretteten wurden von den Ihrigen glückstrahlend empfangen; schwarzgekleidete Frauen drängten sich an die Matrosen heran, um etwas Näheres über das Ende des Gatten, des Sohnes, des Verlobten zu erfahren. - Ein Vater, dessen einziger Sohn unter den Ertrunkenen war, brach in laute Verwünschungen aus; sein vor Wut und Schmerz verzerrtes Gesicht habe ich lange nicht vergessen können.

Die Volksstimme gab die Schuld an dem Unglück dem Geschwaderchef, mit Unrecht, wie sich bald herausstellte; ebenso wenig traf sie den Kommandanten des „Großen Kurfürst". Ihm hat man allerdings das Leben recht schwer gemacht. Dreimal wurde er vor ein Kriegsgericht gestellt, und ebenso oft freigesprochen; doch bis weit in den Herbst hinein währte dieses häßliche Nachspiel der Katastrophe von Folkestone, die auf einen oben gegebenen, unten am Steuerruder falsch verstandenen Befehl zurückgeführt wurde.

Unsere Marine hat, wie statistisch nachgewiesen, im Laufe der Jahre weniger Schiffe verloren, als die Marinen anderer Staaten. - Auf den „Großen Kurfürst" folgte S. M. S. „Augusta", Kommandant Kapitän z. S. von der Gröben. Das Schiff war auf der Ausreise nach Ostasien. Als man längere Zeit keine Nachricht bekam, legte es sich wie ein banger Druck auf

um 1876: Korvette „Leipzig" im Bauhafen

die Gemüter. Die schlimmsten Befürchtungen wurden zur Wahrheit, man hat nie wieder etwas von der „Augusta" gehört. - Je älter man wird, um so rascher fliegen die Jahre dahin! So ist es mir noch wie heute, als abermals eine Schreckenskunde uns in Trauer versetzte.

14
Die Frauen der Marine – Admiral Stosch und General Caprivi – Graf Monts Chef der Nordseestation – Tanzkaffee bei Exzellenz und Weihnachten – Das Original Gottlieb Radecke

Wir waren beim Einüben zu einem Wohltätigkeitskonzerte, über welche so oft ein Unstern waltete. Bei einer Probe im „Parkhause" waren wir zu einer Verzögerung gezwungen, weil die fehlende Partitur herbeigeschafft werden mußte. „Bis jetzt scheint ja sonst alles ausnahmsweise glatt zu gehen", sagte ich, und wir sprechen noch über die Hindernisse, die sich manchmal aufgetürmt hatten, da kommt der Herr mit den Noten zurück - „nun können wir endlich anfangen." Aber wie sieht er aus, ganz blaß und verstört, kaum vermag er vor Aufregung zu sprechen: „Drei unserer Schiffe vor Apia im Orkan gestrandet!" - Wir waren wie gelähmt und gingen still auseinander.

Etwas Näheres erfuhren wir baldigst. Die Schiffe „Olga" und „Adler" waren schwer beschädigt, das Kanonenboot „Eber" ging unter; leider waren auch Verluste an Menschenleben zu beklagen. Das Unglück ereignete sich am 16. März 1889. 25 Jahre früher, auch am 16. März, trugen die Schiffe „Arkona",

Albrecht von Stosch, 1818 – 1896, General, als Admiral Chef der Admiralität von 1872 - 1883

„Nymphe" und „Loreley" bei Jasmund über die Dänen einen glänzenden Sieg davon. – Wir haben über dreißig Jahre in dem Offizierkreis der Marine gelebt, einen großen Teil der Familien wie von den unverheirateten Offizieren kennen gelernt, sind vielen näher getreten und haben uns nach und nach im Laufe der Jahre mit manchen eng angefreundet. Daß man da einen Einblick gewinnt in die Verhältnisse, ist ja natürlich.

Hier möchte ich besonders der Frauen der Marine gedenken, die schwere Zeiten durchzumachen haben während der langen Trennung von den Männern. Die Frau des Marineangehörigen ist dann ganz auf sich selbst gestellt, sie allein ist verantwortlich für die Verwaltung des Hauses, der Finanzen, für die Erziehung der Kinder. Ich habe so häufig von Marinefrauen die Äußerung gehört: „Hätte ich es mir vorher klar gemacht, was es heißt, wenn man manchmal jahrelang allein sein muß, die bange Sorge hat, kehrt dein Mann zurück, gesund, wie er fortgegangen, darfst du ihn wieder in deine Arme schließen - dann hätte ich keinen Marineoffizier geheiratet." Und doch, glaube ich, man darf mit vollem Rechte die Behauptung aufstellen, es gibt nirgend mehr glückliche Ehen, als unter den Angehörigen Seiner Majestät Marine - natürlich auch hier keine Regel ohne Ausnahme. - Der Mann weiß erst in seinem ganzen Wert eine gemütliche Häuslichkeit, das Familienglück zu schätzen, wenn er auf längere Zeit draußen war; ebenso ist es mit der Gattin, die ihren Mann hat entbehren müssen. Die Flitterwochen, die anderen nur einmal vergönnt sind zu erleben, in der Marine wiederholen sie sich mit jedem erneuten Zusammensein. Denn der Gedanke, wie lange habt ihr euch, macht, daß Mann und Frau sich eng aneinander schließen - es kann ja wiederum ein unverhofftes Bordkommando erfolgen. Das Damoklesschwert schwebt stets über dem Haupte einer Marinefrau!

Nach dem Untergang des „Großen Kurfürsten" wurde das Geschwader aufgelöst und auch für den Sommer keines wieder gebildet. Der Chef des Geschwaders, Admiral Batsch, kehrte auf seinen Posten der Nordseestation nach Wilhelmshaven zurück.

Batsch war ein liebenswürdiger Herr, der in dem Rufe stand, ein sehr tüchtiger Seeoffizier zu sein. Als junger Leutnant war er länger in Heppens gewesen und hatte als eifriger Spaziergänger vielfach die Umgegend durchstreift; so gewann er Interesse für Land und Leute und für die Geschichte des Jeverlandes. - Als Batsch Stationschef in Wilhelmshaven wurde, setzte er seine Forschungen fort. Seinen Wissensdurst zu befriedigen, wanderte er täglich gen Kniphausen; kein Wetter konnte so schlecht, kein Schnee so hoch sein, daß Batsch sich nicht durcharbeitete. - Dort in der alten Burg hauste einsam ein pensionierter gräflich Bentinckscher Beamter, Kanzleirat Bunjes. Der mußte nun Batsch aus früherer Zeit berichten, von den Kriegszügen, dem Leben der Altvordern, den Überschwemmungen, die das Land heimgesucht hatten. Wir begegneten uns auf diesem Gebiet, auch ich konnte Batsch manches erzählen von dem, was ich in alten Chroniken gelesen und was ich von meinen Eltern gehört hatte.

Batsch wurde nach einem Jahr nach Kiel versetzt, Admiral Berger bekam nach ihm die Nordseestation. – Mit der Familie

Leo Graf von Caprivi, 1831- 1899, 1883 als Generalleutnant Chef der Admiralität, 1890 Reichskanzler als Nachfolger Bismarcks

Berger unterhielten wir einen lebhaften Verkehr, die Bergerschen Kinder waren mit den unsrigen im gleichen Alter. Mit der Admiralin war ich herzlich befreundet; sie war eine gemütvolle, kluge Frau, gewandt in fremden Sprachen, es kam ihr als Frau Stationschef bei öfterem Besuch ausländischer Offiziere sehr zu statten. Wie gern gedenke ich noch der vielen gemeinsam verlebten Stunden, der fröhlichen Sylvesterabende, die wir stets bei Bergers verlebten, wo wir Blei gossen, uns das allerbeste wünschten für das kommende Jahr; wohlgemeinte Wünsche, die sich nicht immer erfüllten.

Auch die lieben Bergers sind schon beide heimgegangen; ich habe ihnen ein dankbares Plätzchen in meiner Erinnerung bewahrt.

Im Frühjahr des Jahres 1883 nahm Admiral Stosch seinen Abschied, wiederum trat ein General der Armee an die Spitze der Marine: Caprivi. Man setzte große Hoffnungen auf ihn; weniger angenehm war es den jungen Offizieren, die unter den alten Bedingungen heiraten konnten - er erhöhte die Kaution. Caprivi war Junggeselle und hatte daher kein fühlendes Herz für die, welche sich nach einer Lebensgefährtin sehnten. Er sagte mir einmal, er betrachte es als Unsinn, wenn der Marineoffizier sich eine Frau anschaffe, der Seemann müsse los und ledig bleiben, seine Heimat sei sein Schiff.

Kaum war Caprivi zum Höchstkommandierenden ernannt, wurde Graf Monts Chef der Nordseestation. Der Graf und die Gräfin waren wie geschaffen für diese Stellung, was sie für die Geselligkeit getan haben, ist unvergessen geblieben. - Segensreich waltete die Gräfin in Bezug auf den jungen Offizier. Jeder wußte, er fand abends im Montsschen Hause ein Heim, war nicht auf die Kneipe und das Kasino angewiesen. Ich habe es häufig erlebt, daß sich so nach und nach eine ganze Tafelrunde einfand, und immer reichte es für alle. In späteren Jahren sagten mir noch ältere Stabsoffiziere, daß sie der Gräfin Monts, ihrer Gastfreundschaft, viel, sehr viel zu verdanken hätten. Doch nicht allein der junge Offizier, auch die Familien schätzten das gastliche Haus. Wir Damen vereinigten uns nachmittags bei der Gräfin zu einem Kaffeeschwätzchen. – Von fünf Uhr an fing das Eckzimmer auf dem rechten Flügel der Station, das Wohnzimmer der Gräfin, an, sich zu füllen. Das war dann wie ein Taubenschlag, und jede wurde herzlich willkommen geheißen. Der Mokkabrunnen versiegte nie und mit dem Kuchenvorrat war es wie mit den Broten in der Wüste. – Jocco, das Äffchen saß in seinem abgedankten Blumenkorb und knabberte Nüsse und sah uns nach der Reihe sehr pfiffig an.

Wenn die Arbeiten für die Weihnachtsbescherungen des Vaterländischen Frauenvereins beendet waren, dann nähten wir noch im kleinen Kreise für die Privatarmen Ihrer Exzellenz. Am Tage des heiligen Abend fuhr die Gräfin in einem mit Weihnachtskörben reich bepackten Landauer zu den Hilfsbedürftigen, für die sie sich interessierte, überall Freude und Segen spendend, wohin sie kam. Dann erhielt auch Gottlieb Radecke seinen Teil.

Wer war Gottlieb Radecke? Lange Zeit eine bekannte, populäre Persönlichkeit in Wilhelmshaven. - So wie Berlin einstens, ehe es Weltstadt wurde, seinen Pietsch hatte, den jedes Kind kannte, und wo die Berliner Straßenjungen, wenn er sich am Horizont zeigte, schrien: der Pietsch kommt! so hatte

Wilhelmshaven seinen Gottlieb Radecke. Ich sehe ihn noch vor mir mit den strohgelben Haarstoppeln, die jedes Kammes spotteten, den Glotzaugen, der Gurkennase in dem rosig angehauchten Gesicht - eine Schönheit war Gottlieb nicht. Radecke war Wirt des adeligen Klubs in Celle gewesen; er kannte nebenbei den ganzen hannoverschen Adel und seine Stammbäume. Man sagte, er habe zu sehr den großen Herrn gespielt, war vielleicht auch selbst sein bester Gast und da habe ihn seine energische Gemahlin an die Luft gesetzt. Nun wurde er Oberkellner in Varel im „Hotel Ebolé" - Im Jahre 1870, als der Krieg ausbrach, erhielten die Vareler die erste Siegesbotschaft durch Gottlieb Radecke. Mit bloßem Kopf, das Telegramm in der hochgehobenen Rechten, rannte er durch alle Straßen, den Sieg von Weißenburg verkündend. So machte er nach jeder gewonnenen Schlacht seinen Rundgang und legte sein Heroldsamt erst nieder, als die Friedensglocken ertönten.

Als in Varel das „Hotel Ebolé" in andere Hände überging, zog Gottlieb nach Wilhelmshaven, dem Dorado so mancher verkrachten Existenz. Dort wurde er Lohndiener, da er aber bis zum Schluß der Feste nicht immer ganz intakt blieb, hatte er in der Karriere kein Glück. Darauf engagierte ihn die Hafenkommission als Boten. In dieser bevorzugten Stellung kam er sich ungeheuer wichtig vor, ließ sich Visitenkarten drucken: Gottlieb Radecke, Beamter der Hafenkommission. Ein Stückchen Land, ihm umsonst pachtweise überlassen, bebaute er sich mit Gemüse aller Art, Kohl, Rüben und so weiter, und wurde nun aus finanziellen Gründen Vegetarier. In seiner Jugend hatte er bei der Kavallerie gedient und interessierte sich infolgedessen lebhaft für den Pferdesport. Bei landwirtschaftlichen Rennen, bei festlichen Aufzügen an besonderen Erinnerungstagen, ja sogar, wenn Kunstreiter durch die Stadt ritten, plötzlich tauchte Gottlieb Radecke auf. Er saß dann auf dem traditionellen, weißen Schimmel, in etwas fragwürdigem Reitkostüm, den Hut in der Hand, mit der Reitgerte nach allen Seiten huldvoll grüßend.

Ob ihn sein kleines Amt hinreichend ernährte, bezweifle ich, er hätte es besser haben können. Seine Töchter, die tüchtige Sängerinnen waren - die eine heiratete einen russischen Grafen -, hatten ihm ein bequemes, angenehmes Leben bereiten wollen, doch Gottlieb weigerte sich standhaft; er hungerte lieber, als daß er sich von seinen Töchtern ernähren ließ. Nachdem er vom Hafenbau seinen Abschied erhalten, schon längere Zeit gekränkelt hatte, durcheilte eines Tages die Trauerbotschaft die Stadt: Gottlieb Radecke ist nicht mehr. Wilhelmshaven war um ein Original ärmer geworden.

15
**Kaisergeburtstagsfeier – Stapelläufe –
Der Kommandant S.M.S „Mars" – Kinderfest auf
dem „Mars" – Caprivis Namen im Kindermund –
Blumenkorso – Nachtschießen auf der Jade**

Der Geburtstag Sr. Maj. des Kaisers wird zuerst vom Militär, dann aber auch in allen Schichten der Bevölkerung gefeiert, für eine Woche und darüber ist ganz Wilhelmshaven in einem Freudentaumel.

Am 22. März, dem Geburtstage Kaiser Wilhelms I., fand die Parade auf dem Adalbertplatze statt, jetzt, am 27. Januar, auf welches Datum der Geburtstag unseres Kaisers Wilhelm II. fällt, ist man meistenteils gezwungen, die Parade auf den Platz der Hafenkaserne zu verlegen. Der Winter ist eine ungünstige Jahreszeit für das Marschieren der Truppen, denn der Adalbertplatz ist schwer begänglich, wenigstens, was die Rasenfläche anbelangt.

Für die Gemahlin des Stationschefs war der Geburtstag des Kaisers in alter Zeit ein anstrengender Tag. Da war zuerst die Feier im Gymnasium, der sie beiwohnte, dann die kirchliche Feier. Mit den ersten Böllerschüssen eilte man zur Station, wo Frühstück für eine große Anzahl von Personen bereitet war. Nachmittags gab die Admiralin den Kaffee für sämtliche

Prinz Heinrich von Preußen, 1862 – 1929, Bruder von Wilhelm II. – nach Prinz Adalbert der zweite Hohenzoller, der in der Marine diente.

Offiziersdamen. Abends wurde von ihr erwartet, daß sie ein Kompagniefest besuchte. In früheren Jahren hatte man für die Kompagniefeste kein anderes Lokal als den Kaisersaal im „Hotel Thomas" („Berliner Hof"). Das Seebataillon feierte im „Hotel Keese", jetzigem „Prinzen Heinrich". Heute sind alle Bühnensäle Wilhelmshavens zu den Festen der verschiedenen Kompagnien auf ein bis zwei Wochen besetzt, Abend für Abend wird gefeiert.

Als wir noch jünger waren, versäumten wir nicht gern ein Kaisergeburtstagsfest. Was dort von den Mannschaften geleistet wird, ist manchmal bewunderungswürdig, besonders die Turner sind ausgezeichnet. Eine Unsumme von Mühe und Arbeit hat der Offizier, der das ganze leitet; ein sprödes Material ist es, welches er zu bearbeiten hat; ein Theaterstück einstudieren, ist nicht so leicht, wie man denkt. – Matrose Johannsen ist blond, hat Mittelgröße, mädchenhafte Züge, trägt keinen Bart und ist aus diesen schwerwiegenden Gründen dazu bestimmt, die Rolle der Liebhaberin in einem kleinen Einakter zu spielen. In der Mannschaftsstube sitzt er und lernt, daß ihm der Kopf raucht, er hält sich beide Ohren zu, denn um ihn herum lärmen die Kameraden. Oh, Robert, wie liebe ich dich, liebe ich dich, memoriert er – dann schlägt er wütend das Heft zu: „Bi so'n Schkandal soll man nu lihren!" Doch morgen ist die letzte Probe, da muß er seinen Part wissen, sonst wird er wieder heruntergemacht, ach! und wie manchen Rüffel hat er sich schon besehen. So fährt er resigniert fort: aber ich armes, unglückliches Mädchen! „Oh hah! Nee, wat nich geiht, dat geiht nich, dat krieg ich nich binnen!" Sein letzter Rettungsanker in der Not ist Kamerad Knüllecke, der

Souffleur, der muß helfen! – Vormals wurden die weiblichen Rollen, wie zu Shakespeares Zeiten, stets von Männern gespielt, jetzt nimmt man häufig Frauen und Mädchen dazu; sehr schade, den die zarte Weiblichkeit in Soldatenstiefeln war von drastischer Wirkung.

Ich erinnere mich gelegentlich eines Seebataillonsfestes einer Szene bei einem Gesindevermieter. Fünf oder sechs Mädchen sitzen auf einer Bank und werden einzeln von dem Mann aufgerufen. Eine ist noch übrig: Hulda Niedlich, Mädchen für Alles. „Hulda, treten Sie näher." „Hier!" sagt Hulda Niedlich im tiefsten Baß, mit wahrer Bärenstimme. Dann erhebt sich ein baumlanger Soldat. Er hat ein hellgeblümtes Kattunkleid an, welches mindestens einen Viertelmeter zu kurz ist, darunter hervor sehen Füße, wie Oderkähne, die in großen, plumpen Stiefeln stecken, eine weiße Schürze hat sich die holde Schöne um die mächtige Taille gebunden, auf dem schwarzen, struppigen Haar sitzt ein kokettes Hamburger Häubchen. Als Hulda Niedlich mit drei Schritten die Bühne nahm, war die Komik so überwältigend, daß das ganze Publikum jubelte.

Manchmal sind Artisten unter den Aufführenden, Akrobaten, Salonhumoristen, die vielfach im Wintergarten und anderen Spezialitätentheatern der großen Städte debütierten, die sind dann ganz hervorragend. – Die Aufführung beginnt mit Musik, der Feldwebel verliest eine Festrede, dann folgt ein lebendes Bild. Der Kommandant bringt das Hoch auf Se. Majestät aus, die Kaiserhymne wird stehend angehört, nun abwechselnd Turnen, Theater, zum Schluß Musik. Der leitende Offizier kommt blaß, erschöpft von der Bühne, seine wohlverdienten Lobsprüche in Empfang zu nehmen.

Nach einem von den Offizieren und ihren Damen und den von ihnen Geladenen eingenommenen Abendbrot beginnt die Polonaise; nun folgen Rundtänze, von denen man sich noch ein oder zwei ansieht, um dann sehr befriedigt heim zu gehen. Das Vergnügen währt bis zum Morgen. Es gibt weibliche Wesen, die, wenn Wilhelmshaven im Zeichen der Kompagniefeste steht, das weiße Wollkleid oder die seidene Bluse kaum ablegen, Abend für Abend wird die ganze Nacht durchgetanzt. –

Nicht nur der Geburtstag unseres Kaisers macht die Herzen höher schlagen, Wilhelmshaven hat noch Festtage, wie sie nur eine Hafenstadt haben kann, und die sich glänzend abheben von dem täglichen Einerlei.

*1890: „Taufe und Stapellauf des Minendampfers „Pelikan"
in Gegenwart des deutschen Kaisers"*

Seit im September 1871 „Loreley die erste" von ihrem mit Seife beschmierten Schlitten ohne Sang und Klang ins Wasser glitt, hat sich die Feierlichkeit eines Stapellaufs häufig wiederholt. Freudige Erregung bemächtigt sich der Gemüter, und wie fühlen wir uns erst gehoben, wenn der Kaiser selbst uns die Ehre erzeigt, das Schiff zu taufen; das ist dann ein hoher Feiertag für unsere junge Marinestadt, die ihre Freude durch reichen Flaggenschmuck kundgibt; ebenso hat die Werft ihr Festkleid angelegt. Von Tor I bis zu der Helling, von der das Schiff ablaufen soll, ist die Straße mit weißem Sand bestreut und von Flaggenmasten umsäumt. Südlich von dem Schiffsrumpf ist eine Tribüne für die Damen aufgebaut; rechts sitzen auf ihren numerierten Plätzen genau nach der Rangordnung die Frauen der Offiziere und Beamten; links alle diejenigen, denen es gelungen ist, eine Einladungskarte zu erhalten. Die Damen in ihrem schönsten Putz, einem buntfarbenen Tulpenbeet zu vergleichen. - Der Täufling ist bekränzt mit Grün und mit Fähnchen geschmückt, die überdachte Taufkanzel am Bug ist mit Flaggen drapiert, links davon haben sich die Offiziere und Beamten der Marine in Gala-Uniform aufgestellt.

Auf die Minute erscheint Se. Majestät mit Gefolge. Er besteigt die Kanzel und hält eine seiner wundervollen Reden. Dann verkündet er den Namen des Schiffes, welches bisher nur mit einem Buchstaben bezeichnet war, er erfaßt die an Bändern in den deutschen Farben befestigte, mit deutschem Schaumwein gefüllte Flasche und zerschellt sie am Bug; die weißen Flocken zerstieben in der Luft. Nun wird mit Beilhieben der Koloß aus seinen letzten Banden befreit, er gleitet hinab in die Flut unter den Hurrarufen und dem Jubel der Menge.

Eines gehört zum Stapellauf, etwas, was uns nur eine höhere Macht gewähren kann, das ist gutes Wetter, Sonnenschein; aber Frau Sonne darf nicht tückisch sein und ihr Antlitz während der Feierlichkeit hinter Wolken verbergen, die dann Tropfen auf Tropfen herabsenden zum Verderben der hellen Seidenkleider der Damen, der Gala-Uniformen der Herren. Da ist es noch besser, man weiß von vornherein, woran man ist und bewaffnet sich mit einem Regenschirm; allerdings fallen wir dann dem Fotografen zum Opfer, auf dessen Aufnahme man von den schönen Frauen Wilhelmshavens nichts sieht; sie sind wohlgeborgen unter einem großen Dach von schwarzseidenen Regenschirmen; solch ein Bild bietet einen sehr komischen Anblick.

1885: Stapellauf der Kreuzerfregatte „Charlotte" in Wilhelmshaven

Im Jahre 1885 taufte die Erbprinzessin von Meiningen das Schulschiff „Charlotte". Es war ein herrlicher Septembertag. Noch sehe ich sie vor mir, die hübsche, anmutige Prinzeß, in heller, duftiger Sommertoilette, das Hütchen mit rosa Rosen auf dem schönen, blonden Haar.

Nach dem Stapellauf fand auf S. M. Artillerieschiff „Mars" zu Ehren der Frau Prinzessin ein Diner statt. Darauf folgte eine Vorstellung der Matrosen des „Mars". Sie zeigten in phantastischen Kostümen und Verkleidungen ihre Schwimmkünste. Ihre Königliche Hoheit soll sich sehr darüber amüsiert haben. Den überaus reichen Blumenschmuck der Tafel zu sehen, war nur unserer Exzellenz Monts vergönnt, sie war die einzige Dame der Marine, welche an dem Diner teilnahm. Der liebenswürdige Kommandant des „Mars" sann nach, wie er seinen übrigen Freundinnen Gelegenheit geben dürfte, sich noch anderen Tags an den hübschen Arrangements auf seinem Schiff zu erfreuen. Dabei erinnerte er sich, daß in einem spanischen Hafen die Senoras einmal ein deutsches Kriegsschiff überfallen und regelrecht erobert hatten – eine Assolta nannten sie es in ihrer Sprache. Herr von B. also hin zur Gräfin Monts, sie seinen Pläne geneigt zu machen; auch wir Damen sollten eine Assolta (Überfall) ins Werk setzen und so geschah es. Bewaffnet mit Blumenmunition überfielen wir den „Mars", und nur zu gern ergaben sich unsere galanten Marineoffiziere dem schönen Geschlecht. Triumphierend kletterten wir an Bord, erstürmten die Offiziersmesse, wo alles zu unserem Empfang bereit war – also einen Verräter hatte es doch gegeben. Die Kaffeetafel war gedeckt, mit den schönen Blumen geschmückt, die zu bewundern wir gekommen waren.

Artillerie-Schulschiff „Mars" unter Dampf; an Sonntagnachmittagen gab es zuweilen Familiengesellschaften an Oberdeck - die Mannschaft durfte ihre Angehörigen einladen.

Nach der Flaggenparade verließen wir das Schiff mit dem Bewußtsein, sehr vergnügte Stunden verlebt zu haben auf S.M.S. „Mars".

Reizende Feste verstand Herr von B. zu geben. So erinnere ich mich eines Balles auf dem „Mars", wo zum ersten Mal das elektrische Licht zur Verwendung kam. Das Verdeck hatte man in einen Tanzsaal verwandelt. In der Mitte sandte ein Springbrunnen seine silbernen Strahlen in die Luft, umgeben war derselbe von Blattpflanzen und Lorbeerbäumen. Da wo es sich anbringen ließ, war der improvisierte Ballsaal mit Flaggen und Waffen überaus geschmackvoll dekoriert, ebenso war die Musik, die auf der Kommandobrücke spielte, hinter Flaggen und Grün versteckt. Aus Tannenzweigen hatte man lauschige Nischen geschaffen für die Nichttanzenden und für den Flirt, das ganze, bestrahlt von weißem und farbigem Licht, wirkte zauberhaft. - Caprivi, unser Höchstkommandierender, nahm an dem Fest teil und äußerte sein Entzücken. Ich hörte, wie er zu einer Dame sagte, er habe so etwas eigenartig Schönes, wie dieses „Mars"-Fest, noch nicht mitgemacht.

Als der Ball sich seinem Ende nahte, setzte sich Herr von B. auf einen Augenblick zu mir: „Was soll nun aus dem Kuchen werden, der übrig geblieben ist, gnädige Frau, es wäre doch schade, ihn über Bord zu werfen!" Ich wußte ja sofort, was der gute Onkel B. vorhatte, und da sagte er es auch schon: „Wissen Sie was, die Kinderchen müssen morgen kommen, die beau reste zu verzehren, hernach können sie etwas tanzen." Sofort wurden nun die Mütter, die dort waren, benachrichtigt; natürlich waren sie sehr mit dem Vorschlag einverstanden.

Am andern Tage, einem Sonntag, teilten wir es den Kindern mit, die selig waren. Um drei Uhr nachmittags zogen wir aus mit unserer kleinen Schar. Das war ein unbeschreibliches Vergnügen, das ganze Schiff wurde besichtigt, dann der Kuchen zur Schokolade bis auf den letzten Rest verzehrt. Als die Kleinen später unter Aufsicht mehrerer Kinderfräuleins oben Gesellschaftsspiele spielten und tanzten, sahen Caprivi, der auch wieder da war, und B. strahlenden Auges dem Treiben der kleinen Leute zu.

Caprivi war gewiß ein Kinderfreund, denn er beschäftigte sich viel mit ihnen. Ein kleines, süßes Ding nahm er auf den Arm und ließ sich von ihm den Bart zausen, zwei faßten ihn zutraulich an der Hand und zogen ihn in den Kreis hinein, er sollte mit ihnen Blindekuh spielen. Ein flachsköpfiger Naseweis stellte sich vor Caprivi hin und fragte: „Onkel, wie heißt Du eigentlich?" Caprivi lachte: „Ja, Kinder, ich habe einen langen Namen, ich will ihn euch vorsagen und wer ihn richtig nachspricht, bekommt eine Tafel Schokolade!" Nun drängten sich alle hinzu, die großen Kinderaugen erwartungsvoll auf Caprivi gerichtet. „So, jetzt paßt auf: Caprivi, Caprava, de Monte Cuculi!" Alle schwiegen. Eines rief: „Ach, Onkel, das ist gar nicht wahr." - „Ruhig, ich sage es nochmal: Caprivi, Caprava, de Monte Cuculi!" „Caprivi, Caprava" - weiter kamen sie nicht, bei Monte Cuculi stockten sie; dieser Monte war wirklich ein Berg, über den sie nicht hinüber konnten. Meine Jüngste sagte hernach: „Du, Mama, dieser Caprivi, Caprava, war furchtbar nett!"

1883: „Kammerschleuse der neuen Hafeneinfahrt zu Wilhelmshaven"

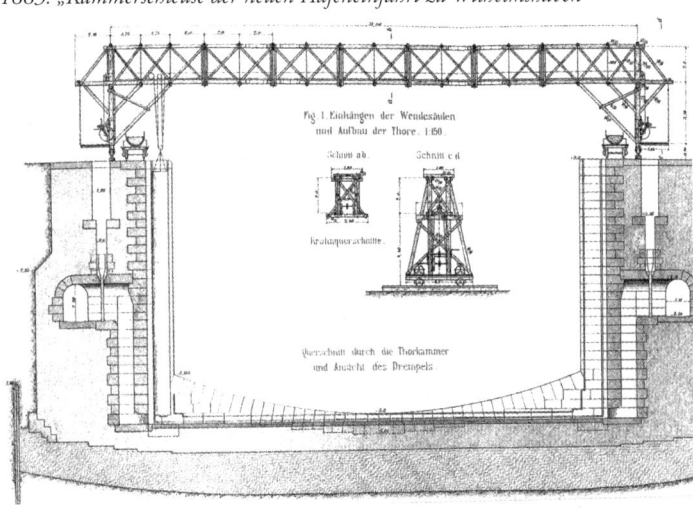

Herr von B. nahm so sehr Teil an dem Vergnügen seiner kleinen Gäste, daß die Erwachsenen ganz in den Hintergrund traten. Daran, daß auch wir einer Erfrischung bedurften, dachte er nicht, doch genügte eine zarte Anspielung unsererseits. „Möchten die Damen nicht ein Schälchen Kaffee nehmen, der Mokka wird sonst kalt, und schöner brauchen Sie ja nicht zu werden", sagte er, indem er sich galant verbeugte. Ach, wie gern folgten wir diesem Lockruf, und bald saßen wir im traulichen Kreise in der mit Blumen geschmückten Kajüte des Kommandanten und labten uns an dem Kaffee, der an Bord unserer Schiffe so vorzüglich ist. Der nette Caprivi unter uns, wie die Perle im Golde, er führte die Unterhaltung.

Im Laufe des Gesprächs wandte er sich an Frau von B., der Frau eines höheren Offiziers: „Nun, meine Gnädigste, sind Sie nicht froh, daß wir Ihrem Herrn Gemahl eine so hübsche Landstellung gegeben haben hier in Wilhelmshaven, wo es Ihnen doch gewiß ausgezeichnet gefällt?" „Exzellenz", sagte Frau von B. erregter als klug war, „wenn ich noch einige Jahre hier sein muß, dann bin ich tot!" Caprivi lächelte fein, darauf zu mir: „Wie lange sind Sie eigentlich schon in Wilhelmshaven?" - „Fünfundzwanzig Jahre, Exzellenz!" - „Sehen Sie, meine Gnädigste, und Frau von Krohn lebt immer noch!"

Trotz aller Gutmütigkeit hatte Herr von B. doch eine Marotte, er erteilte sehr ungern Urlaub. Als er auf dem „Mars" noch erster Offizier war und im Sommer das Schiff zu den Schießübungen vor Schillighörn lag, gab er, selbst, wenn die Offiziere schon von dem Kommandanten beurlaubt waren, einfach kein Boot. Er hatte auch später als Kommandeur das Bestreben, es den Offizieren und Mannschaften an Bord so gemütlich zu machen, daß ihnen die Sehnsucht, an Land zu kommen, ganz vergehen sollte. Bei den Offizieren hatte er damit kein Glück, bei den Mannschaften hat er in dieser Beziehung doch manches durchgesetzt.

Im Winter, wenn der „Mars" auf der Werft lag, wurde das Verdeck überdacht, ein großer, eiserner Ofen strahlte eine hübsche Wärme aus. Am Sonntagnachmittag hatten dann die Mannschaften die Erlaubnis, ihre Angehörigen, Mütter, Schwestern, Bräute, falls sie verheiratet waren, ihre Frauen an Bord zu sich einzuladen; natürlich wurde die liebe Familie erst verpflegt, und dann tanzte die ganze Gesellschaft auf dem Verdeck nach den Klängen einer Ziehharmonika. - Die Familien, in denen Herr von B. verkehrte, waren ein für allemal zu diesem Vergnügen eingeladen. Der berühmte Marsbär lag gemächlich ausgestreckt am warmen Ofen und tat keinem etwas, solange man ihn in Ruhe ließ, wenn aber einer versuchte, ihn zu necken, konnte er sehr ungemütlich werden. - Herr von B. hatte sein Schiff in tadelloser Ordnung, blitzblank war alles, besonders die Geschütze, an denen, wie man sagte, fortwährend herumgeputzt wurde.

Ich kann das Kapitel von B. nicht schließen, ohne des „Kinstlers" zu erwähnen. Dieser „Kinstler", ein Matrose, war in seinem Zivilverhältnis Anstreicher. Herr von B. wollte ein ungewöhnliches Talent an ihm entdecken und erlaubte ihm, dasselbe auf dem „Mars" zu betätigen, er prophezeite ihm eine große Zukunft. In den unteren Räumen wurde das Schiff nach und nach die reine Gemäldegalerie. Des „Kinstlers" Genre waren allegorische Fresken. Sehr wohlgenährte Putten, Amoretten in kräftigem Fleischton, auf ultramarinfarbenem Hintergrund, Gewinde von roten, stark aufgeblühten Rosen in den Händen haltend. Herr von B. war entzückt, kleine Fehler, wie ein verzeichnetes Bein, oder wenn der eine Arm etwas kürzer geraten war, wie der andere, übersah der Kunstmäcen mit nachsichtigem Wohlwollen. – Der Nachfolger des Herrn von B. hatte nichts eiligeres zu tun, als die Kunstwerke mit grauer oder schwarzer Ölfarbe überstreichen zu lassen, ein Vandalismus, für den ich keine Worte habe. Es ist nicht ausgeschlossen, daß Herrn von B.s' Protegé, dessen Namen ich nicht erfahren habe, wirklich ein großer Maler geworden, dann

1883: „Aufstellung der eisernen Tore der Seeschleuse für die neue Hafeneinfahrt"

wäre es ein Verrat an der Kunst, wenn man nicht die Ölfarbe abkratzte und die Fresken in neuer Schöne erstehen ließ.-

Das von Herrn von B. zu Ehren der Prinzeß Charlotte noch veranstaltete Schwimmfest war nicht das erste, wir hatten schon einige Male Gelegenheit, uns dieses so originelle Schauspiel mit anzusehen.

Wie erstaunt wird man sein zu hören, daß auch Wilhelmshaven einstens seinen Blumenkorso hatte. Nicht, wie in Kiel in der berühmten Kieler Woche, die Boote geschmückt mit duftiger Gaze, mit in den schönsten Farben prangenden künstlichen Blumen, o nein, ganz einfach, wie man es ja bei uns nicht anders herstellen konnte; dafür hatten wir aber den Vorzug, daß unser Fest nicht verregnete. Die Idee hatte der jetzt lange verstorbene Kapitän Wm., er stellte auch die Boote. Nun gings zuerst ans Plündern der Gärten, ich glaube, der Stationsgarten wurde vollständig ausgeräubert, trotzdem mußten noch Wiesenblumen zu Hilfe genommen werden. Sträußchen wanden wir Damen, jede hatte ihr Körbchen mit Munition, und so bewaffnet, zogen wir nach den Molen, wo die Boote, hübsch geschmückt, zur Abfahrt bereit lagen. Das Wilhelmshaven gegenüberliegende kleine Seebad Dangast, Anfang dieses Jahrhundert von einem Vareler Grafen Bentinck gegründet, war unser Ziel. Kaum abgesegelt, begann schon die Blumenschlacht. Hinüber und herüber flogen die Sträuße, manch Witzwort wurde schlagfertig erwidert, dann aber hatten wir nichts mehr zum Werfen und da hieß es: was singen! Unser Bariton schmetterte: „Das Meer erglänzte weit hinaus." Nun überkam auch uns die Sangeslust. Alle Lieder auf dem Wasser zu singen, wurden ausgegraben: „Das Schiff streicht durch die

Wellen, Fridolin", "Treibe, treibe, Schifflein, treibe" und selbstverständlich: "Ich weiß nicht, was soll es bedeuten, daß ich so traurig bin." Wo sind Deutsche vergnügt zusammen ohne dieses schöne Lied? Als der Schiffer mit seinem Kahn verschlungen war von den Wellen, ging es auch mit uns zu Ende; wir waren erschöpft und ganz heiser geworden.

Nach einstündiger Fahrt langten wir in Dangast an, erklommen die Brücke unter vielen Fährlichkeiten, gingen über den langen Steg mit Zittern und Zagen und erholten uns im Konversationshause von den Strapazen bei dem berührten Dangaster Kaffee und mitgenommenem Kuchen.

Nun das herkömmliche Programm - gesellschaftliche Spiele, Tanzen nach den Klängen eines Piano, einige Sammelwütige suchten Muscheln am Strande - bis es Zeit war, wieder abzusegeln. Unsere Rückfahrt dauerte etwas länger, sie war sehr schön. Der Abend war köstlich, die See leicht bewegt, die Luft abgekühlt nach einem heißen Julitage. Natürlich gingen wir noch ins Kasino, es wurde, wie so oft, auch dieses Mal betont: "Es ist doch ein angebrochener Abend!"

- Wir hatten uns einmal wieder herrlich amüsiert in der guten, alten Zeit im lieben Wilhelmshaven. -

An dem Nachtschießen auf der Jade war damals lebhafte Beteiligung. Wenn das Wetter schön, machten wir uns gegen zehn Uhr abends auf nach „Fort Heppens". Unsere Gräfin nahm einen Wagen, weil sie den ziemlich weiten Weg nicht gern zu Fuß machte; wurde man mitgenommen, war man sehr dankbar. Der Wagen hatte für uns alle noch eine angenehme Bedeutung. Unsere liebenswürdige Marinemutter führte darin eine Unmenge Proviant mit sich: belegte Brötchen, Wein und den für die Herren so willkommenen Kognak - und wie angenehm war eine Herzstärkung, wenn wir einige Stunden draußen kampiert hatten.

Das Schießen begann nach angebrochener Dunkelheit - ein interessantes Schauspiel - der Blitz aus dem Kanonenrohr, der weiße Dampf, welcher sich entwickelt, die Kugel, wenn sie aufschlägt im Wasser; dann die Scheiben hell beleuchtet, Raketen steigen auf, der Scheinwerfer auf dem Molenkopf beleuchtet mit seinen Strahlen etwas indiskret die malerischen Gruppen auf dem Rasen. Spät erst finden wir den Schlaf; vor unsern geschlossenen Augen flimmert es von Sternen und Leuchtkugeln in den herrlichsten Farben.

um 1890: „Panzerschiff mit gefesseltem Ballon und S.M.S. Panzerschiff „Siegfried" aus Wilhelmshaven fahrend"

16
Eine Landpartie im Regen – Kniphausen – Aus der Chronik der Reichsgrafen von Varel und Bentinck – Die Kinder von der Adalbertstraße – Der Wasserturm und Kommerzienrat Oechelhäuser – Denkmalsenthüllungen

Landpartien wurden nicht häufig gemacht; es ist ein etwas teures Vergnügen, ob man mit der Eisenbahn wegfährt oder sich einen Wagen spendiert, es bleibt sich gleich.

Auf dem Wasser ist schlechtes Wetter nicht gut zu vertragen, wie wir gesehen haben, auf dem Lande amüsiert man sich manchmal um so besser. - Einstmals fuhren wir los vom Stationsgebäude aus nach Sanderbusch. Auf offenen Wagen eine große Gesellschaft, die Musik voran, Die Partie war von unseren Junggesellen arrangiert, also opulent. - Körbe mit Sekt und Wein wurden mitgenommen, Gläser und Porzellan aus dem Kasino - oh weh, hernach die vielen Scherben! Es regnete, es goß in Strömen. Wir saßen in Regenmäntel eingemummelt unter aufgespannten Regenschirmen, trotz allem in guter Stimmung, acht Damen in einem Breakwagen, als die letzten. Unser Rosselenker hatte keinen Ehrgeiz, er ließ die anderen an sich vorbeifahren. Eine von uns rief ziemlich energisch: „Na, Kutscher, nun mal vorwärts, das ist ja eine wahre Schneckentour!" Er tat, als wenn er es nicht hörte. „Kutscher, bitte, etwas rascher fahren!" Nun wandte sich der Fahrer um. „Ich bin kein Kutscher, ich bin der Fuhrherr, mir gehören Pferde und Wagen, ich fahre man bloß zu mein Pläsier!" Nun merkten wir, daß wir den Mann vorsichtig behandeln mußten, und infolgedessen kamen wir sehr verspätet in Sanderbusch an.

Immer noch regnete es, doch wir merkten es kaum. Beim Kaffee schon war die Stimmung sehr animiert, lebhaft erinnere ich mich dabei des Leutnants von Pl., der viel zur Unterhaltung beitrug. Da der Saal eine Bühne hat, wurden Sprichwörter gestellt, etwas, was man sehr häufig früher in Gesellschaft, bei Partien machte, lebende Bilder aus dem Stegreif. Unter den Zuschauern stand plötzlich auch unser Fuhrherr. Er rief Bravo, applaudierte kräftig, wenn ihm etwas gefiel, wenn etwas nicht seinen Beifall hatte, gab er es ebenfalls deutlich zu erkennen. Einer von unsern älteren Offizieren sah sich den Mann von oben bis unten an: „Was wollen Sie hier eigentlich?" - „Bitte, ich hab' die Herrschaften gefahren!" - „Dafür werden Sie bezahlt, Ihr Platz ist in der Gaststube." „Nee, hier kann jeder sein, wer will, und nu will ich Sie mal was sagen: Ich spann jetzt mein Wagen an und fahr weg, dann können Sie sehn, wie Sie nach Hause kommen!" - „Das würde für Sie recht böse Folgen haben, guter Mann, Sie haben sich für Hin- und Rückfahrt verpflichtet und müßten Schadenersatz leisten", sagte Kapitän von L. sehr ruhig. Nach dieser energischen Ansprache ging der Mann fort, aber er blieb im Saal und rief laut: „Kellner, eine Flasche Rotspon, aber vom besten, ich kann's bezahlen!" Er setzte sich an einen kleinen Tisch, möglichst weit von uns entfernt und trank eine Flasche nach der andern. In welcher Verfassung unser Kutscher auf der Rückfahrt war, kann man sich denken, daß wir heil nach Hause kamen, war ein Wunder. Das Ende war also nicht hübsch; aber sonst hatten wir sehr viel Vergnügen gehabt auf dieser teuren, verregneten Landpartie, die wir ausnahmsweise ohne die Kinder machten.

*„Die Anlage der Burg Kniphausen
im Großherzogthum Oldenburg im 19. Jahrhundert"*

Meistens wurden die kleinen Leute mitgenommen. Sie sollten sich doch auch mal im grünen Wald tummeln, die armen Dinger, sie konnten es ja hier nicht haben. Upjever, Varel oder der Urwald waren dann das Ziel unseres Ausfluges. Doch, wie gesagt, oft konnten wir solche Partien des Kostenpunktes wegen nicht unternehmen. Manchmal gingen wir nach Burg Kniphausen.

Kniphausen war in alter Zeit Familienbesitz der ostfriesischen Grafen Knyphausen gewesen und ist vor kurzem von dem jetzigen Fürsten Knyphausen wieder angekauft, nachdem es eine lange Reihe von Jahren mit den umliegenden Ländereien den Reichsgrafen von Varel-Bentinck gehört hatte. Der Vater des letzten Regenten der Herrschaft Varel und die Burg Kniphausen war der Typus der großen kleinen Souveräne des achtzehnten Jahrhunderts. So mußte auch er, wie die anderen Fürstlein, sein Kontingent haben, es bestand aus einem Leutnant und drei Gemeinen. Seine eigene, die Kniphauser, Flagge hatte er ebenfalls. Als Napoleon 1806, um Englands Handel zu schädigen, die Kontinentalsperre dekretierte, war die Kniphauser Flagge vergessen worden, und da sie von wenigen gekannt war, wurde viel Mißbrauch mit ihr getrieben.

Häufig war der Graf in Geldnöten, besonders in Holland, wo er sich viel aufhielt, kontrahierte er ziemlich bedeutende Schulden. Man erzählte sich ergötzliche Geschichten von ihm. Aus dem Schuldgefängnis in Amsterdam entfloh er in dem Anzug seines Kammerdieners Kaminski, der für ihn dort zurückblieb. Ein anderes Mal zedierte er einer holländischen Dame, deren Schuldner er war, seine Besitzung in der Jade. Die Gläubigerin sandte einen Rechtsanwalt nach Varel, der sich das Inselgut ansehen sollte. Es war die Insel Arngast; wer sie kennt, weiß, was sie wert ist, es wächst dort nur Sandhafer und sonstiges Gestrüpp.

Ein schneidiger Herr war im übrigen der Graf Karl von Bentinck. Als die Nordseeküste unter französischer Herrschaft war, wurde Burg Kniphausen einfach annektiert. - Weit entfernt, sich das so ohne weiteres gefallen zu lassen, suchte Graf Karl in Holland Hilfe. Er charterte dort ein Schiff zur Fahrt nach der Jade. Dasselbe, mit Bewaffneten bemannt, ging vor Rüstersiel zu Anker, die Besatzung wurde ausgeschifft und marschierte gen Kniphausen, die Burg regelrecht zu belagern. In Oldenburg bekam man jedoch Wind von dem Plan und sandte schleunigst ein Detachement nach Kniphausen zur Verteidigung. Die Tage vergingen unter kleinen Scharmützeln, doch wenn es nichts mehr zu tun gab, trieb die Langeweile die Oldenburger ins feindliche Lager, wo sie mit den stammverwandten Holländern beim Kartenspiel sich vergnügten und, wie man sagt, von dem Jamaika-Rum der Feinde mehr tranken als sie vertragen konnten. So was war möglich in der guten, alten Zeit!

Als Napoleon nach Elba geflohen, war großer Jubel im deutschen Lande, doch man hatte zu früh triumphiert. Plötzlich war Napoleon wieder da, und ein strenges Strafgericht ereilte die Patrioten, welche ihre Freude durch öffentliche Reden kundgegeben. Unter diesen waren zwei angesehene Männer aus Oldenburg, die Herren von Berger und von Finckh, sie wurden in Bremen erschossen. Den Grafen von Varel führte man nach Wesel; man erzählt, daß er, als man ihm sein Todesurteil verkündete, es nicht vernahm, er war selbst im Stehen sanft eingeschlafen. Vollstreckt wurde die Strafe nicht, da die napoleonische Herrschaft mittlerweile wieder ihr Ende erreicht hatte.

Graf Bentinck war in zweiter Ehe unebenbürtig vermählt mit der Tochter eines Moorkolonisten in der Nähe von Bockhorn, Sara Gerdes. Sara war Linnenmaid auf dem Schloß gewesen und der Graf hatte solches Gefallen an ihr gefunden, daß er eine Gewissensehe mit ihr einging. Der Ehe entsprossen drei Söhne. Der Älteste verzichtete auf die Erbfolge, er entführte die Nichte seiner Mutter, Mina Gerdes, und ging mit ihr nach Amerika, der zweite, Graf Gustav, wurde nunmehr der Erbe, der jüngste Sohn, Graf Friedrich, war Offizier in österreichischen Diensten. - Nach dem Tode seines Vaters trat Graf Gustav den Besitz an, er bestand, wie gesagt, aus der reichen Herrschaft Varel und Kniphausen. Die holländischen Grafen Bentinck, den Vareler Grafen am nächsten verwandt, fochten den Besitz an, und so entstand der in früherer Zeit so oft genannte Bentincksche Erbfolgestreit, der lange mit großer Hartnäckigkeit von beiden Seiten geführt wurde.

Im Jahre 1851 nahm die oldenburgische Regierung, nachdem sie die Agnaten und den Grafen Gustav mit zirka zwei Millionen Talern abgefunden hatte, die Herrschaft Varel und die Herrlichkeit Kniphausen in Besitz, und Oldenburg hatte außerdem eine gewisse Berechtigung zu diesem Schritt. Varel wurde 1649 von Oldenburg losgetrennt zu Gunsten des Grafen von Aldenburg, dem Sohn des Grafen Anton Günther von Oldenburg aus seiner morganatischen Ehe mit Elisabeth von Ungnad, welche, aus Oldenburg verbannt, längere Zeit im Schloß zu Neuenburg gelebt hat. - Der Graf von Aldenburg vermählte sich mit Prinzessin Amelie von Tremouille, welche er am Hof zu Kopenhagen kennen gelernt. Er hatte mit ihr eine Tochter, Charlotte Sophie, sie heiratete einen Grafen Bentinck, und auf diese Weise kamen die Herrschaft Varel und die Herrlichkeit Knyphausen an die holländische Linie Bentinck. Der Sohn des Dichters und Hofrats Mosen, Bibliothekar Mosen, hat die Memoiren der Prinzessin von Tremouille herausgegeben, es lohnt sich sehr, dieselben zu lesen.

Graf Gustav bewohnte mit seiner Mutter zusammen das Vareler Schloß, welches bereits vor langer Zeit abgebrochen ist. Der holländische Graf Bentinck besaß ebenfalls in Varel ein Haus, es war meistens unbewohnt. Törichterweise ließ der Graf sich einmal hinreißen, einen Angriff auf Burg Kniphausen zu unternehmen. Eine in seinem Solde stehende Menge, welche sich aus der Umgegend von Kniphausen rekrutierte, zog, mit Dreschflegeln und Heugabeln bewaffnet, vor die Burg. Zurückgeschlagen, fielen die Angreifer zum Teil in den Graben, der die Burg umgibt, und krabbelten mühsam, mit Schlamm bedeckt, wieder ans Land. Diese kleine Episode hat der Assessor von Beaulieu-Marconney, welcher damals in Jever war, in einem Gedicht sehr drastisch geschildert. - Graf Gustav war ein liebenswürdiger Herr, er verkehrte in einigen Vareler Familien, gab auch mitunter hübsche Feste. Bei meinen Eltern war er meistens am Sonntagabend zu Gast, er hatte ein warmes Interesse für Musik, die in meinem Elternhause gehegt und gepflegt wurde.

Die alte Gräfin sah man selten, sie war wohl nie hübsch gewesen, aber sie hatte kluge, energische Züge. Angezogen war sie wie die Frauen aus dem Volke, natürlich trug sie nur gute Stoffe. Als ich sie zuletzt sprach, nicht lange vor ihrem Tode, hatte sie ein schwarzes Wollkleid an, eine rosa Kattunschürze umgebunden, ein graues Umschlagetuch war mit einer goldenen Nadel am Halse zugesteckt; über einer Haube mit weißer Rüsche hatte sie noch einen Schal geknüpft. Sie ging in ihrem Garten spazieren, der auch für andere freigegeben war. Im Begegnen redete sie mich an: „Guten Tag, Louise! Wie geht es Dir?" Sie nannte uns noch immer Du, obgleich wir längst erwachsen waren. Im Laufe des Gesprächs machte sie mich aufmerksam auf einen Apfelbaum, der voll reifer Früchte hing;

dann nahm sie ihren roten Regenschirm, schlug damit einige schöne Exemplare herunter, die ich in die Tasche stecken mußte. Ich habe die Gräfin von Varel nicht wiedergesehen. - Ihr wurde nach ihrem Tode der letzte Platz in der Familiengruft zugewiesen, den ersten in der langen Reihe von Särgen hatte die Gemahlin Anton Günthers, Elisabeth von Ungnad, inne; auch die Prinzeß von Tremouille ist dort beigesetzt.

Man möge mir diese kleine Abschweifung verzeihen, ich selbst habe ein so reges Interesse an der Geschichte meiner Heimat, daß ich unwillkürlich denke, bei denen, die hier länger in der Gegend gelebt haben, müsse es auch so sein.

Die Neuender Kirche und die umliegenden Wirtschaften waren oftmals das Ziel sonntäglicher Ausflüge.

Also - Burg Kniphausen war manchmal das Ziel unseres Spaziergangs, im Winter das der Schlittenpartien. Nun darf man sich unter der Burg nicht etwa eine gut erhaltene Ruine denken, es verdient nicht einmal den Namen Schlößchen, obgleich es einen Turm hat. Es ist ein einfaches, zweistöckiges Gebäude mit darangrenzenden kleinen Wohnungen für die früheren gräflichen Beamten. Das von einem breiten Graben umgebene Gehölz mit seinen alten Bäumen hat eine große Anziehungskraft für die Bewohner des schattenlosen Wilhelmshavens; besonders seitdem der Radelsport floriert, wird Kniphausen häufig aufgesucht.

Da ist noch Neuende, ein hübsches Kirchdorf mit sehr alter Kirche, deren Turm genau so schief ist, wie der von Pisa, doch von ihm redet man nicht. Es ist leichter zu erreichen, und der Garten von Mutter Onnen hatte für unsere Kinder etwas sehr Verlockendes. Am Mittwoch- oder Sonnabendnachmittag, wenn keine Schule war, faßten wir ganz plötzlich den Entschluß, dort hinzugehen. Die Adalbertstraße wurde alarmiert, die schmutzigen Jungen rein angezogen und dann zogen wir los. Die Kegelbahn, eine Schaukel waren für unsere Kinder große Anziehungspunkte, die Spuren, welche der Rasen von den kleinen Füßen hinterließ, wurden von der behäbigen, freundlichen Mutter Onnen gnädig übersehen, hatte sie doch einen hübschen Verdienst von uns. Wir Mütter sahen es oft mit Staunen, wie die Berge von Pellkartoffeln, der Schinken, die Eier verschwanden, uns fragend, wo ist noch Platz in dem kleinen Magen?

Es ist nicht zu leugnen, daß die Kinder unserer Adalbertstraße zu allen Zeiten manch losen Streich ausgeübt haben, doch ich will nicht so indiskret sein, und die schlimmsten erzählen. Traurige Erfahrungen machte der Bauer, welcher das Gras der Adalbertsraße gepachtet hatte. Mühsam schichtete er das gemähte Gras zu Haufen, nahm seinen Rechen und ging befriedigt nach Hause. Kaum war er fort, kamen die kleinen Kobolde aus allen Wohnungen, warfen das Heu auseinander, bauten Festungen, wühlten sich ein, hausten, mit einem Wort, wie die Wilden. Alle Ermahnungen halfen nichts, es war ein zu großes Vergnügen.. Einstmals aber, als die Bande gerade ihr Zerstörungswerk begonnen hatte, kam der Pächter, bewaffnet mit einer langen Peitsche, hinter dem Heuhaufen hervor; leider fing er niemanden, die kleinen Sünder liefen, was sie laufen konnten, und die rettende Haustür war nahe. – Gleich darauf klingelt es bei uns, vor mir steht der Mann mit der Peitsche: „Goden Abend, Madam! Ick will Se man seggen, de Jung', de hier herinlopen is, so'n lütten Dreekeesehoch, de was de slimmste. De Slüngel wull mi noch babeninn tom besten hebben, lachte mi ut, ick bitt Se, walken Se em ördentlich dörch!" – Ich versprach ihm, ein fürchterliches Strafgericht zu halten und er ging befriedigt von dannen. Dem Heu ist von da ab nichts mehr geschehen.

Um die Zeit der Ostern merkte man schon länger vorher ein bedenkliches Abnehmen des Brennholzes, vom Hausboden verschwanden Kisten; man drückte ein Auge zu, nur das Petroleum hielt ich von da an fest unter Verschluß. Wir Eltern mußten in kleinen Raten eine Mark zahlen, die Kaufleute wurden angebettelt um Pech- und Teertonnen. War alles Material beisammen, dann bauten die Kinder auf dem freien Platz rechts von dem Zwölf-Männerhause einen Scheiterhaufen, den sie am Abend vor Ostern anzündeten. Die ganze Adalbertstraße wurde feierlichst dazu eingeladen.

Das Stationsgebäude und der Garten waren besonders zu Bergers Zeiten ein Tummelplatz des Vergnügens; mit Bergers gleichaltrigen Kindern unterhielten die unserigen einen lebhaften Verkehr.

Für die Kinder ist und war Wilhelmshaven ein Dorado, jetzt vor allem, wo mit der Zeit das Fieber entschwunden, ist es eine der gesündesten Städte geworden. Man braucht nur an einen Sommer-Sonntagnachmittag durch die Ostfriesenstraße zu gehen, da kann man sich wirklich freuen über die Menge von blühenden, kräftigen Kindern, welche im Freien spielen.

Unsere Adalbertstraße war früher, als sie noch keine Nebenstraßen hatte, teilweise durch einen Zaun von Stacheldraht

„Im Jahre 1883 wurde die Kaiserliche Post an der Königstraße dem Verkehr übergeben"..

abgesperrt. Drei Wagen zeigten sich während des ganzen Tages am Horizont: der Milch-, der Bierwagen und das Kupee des Doktors Lohe, unseres langjährigen Hausarztes. Von denen, die nicht in unserer Straße wohnten, kamen nur die hierher, welche dienstlich etwas zu tun hatten oder einen Besuch machten und die Händler. So konnten unsere Kinder ruhig ausschwärmen und es drohte ihnen keinerlei Gefahr. Daß sich dabei indes Drang nach Freiheit und Selbständigkeit entwickelte, ist begreiflich.

In den ersten fünfundzwanzig Jahren nach seiner Entstehung hatte Wilhelmshaven sich ausgedehnt, vergrößert, ganze Stadtteile waren entstanden, nun erst begann es sich zu schmücken und sich so ebenbürtig in die Reihe anderer Städte zu stellen. - Im Jahre 1883 wurde die Kaiserliche Post dem Verkehr übergeben; das im Rohbau aufgeführte Gebäude gehört zu den Zierden der Stadt, ebenso wie der Friedrich-Wilhelm-Platz, an welchem es steht. Die Post teilt das Los anderer fiskalischer Bauten, sie genügt nicht mehr den Ansprüchen unserer Zeit und so mußte auch hier angeflickt werden. - Neben der Post nimmt sich die Ratsapotheke ganz stattlich aus. Der Friedrich-Wilhelm-Platz, oder Wilhelmsplatz, wie er genannt wird, ist unser Stolz. Er gleicht einem englischen Park mit seinen schönen Baumgruppen und den Rasenflächen, die allerdings nicht aussehen wie kurzgeschorener grüner Samt, doch ist das aus finanziellen Gründen nicht zu ermöglichen. Zu bedauern wäre es, wenn die Werft ihn, wie es in Aussicht genommen, über kurz oder lang zu ihren Zwecken benutzen würde. Wilhelmshaven wäre dann um einen schönen Schmuck ärmer.

Das Denkmal des Prinzen Adalbert erhebt sich am Eingang der Straße, die seinen Namen führt. Es ist aus Bronze gegossen und von Schüler sprechend ähnlich modelliert. Sehr sorgfältig wurde der Platz ausgewählt, auf dem es steht. Um ihn auszuproben, hatte man eine monströse Figur hergestellt, welche mit in gelber Ölfarbe gestrichenem Segeltuch überzogen war; sie wurde auf einem Rollwagen umhergefahren, es war kein schöner Anblick. Zuerst postierte man sie vor dem Stationsgebäude, dann in der Mitte der Adalbertstraße, bis man die Stelle wählte am Eingang, und man muß sagen, es war eine glückliche Wahl.

*Kommerzienrat
Philipp Otto Oechelhäuser,
1830 – 1900, Begründer der
Wilhelmshavener Wasserversorgung
aus Feldhausen und auch der
Gas- und Stromversorgung*

Zur Enthüllung des Denkmals war Prinz Heinrich von Preußen erschienen und die alten Herren der Marine, die inaktiven Seeoffiziere; zum Teil kamen sie von weit hergereist, aber nie hätten sie es versäumen mögen, ihrem Chef, unter dem sie gedient, die Ehre zu erweisen. Es war ein Moment ehrfurchtsvoller Spannung, als die Hülle fiel. Die Rede pries die Verdienste des hochseligen Prinzen um die Marine, wie sein ganzes Denken und Tun nur ihr und den Kriegshäfen, ganz besonders der Entwicklung von Wilhelmshaven, gegolten habe, welch ein edler Charakter er gewesen sei. Das Standbild wurde mit einem eisernen Gitter umgeben, innerhalb desselben Teppichbeete angelegt, im Hintergrund pflanzte man Kiefern und Koniferen, die jetzt, wo sie herangewachsen, das Denkmal stimmungsvoll einrahmen.

Der schon Ende der siebziger Jahre erbaute Wasserturm, welcher sich am Eingang des Parks erhebt, ist von imposanter Wirkung, er gleicht einem alten Römerbau. Unsere Kasernen sind stilvolle Bauten, insbesondere die Tausendmann-Kaserne, doch sind sie zu weit hinausverlegt, um zu dem Gesamtbild der Stadt etwas beizutragen, ebenso das Observatorium, die Stätte der Wissenschaft, welches ganz hinter Grün versteckt liegt.

Das Denkmal des großen Kaisers, von dem unsere Stadt ihren Namen trägt, hat, wie mir scheint, keinen günstigen Platz. Hätte man von dem Rondell in der Mitte des Friedrich-Wilhelms-Platzes den Gaskandelaber entfernt, das Denkmal dort aufgestellt, wo es weithin sichtbar ist, ich meine, es wäre mehr zur Geltung gekommen als hart an der Königstraße; allerdings spricht ja auch wieder dagegen, daß der Friedrich-Wilhelm-

*Kommerzienrat Oechelhäuser stiftete den Gaskandelaber
auf dem Rondell des Friedrich-Wilhelm-Platzes
und auch das Denkmal für Wilhelm I. an der Königstraße -
mit dessen Standort Louise von Krohn allerdings nicht so zufrieden war.*

Platz mit der Zeit vielleicht eine ganz andere Bestimmung erhält. Für die Enthüllung des zweiten Denkmals im Sommer 1896 waren die Vorbereitungen mit Sorgfalt und Geschmack getroffen worden. Auf dem Platz vor der Elisabethkirche an der Königstraße, gegenüber dem Denkmal, hatte man ein Podium errichtet, welches mit einem Teppich belegt und von einem in leuchtenden Farben dekorierten Baldachin überspannt war. Mit Lehnstühlen besetzt, war es bestimmt für den Prinzen Friedrich Leopold, der als Vertreter des Kaisers erscheinen sollte, und dessen Gefolge. Vor den Tribünen für die Damen, welche sich zu beiden Seiten des Podiums befanden, standen Flaggenmasten, durch Girlanden verbunden. Ganz Wilhelmshaven war zur Stelle, auf den Tribünen die Frauen unserer Stadt, in hellen, eleganten Toiletten. Nachdem der Prinz auf dem für ihn bestimmten Sessel Platz genommen, verlas der Stifter des Denkmals, Kommerzienrat Oechelhäuser, eine Rede, am Schluß derselben übergab er das Denkmal der Marine. Prinz Friedrich Leopold antwortete mit einigen kurzen Worten des Dankes. Darauf folgte die Enthüllung, währenddem die Glocken läuteten. Nun sprach der Chef der Marinestation der Nordsee, gewiß sehr schön, leider verstand man kein Wort, weil das Geläute von dem so nahen Kirchturm nicht verstummen wollte. Der Redner warf verzweiflungsvolle Blicke nach oben; vergebens, der Glöckner sah sie nicht und bimmelte im mißverstandenen Amtseifer ruhig weiter.

Nach dem üblichen Rundgang um das Denkmal, an welchem viele Kränze niedergelegt wurden, fuhr der Prinz mit seinem Gefolge, dem Stationschef, den Stabsoffizieren der Marine, dem Präsidenten der Provinz Ostfriesland, dem Landrat des Kreises in bereitgehaltenen Equipagen in das Marine-Offizierskasino zu einem Festessen, zu dem selbstverständlich auch der Stifter des Denkmals eingeladen war; er wurde später mit dem Kronenorden dritter Klasse dekoriert.

Unser schönes Rathaus, welches sich Ecke der Goeker- und Roonstraße am Marktplatz erhebt, wurde zu Anfang 1890 erbaut. Es ist der erste altertümliche Bau in unserer modernen Stadt. - Die beiden noch im Bau befindlichen Kirchen, die an der Adalbertstraße belegene Christuskirche der Zivilgemeinde und die katholische Kirche, versprechen ebenfalls ein würdiger Schmuck unserer Stadt Wilhelmshaven zu werden.

Man sagt, daß es in Wilhelmshaven mehr stürmt und regnet als anderswo, ich muß auch hier die Partei unserer guten

Entwurf für die „noch im Bau befindliche Christuskirche an der Adalbertstraße".

1882: Über Jahrzehnte hinweg war die Adalbertstraße ein Treffpunkt für Alt und Jung – besonders nach der Aufstellung des Denkmals für den Prinzen Adalbert.

Stadt nehmen. Soviel steht jedoch fest, in ihren großen Momenten ist sie vom Wetterglück gründlich im Stich gelassen. Als unser Kaiser Wilhelm Wilhelmshaven seinen Namen gab, zeigte der Himmel ein recht unfreundliches Gesicht, auch Kaiser Wilhelm II. hat bei seinen Besuchen hier nicht immer Hohenzollernwetter. Ganz eklatant war es, wenn früher in den ersten Jahren des Hafenbaues maßgebende Persönlichkeiten aus Berlin hierher kamen. War es wochenlang schönes Wetter gewesen, an solchen Tagen regnete oder stürmte es ganz gewiß, und wir waren noch so töricht, uns darüber zu freuen. „Nun können sie sehen, wie schlecht wir es hier haben, wenn sie durch den Morast auch einmal waten müssen und in den feuchten Betten nicht warm werden, jetzt wird gewiß für dieses und jenes Abhilfe geschaffen", pflegten wir zu sagen. Genau das Gegenteil trat ein. Infolge des schlechten Wetters kamen die Herren erkältet und übellaunig nach Berlin zurück, und jede Erinnerung an das „Schlick- und Fiebernest" war ihnen unangenehm.

„Unser schönes Rathaus, welches sich Ecke der Goeker- und Roonstraße erhebt, wurde zu Anfang 1890 erbaut" – von Regierungsbaumeister Richard Schultze in Berlin entworfen.

17
**Die Eröffnung der neuen Hafeneinfahrt –
Der Ems-Jade-Kanal – Silberhochzeitsfeier des
Kronprinzen – Vergnügen auf der Jagd –
Ballmutterpflichten – Eisfest im Park**

Ein recht regnerischer, stürmischer Novembertag des Jahres 1886 war es, als sich ein für Wilhelmshaven wichtiger Akt vollzog, es war die Eröffnung der neuen Hafeneinfahrt. Wenn jemand, als der erste Hafen im Bau war, gesagt hätte, derselbe wird einmal in späterer Zeit den Ansprüchen nicht mehr genügen, man würde ihn einfach ausgelacht haben. Wer aber konnte die welterschütternden Ereignisse von 1870/71 voraussehen, wer voraussehen, daß unser Kriegshafen einmal Reichskriegshafen werden würde für eine große, mächtige Flotte. Wie gesagt, es war sehr bedauerlich, daß uns nicht ein wenig Sonnenschein gespendet wurde zu der Feier. Da stand man und fror jämmerlich und dachte: wärst du doch zu Hause. Daher auch mag es kommen, daß mir von den Reden, die gehalten, wenig im Gedächtnis geblieben ist. Außerdem machte es einen unangenehmen Eindruck, daß der in Frankreich erbaute Panzer „Friedrich Karl", welcher als erstes Schiff einlaufen sollte in den neuen Hafen, einige Meter von den Molen entfernt, auf den Grund kam. Nach der Feier fand ein Diner statt bei dem damaligen Stationschef Grafen von Monts, an welchem eine große Anzahl von Personen teilnahm.

Gleichzeitig mit der neuen Hafeneinfahrt wurde der Ems-Jade-Kanal fertig gestellt. Leute, die es verstehen, sagen, daß er für Wilhelmshaven, auch in kommerzieller Beziehung, von hervorragender Bedeutung ist, und ebenso für Ostfriesland große Vorteile hat. Der Kanal vermittelt also die Verbindung der Jade mit der Ems. Die Fahrzeuge bringen aus Ostfriesland uns den Bedarf an Bausand und holen dafür den Seeschlick, der das Moorland befruchten soll. Die Kulturen auf dem Hochmoor haben bereits überraschende Resultate ergeben. Wir Hausfrauen frohlockten, in der Hoffnung, daß das sonst so teure Obst und Gemüse nun recht billig werden würde; bis jetzt ist es ein frommer Wunsch geblieben, von einer Preisverminderung haben wir wenig gemerkt.

Ein Motorboot, welches täglich fährt, wird fleißig benutzt zu Touren nach Ostfriesland. Sehr nett habe ich es mir stets gedacht, einmal mit der Treckschuit auf dem Kanal nach Hol-

„Gleichzeitig mit der neuen Hafeneinfahrt wurde der Ems-Jade-Kanal fertiggestellt".

„Am regnerischen und stürmischen 13. November 1886 mittags 1 Uhr fand die feierliche Einweihung der neuen Hafeneinfahrt durch das Einlaufen des ersten Schiffes S.M.S. „Friedrich Karl" statt. Da stand man und fror jämmerlich und dachte: wärst du doch zu Hause. Außerdem machte es einen unangenehmen Eindruck, daß der in Frankreich gebaute Panzer „Friedrich Karl", einige Meter von den Molen entfernt, auf den Grund kam".

land zu fahren. Es geht ja langsam, aber die Passagiere sind wie zu Haus, sie verproviantieren sich reichlich, kochen sich an Bord ihr Essen; zu den Nachtquartieren in den kleinen ostfriesischen Städten und Dörfern kann man aussteigen. So lange will ich nun mit meiner Reise nach Ostfriesland und Holland warten, bis einmal eine derartige empfehlenswerte Beförderung geschaffen ist; an ein Motorboot wage ich mein Leben nicht.

Das dritte Jahrzehnt, nachdem Wilhelmshaven aus dem Nichts entstanden, brachte also des Nützlichen und Schönen viel; für unseren Marinekreis war es auch ein ganz vergnügliches, so lange Ihre Exzellenz die Gräfin Monts in sonniger Heiterkeit das Szepter führte.

Veranlassung zu einer Festlichkeit gab am 26. Januar 1883 die silberne Hochzeit des Kronprinzen Friedrich Wilhelm, unseres zukünftigen Kaisers. - „Es war eine Freude", sagte uns später ein Herr, der das Fest in Berlin mitgemacht, „den hohen Herrn zu sehen, man glaubte nicht einen Silberbräutigam vor sich zu haben, nein, einen Mann in der ersten Jugendblüte!" - Daß den Helden von 1870/71 binnen wenig Jahren eine heimtückische Krankheit hinwegraffen würde, wer hatte das damals gedacht.

An Abwechslung fehlte es uns in Wilhelmshaven nicht, hatten wir doch sogar Gelegenheit, einer Seeschlacht beizuwohnen. Die Schiffe, welche jetzt in der Nordsee zu manövrieren pflegen, lieferten zu der Zeit auch einmal ein Treffen auf der Reede von Fährhuk. Das Manöver war selbstverständlich so gedacht, daß unsere Schiffe Wilhelmshaven gegen eine feindliche Flotte verteidigen sollten. Wir waren auf dem Lotsen-

Julius von Krohns Dienstfahrzeug ab 1875: Lotsendampfer „Wilhelmshaven"

dampfer beim Morgengrauen hinausgefahren bis zur Geniusbank und dampften dann hinter den feindlichen Schiffen her. Die „Wilhelmshaven" legte sich so hin, daß wir alles gut übersehen konnten; für die Mehrzahl der Damen waren bei dem „Fort Heppens" Bänke aufgestellt. - Natürlich war Wilhelmshaven uneinnehmbar. Der Feind wurde zurückgeschlagen. Man bekam nun so ungefähr einen Begriff davon, wie es in Wirklichkeit sein könne, wenn man nicht mit einem uns überlegenen Feinde zu kämpfen hätte.

Ein Dezennium früher fuhren wir, selbstverständlich nur bei schönem Wetter, mit unseren Männern nach Kniphausen zur Entenjagd. Wir Damen benutzten den Hooksieler Omnibus, eine etwas primitive Beförderung. Des Kutschers möchte ich gedenken: er war ein Original, Schlagfertigkeit und Dialekt ließen darauf schließen, daß seine Wiege nicht an der Waterkant gestanden. Klein, untersetzt, mit listigen Äuglein in dem sommersprossigen Gesicht, dem roten Haar war er ein Ausbund von Häßlichkeit. Wenn wir einstiegen, sagte er: „Man immer herinn ins Vergnügen!" Einstmals wurde er darauf aufmerksam gemacht, daß er seinen sehr schmutzigen Wagen einem Reinigungsprozeß unterziehen möge, er verbeugte sich höflich: „Sie haben ja so recht." Bei anderer Gelegenheit: „Mensch, ärgere dich nicht!" Irgendeine Redensart hatte er stets bei der Hand.

Durch das Burgtor gerasselt, waren wir dann mal wieder unter den alten Bäumen. Wie köstlich war es, wenn uns die grüne Halle umfing, mit welcher Wonne atmeten wir sie ein, die schöne Waldluft, wenn wir das damals noch so öde, schattenlose, staubige Wilhelmshaven hinter uns gelassen. Den jeverländischen Blümchenkaffee aus den hier üblichen großen Tassen schlürfend, erwarteten wir unsere Herren, welche ums Dunkelwerden von der Jagd zurückkehrten. Gut gelaunt, wenn mit Beute, sehr mißvergnügt, wenn ohne. Ein ländliches Abendbrot wurde eingenommen, und dann gingen wir heim.

Einmal sind wir auch zurückgefahren, aber fragt mich nur nicht wie! Frau P. hatte sich den Fuß verletzt und war nicht imstande, zu gehen. Was nun anfangen? Ein Landauer oder Break war nicht zu bekommen. Endlich, nachdem lange hin- und hergeredet, kam sehr verlegen der Wirt und bot seinen kleinen Leiterwagen an, er habe solchen, der häufig zum Transport von Kälbern benutzt würde. Selbstverständlich genierte es uns nicht im Geringsten, auch einmal wie die Quadrupeden befördert zu werden. Also her damit. Ein kräftiger Gaul wurde vorgespannt, der Knecht des Wirts mußte fahren. In heiterster Laune stiegen wir auf, vier Damen in der Mitte, und da auch zwei müde Jäger, unser liebenswürdiger Kavalier, Herr von Lindenzweig, und noch einer mit von der Partie waren, vorn und hinten je ein Bewaffneter. So fuhren wir los in dunkler Nacht. In Kopperhörn beim Wirtshaus wurde halt gemacht, das arme Pferd, mit einer so vollgewichtigen Fuhre hinter sich, mußte etwas verschnaufen. - Die Bauern hatten ihr Solospiel beendet und waren im Begriff, nach Hause zu gehen. Sie beschnupperten uns von allen Seiten, während wir fast erstickten vor Lachen, dann sagte einer zum anderen: „Dat is man god, dat se se hefft!"

Der Winter 1886/87 zeichnete sich durch große Kälte, besonders aber durch viele Schneefälle aus. Nach Weihnachten hatte es zuerst stark geschneit, dann kam Frostwetter, so lag der Schnee wochenlang, und wir hatten die herrlichste Schlittenbahn. In Jahren haben wir so einen richtigen Winter mit Eis und Schnee nicht gehabt wie damals. Die armen Jungens haben kein Vergnügen mehr, sie können nicht schlittern und schneeballen, bei Groß und Klein verrosten die Schlittschuhe, die Pelz- und Kohlenhändler jammern; für die armen Leute ist es gut.

Mir brachte jener strenge Winter die Freuden und Unruhen einer Ballmutter. Der erste Ball! Da gibt es eine Menge zu bedenken, und man muß tief in den Säckel greifen. Das Kleid, der Fächer, die Blumen etc. - aber so schwierig, wie zu der

Zeit, als ich jung war, ist es noch lange nicht, aber auch nicht so hübsch. Da wurde ein Reifrock über den anderen angezogen, darüber ein Mullrock, und dann kam die Robe aus Tarlatan mit zahllosen, kleinen Volants. Wenn alles fertig, war am Abend vor dem Ball Generalprobe. Ich mußte mich auf einen Tisch stellen, meine gute Mutter ging rund um mich herum, voran unsere Mamsell Oldenhagen mit einem Talglicht im Messingleuchter. Nun wurde inspiziert, auch nicht um eines Strohhalms Breite durfte ein Rock unter dem andern vorsehen, zuletzt wurde die Schärpe geknüpft. War das Werk gelungen, konnte ich abtreten, sonst wurde die schreckliche Prozedur noch einmal vorgenommen. Jetzt trägt man Seide und Gaze darüber, aber leicht und duftig, wo die Tänzerin wie eingehüllt ist in einer weißen oder rosigen Wolke.

Eine Ballmutter! Sie hat Herzklopfen wie ihre Tochter, und bange fragt sie sich: wird sie gefallen, wird sie tanzen? Ist die junge Debütantin hübsch, graziös oder auch gut vergoldet, fallen diese Sorgen weg, aber es kann auch anders sein, und dann bringt solch unvermeidlicher Ball Stunden der Qual für ein Mutterherz. Ich kannte die Mutter von drei ballfähigen Töchtern, es fehlten ihnen die genannten Attribute, und sie schmückten von Anfang bis zu Ende als Mauerblümchen die Wand. Jahrelang besuchten sie jeden Ball, immer mit denselben Hoffnungen, mit denselben Enttäuschungen. Vor dem Kotillon kam dann die Mutter und fragte: „Kinder, seid Ihr engagiert?" Sie waren es natürlich nicht, und dann gingen sie alle vier traurig nach Hause.

Wie so vieles anders geworden ist in unserer Zeit, so hat sich auch hierin eine Wendung zum besseren vollzogen. Wie manches junge Mädchen gibt es heute welches gleich nach der Einsegnung einen Beruf ergreift, in dem sie auf anständige, ehrenvolle Weise ihr Brot verdient, sie bedarf der Männer nicht zu ihrem Fortkommen. Doch wohin gerate ich?

Eine Wilhelmshavener Ballmutter hat es gut. Unter allen Umständen tanzt die Tochter, ja man reißt sich um sie, selbst, wenn sie nicht hübsch ist und ihr auch sonst noch ersprießliche Eigenschaften fehlen, denn sie ist fast ohne Konkurrenz. Auf der Höhe der Saison, also nach Weihnachten, wenn ein Fest das andere jagt, haben die Damen Wilhelmshavens ein mitleidiges Herz für den jungen Offizier. Wer so glücklich ist, eine anmutige, niedliche Schwester oder Freundin zu haben, ruft sie herbei. Dann hat einmal unser Kasinosaal einen reizenden, jungen Damenflor; unter gewöhnlichen Umständen zählt man zwei, höchstens drei junge Mädchen auf ein ganzes unverheiratetes Offizierskorps. - Vergnügen macht es doch, mit anzusehen, wie die Tochter sich amüsiert. „Prachtvoll, himmlisch, entzückend!" sagt der Backfisch, wenn er mit seinen Sträußchen heimgekehrt ist vom ersten Ball! Das ist noch die harmlose Freude am Tanzen, später wird manches anders.

Die Ballmutter läßt man sich gefallen, aber Eismutter. O weh! Frisch und fröhlich gleitet die Jugend auf ihren Stahlschuhen an uns vorüber, sie spürt nichts von der Kälte, wir armen Mütter treten von einem Fuß auf den anderen und sind erfroren bis ins Mark. Manchmal gedenke ich noch meiner Promenaden mit dem verstorbenen Grafen L., wie wir stundenlang durch die Wege des Parks rannten, um uns zu erwärmen. Mitunter gesellte sich zu uns Exzellenz von der Goltz, wir hatten alle drei Vater- und Mutterpflichten. Se. Exzellenz

1884: „Auslaufen des deutschen westafrikanischen Geschwaders in den Molen von Wilhelmshaven - die Korvetten „Ariadne" und „Stosch" waren Mitte der achtziger Jahre im Auslandsdienst."

empfahl sich stets nach kurzer Zeit, er zog dem Trampeln im Park ein warmes Zimmer vor und überließ uns freundlichst die Oberaufsicht über die Töchter.

Der Winter 1887 hatte alles Mögliche an Vergnügungen gebracht: Gesellschaften, Bälle, Theaterspiel, Kaffees im Schwedenhause bei elegant eingerichteten Junggesellen und Schlittenpartien. Da kamen Ende Februar ungenügsame Leute auf den Gedanken, wir könnten nun auch noch vor Torschluß ein Eisfest haben. Hurtig ging man ans Werk. Der Teich im abgeschlossenen Teil des Parks wurde gesäubert, ein Zelt schlug man auf, darin auszuruhen und durch wärmende Getränke sich zu stärken. Um die Mittagsstunde ging ich durch den Park und sah, daß das Wasser am Rand des Teiches unter dem Eise hervor sickerte. Ich konnte nicht umhin, an maßgebender Stelle darauf aufmerksam zu machen, indes, die Vorbereitungen waren einmal getroffen und man wollte es versuchen. Der Abend kam heran. Der Festplatz, die Eisfläche boten einen überraschend hübschen Anblick, sie waren magisch beleuchtet von geschickt angebrachten zahllosen Lampions. – Unweit des kleinen Gewässers liegt im lauschigen Versteck die mit einem Türmchen gekrönte und mit Efeu umsponnene Eremitage; sie ist ebenfalls einer sinnigen Idee des Rats Domeier zu verdanken. Dorthin hatte sich an diesem Abend vor dem Geräusch der Welt der fromme Pater Ambrosius zurückgezogen. Wie meistens die geistlichen Herren, so liebte auch unser Klausner einen guten Tropfen; vergebens hatte er die Einsamkeit gesucht, seine feinen Liköre und die zuverlässigen Schnäpse übten eine zu große Anziehungskraft aus und sein buen retiro wurde nicht leer von durstigen Seelen. – Wir, mein

Mann und ich, waren im Park mit der Exzellenz Monts und dem Major D., dem Sohn einer namhaften Dichterin, zusammen getroffen und setzten gemeinschaftlich mit ihnen unseren Weg fort. Auf dem Eise war das Schlittschuhlaufen in vollem Gange. Einzelne, zu zweien, holländernd, Achten malend, in langen Ketten, hinpurzelnd, lachend, jubelnd, so amüsierte sich das junge Volk. Knack, knack, sagte warnend das Eis, man kehrte sich nicht daran. Wir waren bis auf die Mitte des Teiches gekommen; mit Interesse dem hübschen Schauspiel zusehend, hatte ich nicht bemerkt, daß Gräfin Monts zurückgegangen war, ihrem Sohn Alexander entgegen. Plötzlich ein Krachen. Ein furchtbarer Schrecken bemächtigte sich unserer, alles stürzte hin. Da war unsere Gräfin ins Eis gebrochen. Zum Glück geschah der Unfall hart am Ufer, sodaß keine Lebensgefahr damit verbunden war. Zwei korpulente Herren, die die erste Hülfe leisten wollten, der Kapitän H. und der Referendar B., brachen ebenfalls ein, der Leutnant z.S. G. holte sie alle drei heraus; sein Opfermut wurde durch ein tüchtiges Erkältungsfieber belohnt. Erfreulich war es, daß das kalte Bad der Gräfin Monts nicht geschadet hatte, sie war am anderen Tage frisch und mobil, wie immer. Uns allen war das Fest durch die Besorgnis um unsere hochverehrte und geliebte Chefeuse gründlich verdorben.

„Im Frühjahr 1871 hatte man bereits mit dem Anlegen eines Parks begonnen" – Wasserturm (1877), rechts der Turm des Stationsgebäudes an der Viktoriastraße

18
Erinnerung an 1888 – Graf Monts als Höchstkommandierender der Marine und Abschiedsfeier in der „Burg Hohenzollern" – Kaiserbesuch 1889 – Die Kaiserin – Der neue Stationschef legt Tennisplätze an – Abschied von Wilhelmshaven

Die, welche so liebenswürdig sind, ihr Interesse diesen Zeilen zuzuwenden, werden sagen: „Haben die Menschen aber damals in einem Strudel von Vergnügungen gelebt!" Und doch war es nicht anders, wie jetzt auch, vielleicht etwas mehr Abwechslung. Das, was dem Leben hier in der Gesellschaft seinen Reiz verlieh, war das Zusammenhalten sämtlicher Familien, dadurch ermöglicht, daß der Kreis ein viel kleinerer war.

Man möge mich nicht der Oberflächlichkeit zeihen, wenn ich nur von den Lichtseiten rede - Schatten gab es auch. Sorgen, die nie ausblieben, wo Kinder sind, aber von den bösen

Stunden, die man durchlebt, spricht man nicht, es gibt manches, welches man nicht an die große Glocke hängt.

Das Jahr 1888 brachte der deutschen Nation das Schmerzliche, daß ihr zwei Kaiser genommen wurden, und zwar binnen weniger Monate. Am 9. März starb Wilhelm I. Wie deutlich steht er vor mir, der Moment, als uns ein Extrablatt den Tod unseres geliebten Kaisers ankündete. Es war, als wenn jedem ein Freund gestorben. Rührend war der Schmerz der Kinder, man sah nur verweinte Augen, und sie ruhten nicht, bis ich ihnen einen Trauerflor um den Arm und ein schwarzes Band ins Haar geknüpft hatte. Dann Kaiser Friedrich! Ich war in Berlin während seiner Leidenstage. Dicht gedrängt stand vor dem Schloß von Charlottenburg, bange harrend der Nachrichten, das Volk. Bismarck kam jeden Morgen angefahren. Als ich ihn sah, war er in der Uniform seiner Halberstädter Küraßiere, in der Hand einen Veilchenstrauß für seinen Kaiserlichen Herrn und Freund.

Im Sommer desselben Jahres schied der Höchstkommandierende, General von Caprivi, aus der Marine aus. Seine Verdienste um dieselbe sind unbestritten. Er trat zur Armee zurück und bekam das X. Armeekorps. - Sein Nachfolger wurde Graf Monts. 1878 nach dem Untergang des „Großen Kurfürsten" unschuldig angegriffen, aufs tiefste gekränkt, dreimal durch ein Kriegsgericht gehetzt, im Begriff, seinen Abschied zu nehmen und jetzt nach zehn Jahren Höchstkommandierender S. M. Marine - er war glänzend rehabilitiert.

Kurz vorher, ehe Graf Monts sich in Wilhelmshaven verabschiedete, um vorläufig Caprivi in Berlin zu vertreten, feierte unser verehrtes Paar, Graf und Gräfin Monts, das Fest der Sil-

1888, Dreikaiserjahr: Das Wilhelmshavener Tageblatt vermeldete im März den Tod von Kaiser Wilhelm I. ...

... und im Juni das Ableben seines Sohnes, Kaiser Friedrich III.

berhochzeit. Der große Saal der Station war angefüllt mit den schönsten Blumen und Geschenken, sinnigen Widmungen. Unser Damen-Gesangskränzchen weckte frühmorgens die Exzellenz durch ein Ständchen; leider hatten wir nicht den gehofften Erfolg, denn unsere Gräfin sagte mir später: „Kinder, Ihr singt ja dem Teufel das linke Ohr weg!" – Zur Abschiedsfeier für die hier so geliebte Familie Monts wurde eine Festlichkeit in der „Burg Hohenzollern" geplant. Zwei ältere Offiziersdamen hatten die Sache in die Hand genommen und waren redlich bemüht, sie zu einem guten Ende zu führen. Dem Grafen war es leider nicht vergönnt, an dem Fest teilzunehmen, er war dienstlich verhindert.

Bis auf einige Kleinigkeiten war die Feier wohl gelungen. Zuerst spielte die Militärkapelle eine Ouvertüre. Daraufhin erschien die nachherige Schwiegertochter der Gräfin in einem grünen, mit Schilf und Silber geschmückten Gewande als Jade-Nymphe, sie sprach in Versen, was, ist mir nicht mehr recht erinnerlich, doch es war hübsch und das duftige Grün stand ihr ausgezeichnet. Dann folgte das hier schon öfters gesehene Stück „Das Schwert des Damokles". Es wurde gut und flott gespielt; in betreff der Kostüme hätten einige von den Schauspielern oder vielmehr die Regie bei den Meiningern in die Lehre gehen können. – Der Schullehrer Stahlfeder ist bei seiner Werbung um die Tochter des Buchhändlers Kleister im tadellosen Salondreß, im Frack, Lack und Klaque, mit weißer Halsbinde und Glacés; die Angebetete, „es ist Philippine", trägt einen Bauernanzug. Den Schluß der Aufführungen bildete eine Matrosenquadrille, vom Tanzlehrer von der Hey sehr gut einstudiert. Die Damen sahen in ihrem Anzug: Matrosenbluse, weißem, mit blau besetztem, duftigen Rock, der Mütze, ganz hübsch aus. Die Herren hatten es sich sehr bequem gemacht, es fehlte jeder phantastische Aufputz, sie waren genau wie die Matrosen angezogen, und das gab, da die Herren auch später ihr Kostüm nicht wechselten, zu manchem Scherz Anlaß.

Zur Aufwartung kommandiert waren Ordonnanzen aus dem Kasino, sie waren nur durch ein unscheinbares Bändchen, am Arm aufgeheftet, zu unterscheiden von den Tänzern, ihren Herren Vorgesetzten. „Ordonnanz, ein Glas Bier, aber fix," ruft ein älterer Herr. Die Ordonnanz dreht sich um, es ist der Leutnant P.. „Bitte tausendmal um Entschuldigung, aber wenn die Herren einem den Rücken kehren, kann der T..... wissen,

„Kaiser Wilhelm in Wilhelmshaven: Die Kreuzerkorvette „Alexandrine" seeklar und unter Dampf in der Kammerschleuse; neue Hafeneinfahrt"

wen man vor sich hat!" Der Leutnant lacht: „Sehr natürlich!" und holt schleunigst das gewünschte herbei. Von der Galerie herunter winkt eine etwas kurzsichtige Frau sich den Leutnant von B. heran. Als die Ordonnanz näher kommt, erkennt sie ihren Irrtum. „Matrose Haase, zu Befehl!" Selbstverständlich mußte die Quadrille noch mal wiederholt werden.

Am Abend vor der Abreise wurde dem Herrn Stationschef ein Fackelzug gebracht, dann gings zum Scheiden! Wir ahnten nicht, daß wir den alten, langjährigen Freund zuletzt gesehen hatten, daß es ein Abschied auf immer war. Nach einem Vierteljahr raffte den Grafen Monts der Tod hinweg. Wahrlich, es war ein tragisches Geschick, endlich nach so vielen Anfechtungen auf der Höhe und nach kurzer Zeit nicht mehr unter den Lebenden. Zur Beisetzung war mein Mann nach Berlin gefahren; es war ein großes, feierliches Leichenbegängnis gewesen, dem auch Se. Majestät der Kaiser beiwohnte. Wir haben den Tod des verehrten Mannes schmerzlich bedauert.

Die Gräfin raffte sich nach einiger Zeit mit der Energie, die wir an ihr kennen, auf aus ihrem Schmerz. Sie trat an die Spitze des Ostafrikanischen Vereins vom Roten Kreuz. Wie sie seit 1889 segensreich gewirkt hat, ist zu allgemein bekannt, als daß es hier noch der Erwähnung bedürfte. Jetzt hat die Krankheit sie zur Ruhe gezwungen, möge ihr baldige, volle Genesung beschieden sein. -

Nachdem Graf und Gräfin Monts von Wilhelmshaven geschieden, war es ganz still geworden in unserem Kreise; die hübschen Stunden des traulichen Beisammenseins, die reizenden Feste, alles vorbei – aber es war auch wieder eine Zeit der Einkehr, die uns nie ganz befriedigt, wenn wir gewohnt sind,

Ansprüche an uns selbst zu machen. Zuerst die Umschau: Der Winter nahte heran, da gab es viel zu bedenken, das Einkochen der Früchte, das Ernten der Gemüse aus dem Garten und zuletzt die Instandsetzung der Garderobe für mich und die Kinder. Also rasch die Schneiderin bestellt auf mindestens eine Woche – Nähtage, notwendige Übel, Schrecken der Hausfrau!

Als unsere Töchter noch zur Schule gingen, kam dann „Mine". Wenn etwas neues da sein mußte oder aus alten Roben von Mutter Schulkleider angefertigt werden sollten, zog sie bei uns ein. Mine war, wie so manche, aus der Umgegend hierher gekommen, um sich in Wilhelmshaven ihr Brot zu verdienen; sie war ein nettes, bescheidenes Mädchen und wir hatten sie gern. Hervorragend in ihrem Fach war Mine nicht, aber eine leidenschaftliche Romanleserin. Manchmal trat sie morgens schon an mit einem abgegriffenen Band, den sie sich im Vorübergehen aus einer obskuren Leihbibliothek in Neuheppens geholt hatte. „Die Totenhand", „Die eingemauerte Nonne", „Das Gespenst um Mitternacht", das war so ihr Geschmack. Hochbeglückt war sie, als ich ihr einmal zwei alte Schmöker von Vulpius, dem Schwager von Goethe, und Leibrock, verehrte. „Rinaldo Rinaldini" war ihre Schwärmerei. „So'n Räuberhauptmann, das ist noch was!" Später machte ich mir Vorwürfe, Minens Passion für das Romanlesen dadurch Vorschub geleistet zu haben.

Leider mußte ich ihr irgendwann doch den Laufpaß geben. Sie hatte das viele Lesen für sich praktisch verwertet, sie bekam eine unglückliche Liebe, hatte oft verweinte Augen, mochte nicht essen und machte alles verkehrt. Wie sie sich nicht besserte, sondern immer mehr ihrem Schmerz um den ungetreuen Seemann nachhing, riß mir der Geduldsfaden und ich kündigte ihr die Freundschaft.

Nachdem Graf Monts nach Berlin berufen war, ersetzte ihn hier der Vizeadmiral von der Goltz, nach des Grafen Tode wurde er Höchstkommandierender und Admiral Paschen Chef der Nordseestation. Unter ihm vollzog sich eine Trennung der Gesellschaft, die allerdings schon bestanden hatte: sämtliche höhere Beamte der Marine traten aus dem Offizierkasino aus. Sie waren unter Admiral Batsch auf dessen Aufforderung in das Kasino eingetreten, hatten aber wenig von ihrem Recht als Mitglieder Gebrauch gemacht, Veranlassung zum Austritt gab ein sich unter den neuen Statuten befindlicher Passus, der jedoch später wieder gestrichen wurde: die Beamtendamen soll-

„Kaiserbesuch 1897 auf S.M.S „Alexandrine": Wilhelm II. und der Kommandierende Admiral Freiherr von der Goltz schreiten die auf dem Oberdeck aufgestellte Mannschaft ab."

1889: Torpedoboot im Neuen Hafen

ten über sich ballottieren lassen, wenn sie das Kasino besuchen wollten. Es war vorauszusehen, daß sich das die Damen nicht bieten lassen würden. Die Beamten der Marine gründeten darauf ihren eigenen Klub, zogen noch die Juristen, Ärzte und Lehrer hinzu. Es war schon damals eine große Gesellschaft, die sich „Museum" nannte, in der „Loge" ihre Zusammenkünfte hat, sehr hübsche Feste gibt, von genialen Mitgliedern veranstaltet.

Wo gibt es eine Stadt im deutschen Reiche, welche, ausgenommen die Schwesterstadt Kiel, so häufig die Ehre hat, den Kaiser Wilhelm II. zu begrüßen, wie Wilhelmshaven!

Du armes verachtetes Heppens von 1859, auf welches alle Kleinstädter und Dörfer der Umgegend herabsahen, was ist aus dir geworden! Wenn man damals auf einer Fahrt mit der selig entschlafenen Postkutsche zwischen Heppens und Bremen eine Bekanntschaft machte, dann wurde man gefragt: „Wo haben Sie Ihren Wohnsitz?" Dann schlug man die Augen nieder und sagte verschämt: „In Heppens an der Jade!" – „Ach so, wo Preußen den Kriegshafen baut, es soll dort furchtbar sein!" Ja, furchtbar war es, das kann ich nicht leugnen, soviel Mühe ich mir auch in diesen Zeilen gegeben habe, es so rosig wie möglich zu schildern. Nahm man nach zweistündiger Fahrt Abschied von der Reisegefährtin, bat man: „Wenn Sie einmal Ihr Weg nach Heppens führt, bitte, besuchen Sie mich." Dann sagte die neue Freundin mit Achselzucken: „Wie sollte man da wohl hinkommen!"

Kleines graues Entelein, wie hast du dich herausgemausert. Jetzt kommt einer der Mächtigsten der Erde zu dir – der deutsche Kaiser! Ein unsägliches Triumphgefühl schwellt mir die Brust, wenn ich daran denke: Einst und Jetzt!

Im Juli 1889 war alles in fieberhafter Aufregung. Der Kaiser kommt und die Kaiserin zum ersten Mal. Welch eine Fülle von Arbeit gab es vorher. Die Roon-, die Königstraße wimmelte von Menschen, welche mit den Vorbereitungen für den kaiserlichen Besuch beschäftigt waren, von Arbeitern, die die Ehrenpforten bauten und die Flaggenstangen aufrichteten, von Neugierigen, die es begutachteten. Ganze Waggonladungen von Grün und Girlanden kamen von Bockhorn, zur Bekleidung der hölzernen Gerüste. Schwarze, weiße, rote Stoffe waren in den Läden ausverkauft. Die Vorratskammern des „Hotel Hempel", des Hotels ersten Ranges, füllten sich mit Delikatessen, Kaviar, vom besten, Hummern, Gänseleberpasteten, feinem Geflügel für die verwöhnten Berliner Gourmets vom Oberkommando und dem Reichsmarineamt. Der Gastwirt, der Restaurateur versenkte schon am Tage vorher große Mengen belegter Butterbröte, Zentner Heringssalat in die Tiefen seines Kellers. Ochsen, Kälber mußten ihr Leben lassen zu Beefsteaks und Koteletts. Mit solchem Fundament konnte man ruhig den Fremden entgegensehen, die unser Wilhelmshaven überschwemmen würden.

In der Damenwelt, der crème de la crème, ließen Toilettesorgen diejenigen, welche die Anwartschaft darauf hatten, der Kaiserin vorgestellt zu werden, nicht schlafen. Von Fortuna Begünstigte schrieben an die Berliner Worth'se um eine Hofrobe, oder auch, sie setzten die hiesige Kleiderkünstlerin, Fräulein Finke, in Nahrung. Andere holten das Wintersaisonkleid aus der Naphtalinkiste, lüfteten es, bügelten es auf, und es mußte auch so gehen. – In einer Wohnung des Zwölf-Männer-

Die kaiserliche Yacht, Aviso „Hohenzollern", erbaut 1876, läuft in die neue Hafeneinfahrt ein.

hauses warf die Gaskrone ihre Strahlen auf eine elegante, geschmackvolle Einrichtung. Im Lehnstuhl hatte der Eheherr Platz genommen, herein rauschte in schillernder Seide die reizende Neuvermählte. Sie hielt vor dem kritischen Auge des Gatten Probe zu dem Kompliment von Ihrer Majestät der Kaiserin. Von einer seltsamen Befangenheit war die junge Frau, mir sagte sie: „Wenn ich daran denke, daß ich der Kaiserin vorgestellt werden soll, wird mir ganz angst!" Sonst wußte sie sehr genau, was sich schickt, wie man es von einer Tochter aus gutem Hause nicht anders erwarten kann. –

Hell strahlte die Sonne am 27. Juli, im Jahre des Heils 1889. Sonnenschein auf den Gesichtern, im Herzen der Bewohner von Wilhelmshaven. Überall Hohenzollernwetter, wie es sich gebührt, wenn unser Kaiserpaar einzieht. Am Nachmittag drei Uhr langte Se. Majestät auf seiner Yacht „Hohenzollern", von der Norweger Reise im besten Wohlsein zurückkehrend, hier an. Der Kaiser war nach Wilhelmshaven gekommen, um die dem zweiten Seebataillon gnädigst verliehene Fahne selbst zu übergeben. Als er den Wagen bestieg, zur Fahrt nach dem Kasino, empfing ihn eine jubelnde Menschenmenge, brausende Hurras erfüllten die Luft.

Am 28. abends traf auch unsere Kaiserin ein. Von Wilhelmshöhe aus hatte sie die Fahrt gemacht, ihren hohen Gemahl vor seiner Reise nach England zu begrüßen. Ihre Majestät wohnte ebenfalls auf der „Hohenzollern". Am 29. Juli, morgens zehn Uhr, begaben sich die Majestäten von der „Hohenzollern" nach dem Stationsgebäude, wo im großen Saal die neue Fahne zur Nagelung auf einem Tisch ausgebreitet lag; gehalten wurde dieselbe von dem Kapitän z. S. Frhrn. von

1898: „Einschiffung des Gepäcks der Marineinfanterie in Wilhelmshaven"

Senden, den silbernen Hammer hatte der Kommandeur des zweiten Seebataillons in der Hand. Zugegen waren noch Prinz Heinrich von Preußen, der bei der Marine dienende Leutnant z. S. Friedrich Wilhelm von Mecklenburg – sein späteres jähes Ende mit seinem Torpedoboot ist bekannt - der kommandierende Admiral Frhr. von der Goltz, der Stationschef Vizeadmiral Paschen und der Inspekteur der Marineinfanterie Oberst von Roques.

Se. Majestät vollzog die ersten Hammerschläge, dann folgte die Kaiserin, Prinz Heinrich, der Herzog von Mecklenburg, die direkten Vorgesetzten des zweiten Seebataillons. – Um 12 Uhr erfolgte die Übergabe der Fahne an das Bataillon auf der

Westseite der Adalbertstraße. Dort war ein mit einer roten Samtdecke geschmückter Altar errichtet, derselbe stand unter einem geschmackvoll dekorierten Baldachin. – Um den Altar gruppierten sich sämtliche Offiziere der Garnison, dann die Offiziere des auf der Reede liegenden Marinegeschwaders. Gegenüber dem Altar war das zweite Seebataillon in Parade aufmarschiert. Als Se. Majestät sich näherte, präsentierte das Bataillon, währenddem die Nationalhymne gespielt wurde. Die Kaiserin schritt an der Seite des Prinzen Heinrich zum Altar, begleitet war die hohe Frau von den Damen ihres Gefolges und der Exzellenz Paschen, der Gemahlin des Stationschefs. Sie nahm uns alle gefangen durch ihre hoheitsvolle Anmut; noch sehe ich ihr schelmisches Lächeln, als ihr ein neckischer Windstoß die Fahne, welche der Kommandeur des Bataillons vor ihr neigte, ins Gesicht wehte, leise schob sie dieselbe zurück. Die Toilette der Kaiserin bestand aus einem crêmefarbenen, mit kostbaren Stickereien bedeckten Kleide, es war mit lila Schleifen garniert, dazu trug sie ein lila Kapotthütchen. Obwohl für die hohen Herrschaften Stühle gestellt waren, wohnte Ihre Majestät der ganzen Feier stehend bei.

Der Kaiser ging die Front des Bataillons ab und hielt darauf eine Anrede an dasselbe. Darauf trat der Kommandeur des Bataillons, die Fahne tragend, auf einen Wink Sr. Majestät aus dem Portal des Stationsgebäudes und marschierte bis an den Altar. Nachdem er Sr. Majestät seinen Dank ausgesprochen für die dem Bataillon gewordene Auszeichnung, das Hoch auf den allerhöchsten Kriegsherrn erfolgt war, weihte der Marinepfarrer Langheld die Fahne mit einer Rede ein. Mit dem Parademarsch des zweiten Seebataillons war die Feier beendet.-

Se. Majestät fuhr daraufhin ins Marineoffizierkasino, um dort das Frühstück einzunehmen, während die Kaiserin mit ihren Damen im Stationsgebäude frühstückte; daran nahm nur noch teil Frau Admiral Paschen. Um sieben Uhr war, ebenfalls auf der Station, ein Diner von sechzig Personen.

Am Tage darauf, dem 30. Juli, geruhten der Kaiser und die Kaiserin, vom „Mars" aus, wo auch die Damen der Garnison vorgestellt wurden, ein Schwimmfest mit anzusehen. Die Kapriolen der Akteure, unter denen Neptun natürlich nicht fehlen durfte, besonders einige als Frösche frisierte Matrosen, sollen die Majestäten sehr amüsiert haben.

Der 31. Juli war als Tag der Abreise des Kaiserpaares festgesetzt. Frühmorgens fuhr die Kaiserin per Extrazug nach Wilhelmshöhe zurück, der Kaiser trat auf der „Hohenzollern" die Reise nach England an. Manöver- und Übungsflotte erwarteten auf Schilligreede Se. Majestät.

3. Juli 1900: Ansprache des Kaisers an das nach China bestimmte Expeditionscorps – auf dem Platz an der Manteuffelstraße vor dem „Berliner Hof". Im Hintergrund die Lotsenhäuser, der zweite Wohnsitz der Familie von Krohn.

Die Kaisertage, so schön und interessant sie waren, etwas aufreibendes hatten sie doch. Als wir uns am 28. nachmittags beim Kaffee versammelten, war natürlich von nichts anderem die Rede, als vom Besuch der höchsten Herrschaften. Auf der Insel waren wir schon am Tage vorher gewesen und hatten den Kaiser landen sehen. – Also nun die Kaiserin. Sie soll heute abend um sieben Uhr direkt mit dem Zuge auf die Werft fahren, sagt die eine, die andere: nein, die Kaiserin besteigt auf dem Bahnhof die Equipage und passiert die Roonstraße. Nun meldet die Ordonnanz: „Ihre Majestät kommt um vier Uhr hier an" – also in kaum einer halben Stunde. Nun beginnt ein Hasten mit der Toilette, es gibt eine umgegossenen Milchkanne auf dem Kaffeetisch, abgerissene Handschuhknöpfe und so weiter. Dann erscheint die Köchin auf der Bildfläche: „Ich möchte die Kaiserin auch gern sehen! Kann ich fort?" – „Jetzt nicht, vielleicht später," sage ich, da zieht sie höchst pikiert ab, um sich in ihren Sonntagsstaat zu werfen, denn als ich von einer leider vergeblichen Expedition - die Kaiserin kam wirklich erst am Abend – zurückkehrte, fand ich das Haus leer, alle Türen sperrangelweit offen, im Büfett hatte ich den Schlüssel stecken lassen, wer gewollt hätte, dem wäre das Familiensilber zum Opfer gefallen. Es ist ein eklatanter Beweis von der Ehrlichkeit der hiesigen Bevölkerung, daß mir während der drei Kaisertage nur ein silberner Löffel gestohlen wurde, und der Dieb ist vielleicht garnicht einmal ein Wilhelmshavener, sondern ein reisender Handwerksbursche gewesen.

Eine zappelnde Unruhe hat sich unser bemächtigt, kaum zu den Mittagsmahlzeiten treffen alle pünktlich ein. „Wo werden wir die hohen Herrschaften am besten sehen?" steht im

Vordergrund des Interesses. Wer einen Gruß von dem Kaiser, der Kaiserin erlangt, ist hochbeglückt. Ich erinnere mich, daß meine Töchter, als der Kaiser frühmorgens mit der „Hohenzollern" wegfuhr, um drei Uhr aufstanden, in Geschwindigkeit nach der neuen Hafeneinfahrt gingen, um den Kaiser nochmal zu sehen. Sie waren, die Taschentücher schwenkend, mit der „Hohenzollern", so weit sie konnten, mitgelaufen. Mein Mann kam sehr verärgert nach Hause, er hatte von der Kommandobrücke aus den steeplechase mit angesehen und hielt eine Strafpredigt, doch die Mädchen trösteten sich damit, der Kaiser habe sehr gelacht und ihnen freundlich zugenickt.

Se. Majestät war hernach noch so häufig in Wilhelmshaven und ich habe fast jedesmal das Glück gehabt, ihn zu sehen; nur in den Julitagen des Jahres 1900 blieb es mir versagt, als am 3. Juli der Kaiser die „Wittelsbach" taufte. Ich war nicht in der Stimmung, einem Stapellauf beizuwohnen. Zwei Tage vorher drang die Kunde zu uns von der Verwundung unseres Sohnes in China, ich selbst nahm das Extrablatt in Empfang. Wer es nicht durchgemacht hat, einen Sohn im fernen Lande verwundet zu wissen, wer diese quälende Unruhe nicht kennt, begreift nicht, was es heißt. Daß Se. Majestät die Gnade hatte, am 2. Juli telegraphisch anzufragen nach dem Befinden der verwundeten Offiziere, und wir dadurch schon am dritten nähere Nachrichten hatten, dafür werde ich niemals aufhören, aus tiefstem Herzen zu danken.

Der Nachfolger von Paschen als Stationschef wurde der Admiral Schröder; er blieb ein Jahr in der Stellung, wenn ich nicht irre. Schröder hat sich in Wilhelmshaven ein unvergeßliches Denkmal gesetzt. An der Viktoriastraße, rechts vom

Stationsgebäude, nur durch einen schmalen Fußweg von demselben getrennt, lag ein Stück Land, dem Fiskus gehörig. Sumpfig, wie es war, benutzte man es nur bei ganz trockenem Wetter als Übergang, um sich den Weg nach Neuheppens abzukürzen. Was wollte der Fiskus mit dem Areal? Wie man sagte, sollte dort ein Justizpalast und noch ein neues Zivilgefängnis aufgeführt werden. Nun, für das Amtsgericht und die Polizei ist ja lange schon gesorgt durch das stattliche Gebäude an der Marktstraße, und was ein Gefängnis anbelangt, so scheint das jetzige mit kürzlich aufgesetztem Stockwerk vorläufig auch für die entgleiste Menschheit zu genügen. Dort ist selten alles be-

"Der Stapellauf des Linienschiffes „Wittelsbach"
in Wilhelmshaven am 3. Juli 1900."

Das „Schweizerhaus im Park" an der Goekerstraße

setzt. Man wird fragen, wie ich so genau Kenntnis von den Insassen der Zellen haben kann. Ganz einfach, ich zähle abends im Vorübergehen die erleuchteten Fenster und freue mich über jedes dunkelgebliebene, als Zeichen, daß es in Wilhelmshaven so wenig Spitzbuben gibt.

Admiral Schröder hatte während seines Aufenthalts in England die Annehmlichkeiten und den Nutzen des Sports kennen gelernt. Wiewohl seine Passion für das Reiten gering war, so wußte er die Spiele, wie Tennis, Croquet, foot-Ball, in denen der Engländer Meister ist, zu schätzen, und stets besorgt für unser Wohl, veranlaßte er, daß das vorerwähnte brachliegende Morastland zu einem Tennisplatz hergegeben wurde. Nun begann man, das Land zunächst umzugraben, die Fläche zu walzen und ringsherum mit Bäumen und Sträuchern zu bepflanzen. Ein Häuschen wurde erbaut im Schweizerstil. Es enthielt einen Erfrischungsraum für die Mitglieder des Spielplatzes, Toiletten für die Damen und Herren, eine Pantry, ein Gelaß für die Ordonnanzen, von denen zwei Tag und Nacht dort sind, am Tage zur Bedienung, nachts, um das Häuschen zu bewachen, vor dem sich eine mit Efeu bewachsene Veranda herzieht.

Welch eine Wohltat der Admiral Schröder uns mit dem Spielplatz erwiesen, hat er damals wohl selbst nicht geahnt. Nach und nach wuchs denn alles hübsch heran, die Bäume und Sträucher bilden jetzt eine undurchdringliche Wand, Blumenbeete, hochstämmige Rosen erfreuen das Auge. – Da die drei Tennisplätze bald nicht mehr genügten, wurden noch vier angelegt, jetzt sind es also ihrer sieben, und ein Croquetplatz. Ein Übungsterrain für Radfahrer entsprach den Anforderungen nicht und bedeckte sich bald mit Gras. – Wurf- und Kegelspiele sind für die, welche nicht Tennis spielen, schon in der ersten Zeit vom Vorstand angeschafft. Ursprünglich hatte sich der Kinderfreund Schröder den Platz mehr für die Kleinen gedacht, doch es sollte anders werden. Kinder unter sechs Jahren durften den Platz nicht betreten, ach! und auch die treuen Gefährten der Menschen wurden verbannt. Zeigt sich ein Hund, sofort wird sein Herr ausgewittert, die Spielplatzordonnanz nähert sich dem Präses mit dem ominösen blauen Heft, und der unglückliche Terrier-, Teckel- oder Pudelbesitzer wird mit drei Mark Strafgeld verzeichnet – bei der nächsten Kasinorechnung vom Gehalt in Abzug zu bringen. –

Ein „genialer" Intendanturrat war die Seele des Spielplatzes. Er gründete den „Mondscheinklub". Um allen Mißverständnissen vorzubeugen, sei hier gesagt, daß der Name sich nur auf den Mond bezieht, der manchmal unsere abendlichen Sitzungen beleuchtete. Und wie gemütlich waren sie und wie besucht. Mitunter faßte die Veranda kaum alle Teilnehmer, wir saßen dann in großer Tafelrunde. Der Rat erzählte seine besten Schnurren und Geschichten, manch Scherzwort flog hin- und herüber. Nun wird es still in unserm Kreise, leise raschelt es in den Blättern des Efeu, der Wind spielt in den Zweigen der Schrödereiche. Der weiche, schöne Sommerabend stimmt zur Träumerei. Da bricht ein junger Offizier den Bann. „Tanzen!" Wir älteren, vernünftigen Leute legen ein Veto ein: es ist spät, es ist Zeit, nach Hause zu gehen; doch wir werden überstimmt. „Nach Hause geh'n wir nicht, nach Hause geh'n wir nicht", singt ein übermütiger Jüngling. „Gnädiges Fräulein, kann ich die Ehre haben?" Paarweise gehts zum Asphaltplatz; dort drehen sie sich nach den Klängen der schönen, blauen Donau, welche die Spielordonnanz der Ziehharmonika entlockt. – Der Mond schaut mit seinem breiten, behäbigen Lächeln auf die muntere Schar herab: „Kurioses Volk, die Menschlein! Was das nun für ein Vergnügen ist, zu zweien herumzuhüpfen!" – O, du dummer Mond!

Das ist nun lange her. Seit der Zeit habe ich im Sommer täglich auf dem Tennisplatz gesessen, habe Interesse am Spiel gewonnen, mich vortrefflich unterhalten. Wenn das Geschwader hier ist, kommen wohl liebe, alte Bekannte, das sind dann besondere Festtage für mich. Wir können dem Admiral Schröder nicht genug danken, daß er diesen Sammelplatz der Geselligkeit geschaffen. – Auch schlechte Zeiten hat es für unseren Spielplatz gegeben. Das war, wie der Radelsport so recht in Blüte stand, da radelte alles und der Tennisplatz war verwaist. Ja, sogar abendliche Korsos mit Lampions gab es in der Adalbertstraße – doch das Bessere ist der Feind des Guten. Eines Tages bestellte man die Musik, es sollte mal recht festlich werden. Leider wurde das mit der Musik ruchbar und da füllte sich denn unsere stille, vornehme Adalbertstraße mit Strampelbrüdern und Nadeldamen, sie wollten auch mal nach den Klängen der Militärkapelle dahinsausen. Nun wurde es ungemütlich, lebensgefährlich, und da war es aus und der Tennisplatz kam wieder zu seinem Rechte.

An jedem Donnerstag-Nachmittag spielt die Musik. Hübsche Feste haben wir dort; mitunter ladet der Herr Stationschef dazu ein, als Ersatz für die Gartenfeste aus früherer Zeit, dann aber gibt der Vorstand zuweilen einen after noon tea. Eigentlich sollte ich Nachmittagstee sagen, denn englische Ausdrükke sind auf dem Platz verboten, wie die dort aufgehängte Tafel besagt, man soll deutsch sprechen, so gebietet es der deutsche Sprachverein.

Seit einigen Jahren gibt es Wettspiele, die den Charakter verderben. Dann ist der Tennisplatz ein Tummelplatz der Leidenschaften. Die besten Freunde, Familien entzweien sich um den ersten, zweiten oder dritten Preis. Eine nicht zu beschreibende Aufregung bemächtigt sich vorher der Gemüter, unruhige Träume haben die engagierten Spieler. Mir erzählte mal jemand, er habe in der Nacht vor dem Turnier nach hartem Kampf seine Gegner besiegt, beim Erwachen sei er ganz erschöpft von der Anstrengung gewesen. Leider war es dem Herrn nicht vergönnt, in der darauffolgenden Nacht auf seinen Lorbeeren zu ruhen, - Viel zu kurze Zeit war Kapitän z. S. Th. Präses des Spielplatzes, er hat manches Nützliche geschaffen, so hatten wir wohl seinen Bemühungen die Kaiserpreise zu verdanken. Für die Damen besteht er aus einer Brosche in Brillanten, für die Herren aus einem silbernen Zigarrenetui; beide Preise haben Krone und Namenszug unseres Kaisers. Nun werden dann aber mehr denn je Neid und Eifersucht entfesselt - decken wir den Mantel der Liebe darüber.

Nahe an vierzig Jahre sind es nun, seitdem ich an der Seite meines Mannes hier das Land betrat. Wir beide sind alt geworden, unser Haus ist vereinsamt, der Sohn, die Töchter haben uns verlassen. Schon seit länger haben wir an dem Gesellschaftstrubel keinen Teil, doch blühen uns kleine Freuden, denen wir nicht gerne entsagen möchten. Mein lieber

Blick auf die Kaiserliche Werft beim Werfttor I; um 1894

Mann hat seine Jagden, die Kegelabende, den Dämmerschoppen; ich hübschen Verkehr mit mir befreundeten Damen, vor allem das Gesangkränzchen, welches mit kurzer Unterbrechung beinahe dreizehn Jahre bestanden und welches mir immer neue Anregung gegeben hat. So haben wir keine Wünsche mehr, sei es denn der, daß es uns vergönnt sei, hier unser Leben zu beschließen.

Es wär' so schön gewesen, es hat nicht sollen sein! Als es nach einem schmerz- und sorgenvollen Sommer, nach all der Unruhe, welche ein Umzug mit sich bringt, zum Scheiden ging, stiegen wir noch einmal auf den Wasserturm. Da lag sie ausgebreitet vor unseren Blicken, die jüngste Stadt des deutschen Reiches. Dort die Werft mit ihren Hellingen, den Schiffen unserer Kriegsmarine, den Werkstätten, Magazinen; südlich davon die Roon-, die Königstraße, das eigentliche Wilhelmshaven; nördlich die Bismarckstraße, der neue Marktplatz, Altheppens, der Friedhof der Militärgemeinde; westlich die Adalbertstraße mit der Christuskirche, dem Stationsgebäude; es grüßt uns der Wilhelmsplatz, den wir so oft überschritten, mit dem Denkmal des großen Kaisers, die Elisabethkirche, Gymnasium, der Bahnhof, dann Bant, welches schon eine kleine Stadt für sich bildet; im Osten das Kommissionshaus, die Forts, das Observatorium lugt aus dem Grün hervor; gleich einem Silberband erglänzt die Jade im Sonnenschein, von der Landseite umsäumen die grünen Wiesen des Jeverlandes die Stadt.

Noch einen Abschiedsblick und dann hinunter, es war noch nicht das Schwerste, das stand uns noch bevor. Das Scheiden von der Wohnung, der Stätte so vieler schöner Erinnerungen, das Lebewohl von all den lieben Menschen, die uns noch bis zuletzt mit Güte und Freundlichkeit überhäuften, uns mit Blumengrüßen am Bahnhof empfingen - wahrlich, recht schwer war der Abschied, viel haben wir aufgegeben, was werden wir eintauschen? -

So lege ich denn die Feder nieder mit der Bitte, das, was ich geschrieben, nachsichtig zu beurteilen. Wenn es Interesse für diejenigen hat, welche länger in Wilhelmshaven gelebt haben, so ist der Zweck dieser Zeilen erfüllt.

Die Einweihung von Wilhelmshaven durch König Wilhelm I.

von Kapitän zur See a. D. Adolf Mensing

Als man sich vor 50 Jahren entschloß, den Kriegshafen an der Jade einzuweihen, war das sichtbare Stück der dort geleisteten 15jährigen Arbeit ein großes kaum zu nennen. Mancherlei Umstände hatten das verhindert. Die von Preußen allein aufgebrachten Gelder waren knapp bemessen gewesen. Maschinelle Hilfsmittel wandte man nur wenige an. Die zugewanderten Arbeiter litten schwer unter Malariafieber. Zweimal hatten Sturmfluten den Fangdamm eingerissen, in dessen Schutze die ersten Molen, die der jetzigen mittleren Hafeneinfahrt, errichtet werden sollten.
So kam es, daß nur diese und ein Trockendock fertig gestellt, ein 2. Dock und der zum Baubassin führende Kanal in Angriff genommen waren, als man die Feier in Aussicht nahm. Kaum zwei Dutzend einzeln stehender Häuser, einige geteerte hölzerne Arbeiterbaracken und ein Bohrturm standen auf dem Gelände, über dem die Stadt sich später erhob. Der größte Teil ihres Weichbildes wurde noch als Weideland benutzt, das zahlreichem schwarz-weiß gefleckten Vieh die Nahrung gab. Nur wenige mit Klinkern gepflasterte Straßen gestatteten Fuhrwerken die Bewegung.
Als bei der Marine die frohe Kunde eintraf, daß König Wilhelm I. persönlich bei der Einweihung anwesend sein würde, herrschte Begeisterung. Man fühlte instinktiv, daß es nun ernstlich vorwärts gehen würde mit dem Ausbau der Marine, deren

Schwäche im deutsch-dänischen Kriege sich noch so schwer fühlbar gemacht hatte.

Der König beabsichtigte auf dem Wege zur Jade der alten Hanse-Stadt Bremen seinen ersten Besuch abzustatten. Diese hatte zum würdigen Empfang des Oberhauptes des norddeutschen Bundes mancherlei Vorkehrungen getroffen und auch einen Triumphbogen mit einer lateinischen Inschrift errichtet, die von Spöttern als klassisch nicht angesehen wurde. Das schmückende Tannengrün kam aber in Gefahr zu verdorren und abzufallen, denn der König erkrankte und mußte seine Ankunft verschieben. Den Bremer Bürgern damaliger Zeit konnte man es nicht verargen, daß sie das nicht gerne sahen, denn ihre Erfahrungen mit anderen deutschen Fürsten waren keine besonders erbaulichen gewesen. Sie begannen zu murren, auch in der Zeitung. Einer dieser Artikel kam zu der Kenntnis des Königs. Er ließ dem Bremer Senat mitteilen, daß er bald eintreffen würde.

Als Kronprinz Friedrich das hörte, befragte er die Aerzte und berief dann einen Familienrat, in dessen Auftrag er den greisen Monarchen bat, die Reise zunächst zu unterlassen. Man sagte damals, daß er sich verschworen hätte, das nicht wieder zu tun. Der König traf aber ein paar Tage später in Bremen ein und wurde mit großer Begeisterung empfangen. Am Abend fuhr er weiter nach Oldenburg, um dort zu übernachten und am nächsten Tage die Einweihung vorzunehmen.

Während dieser Zeit hatten sich alle verfügbaren Schiffe der Bundes-Marine eingefunden. Es waren dies die gedeckte Corvette „Arcona" mit 28 Geschützen und einer bei John Cockerill in Scraing-Lüttich erbauten Maschine von 360 Pfer-

destärken, das noch kleine in Frankreich erbaute Panzerfahrzeug „Prinz Adalbert", von dem man festgestellt hatte, daß sein Heck statt mit Panzerplatten mit dünnen Kesselblechen „geschützt" war, der gleichfalls in Frankreich, aber gut gebaute Aviso „Grille", zu dessen aus Bronze hergestellten Ruderpfosten die von Napoleon III. eingezogenen Sous-Stücke der französischen Republik das Material geliefert hatten und der „Adler", ein von der preußischen Postverwaltung übernommener Raddampfer. Zu dieser, wie man sieht recht buntscheckigen Gesellschaft war unerwartet der „Minotaur" gestoßen, ein mächtiges, mit 30,5 cm gezogenen Geschützen armiertes, schönes englisches Panzerschiff, welches zum erstenmal im Dienste und gerne bereit war, sich an unserer Feier zu beteiligen.
Daran zu zweifeln, daß an diesem Tage das Wetter günstig sein würde, wäre zu jener Zeit fast als Hochverrat erschienen. Man wußte ja, daß es „Königswetter" sein würde. Das traf auch am 17. Juni 1869 zu, wenn auch nur, soweit man in der Jade darauf rechnen kann, wo man in dieser Beziehung recht bescheidene Ansprüche macht und einen gelegentlichen Regenschauer außer Acht läßt.
Die auf der braunen Flut liegenden Schiffe boten am Festtage einen festlich schmucken Anblick. In frischem festlichen Winde flatterten an ihren Toppen die Kriegsflaggen des Norddeutschen Bundes, darunter die lange vom Bugspriet bis zum Heck reichende Linie ihrer Signalflaggen und Wimpel in weiß, rot und blau. Hinter den Schiffen dämmerte die Küste von Eckwarden auf, die nur einmal durch den späteren General von Spitz II. schwimmend erreicht wurde.

Auch auf dem Lande hatte man sich bemüht, das Werktagskleid einer werdenden Hafenstadt tunlichst zu verdecken. An der Hauptstraße waren 2 Ehrenpforten errichtet und an laubumwundenen Flaggenmasten wie an den wenigen Häusern flatterte manche Fahne munter im Winde. Aber sonst war das Bild, das sich dem Auge bot, doch wesentlich verschieden von dem, was sonst in deutschen Landen bei ähnlichen Anlässen üblich war. Von der See sah man zwar nichts, weil sie durch den hohen Seedeich verdeckt war. Aber es fehlten am Bilde die bunten Uniformen des Militärs, von dem nur eine Kompanie Seeartillerie am Bahnhofe Aufstellung genommen hatte. Es fehlten vor allem die Frauen und beim Einzug die Kirchenglocken, denn das nächste Kirchdorf Heppens lag einige Kilometer entfernt.

Der König hatte vor seiner Abreise in Oldenburg das dort liegende Infanterieregiment inspiziert. Man erzählte, daß der hohe Herr dabei einen jungen Offizier hart angepfiffen habe, weil er beim Salutieren den Degen, statt ihn flach zu halten, mit der Schneide zur Erde kehrte; denn in solchen Dingen verstand der alte Herr keinen Spaß. Als er aber auf dem Bahnhof gegen 11 Uhr ausstieg, war die Wolke des Unmutes lange verflogen. Mit freundlichem Lächeln nahm er zunächst Meldungen entgegen, bei denen ich mich als Ordonnanzoffizier nennen durfte.

Von Oldenburg waren drei Hofwagen zur Verfügung gestellt. In dem ersten nahmen außer dem Könige, den Großherzogen von Oldenburg und Mecklenburg-Schwerin noch der Prinz-Admiral Adalbert Platz. Im zweiten folgten das Dreigestirn Bismarck, Roon, Moltke und Admiral Jachmann, im dritten andere hohe Offiziere. Auf dem Bock dieses Wagens fehlte der Jäger mit seinem Federhut. So schien es dem Ordonnanzoffizier S. M., als ob das ein vortrefflicher Platz für ihn sei. Er schwang sich hinauf und hatte so die beste Gelegenheit zu sehen wie die zusammengeströmten Landleute und Arbeiter nach ihrer Art still, aber mit leuchtenden Augen die hohen Herren in den offenen Wagen anschauten, wie aber ein Häuflein von Schulkindern ihnen zujubelte.

Die Strecke von 1,5 km bis zum Fuß der Nordmole wurde im schlanken Trabe durchfahren, der Weg von dort zum nördlichen Molenkopfe zu Fuß zurückgelegt. Auch dieser war in der Runde durch laubumwundene Stangen geschmückt an deren Spitzen Fähnlein flatterten, während an einem Mast in der Mitte die Königsflagge gehißt wurde. Indem man alle Stangen durch grüne Eichengewinde verband, hatte man dem ernsten, aus Granit gefügten Bau einen festlichen Ausputz gegeben.

Beim Beginn der Feier waren außer den in den drei ersten Wagen Sitzenden nur wenige Personen in der Lage die einander folgenden Ansprachen zu hören. Denn zur Beförderung des größeren Gefolges mußten Bauernwagen benutzt werden, welche den Weg nur langsam zurücklegten. Ihre Insassen wollten nicht stören und blieben deshalb in ziemlicher Entfernung stehen. Die ganze Feier erhielt dadurch einen nicht gewöhnlichen, ich möchte sagen, familiären Charakter.

Die Reihe der Ansprachen wurde durch 2 Herren eröffnet, die auf den Bau und seine Geschichte Bezügliches vorzutragen hatten. Daher fehlten mancherlei vielleicht vermeidbare Einzelheiten nicht. Und so schien das Gefühl vorherrschend zu sein, daß man nicht recht vorwärts komme. Die Augen der meisten Anwesenden wandten sich auch unwillkürlich den Schiffen zu, auf deren Rahen die Matrosen in Parade aufgestellt waren. Mit einem Schlage änderte sich aber die Stimmung, als der Kriegsminister von Roon, dem damals auch die Marine unterstellt war, dem König gegenüber trat. Sich vor seinem Herrn schlicht verbeugend, setzte er zunächst eine Brille mit stählerner Fassung auf, entfaltete einen zwischen den Knöpfen des Waffenrockes herausgeholten Oktav-Bogen und begann dann mit klangvoller Stimme und ruhiger, aber bestimmter Betonung zu lesen. Er führte aus, wie Preußens Könige von jeher das Bestreben gehabt hätten, nicht allein dem eigenen Lande, sondern auch dem weiteren deutschen Vaterlande zu dienen und zu nützen. Als die Anlage eines Kriegshafens an der Nordsee geplant worden sei, hätten ihre Wellen kein preußisches Gebiet bespült. So wäre seine Gründung ein sprechender Beweis dafür, daß Preußen immer seine Aufgabe darin gesehen habe, nicht allein das Schwert, sondern auch der Schild Deutschlands zu sein und zu bleiben.

Insbesondere wäre des Königs Majestät von dieser hohen Aufgabe tief durchdrungen. Um das auch öffentlich zu erweisen, sei der Redner beauftragt, dem Hafen heute einen Namen zu geben, der das zum Ausdruck bringe und habe der König eine weite Reise nicht gescheut, um an der heutigen Feier teilnehmen zu können. So taufe er im allerhöchsten Auftrage den Hafen: „Wilhelmshaven" und spräche dabei den Wunsch und die Zuversicht aus, daß dieser im Frieden dem Handel und der Schiffahrt Deutschlands eine feste Stütze, im Kriege aber den deutschen Landen ein starker Schutz und Schirm sein und

immer bleiben möge. Indem er dieses ausspreche, wäre er des Zurufs der Anwesenden, der Teilnahme der Abwesenden gewiß, wenn er hier zum ersten Male riefe: Lange lebe Seine Majestät König Wilhelm I. Er lebe hoch, hoch, hoch!
Ich habe das Bild nie vergessen können, wie die beiden Männer einander gegenüber standen, der Eine mit den etwas müden Zügen eines vom Krankenbett eben Erstandenen, der Andere ein Mann noch im Vollbesitz ganzer Kraft. Wie ich sie ansah, zogen mir die Worte durch den Sinn, welche von Roon seiner Erde- und Völker-Kunde als Motto vorsetzte: „Wenn die Könige bauen, haben die Kärner zu tun". Aber welch ein König! Welch ein Kärner! Aus jedem Wort, das der Minister sprach, aus der kurzen Antwort des Königs klang der Ton gegenseitigen felsenfesten Vertrauens, unbedingter Zuverlässigkeit heraus. Ob die Welt wohl je solch Verhältnis sah, wie es König Wilhelm und seine Paladine verband?
Auf ein gegebenes Zeichen feuerten die Kriegsschiffe auf der Reede einen Salut, während die Besatzungen drei Hurrahs ausbrachten. Der König dankte dafür, indem er die Hand an den Helm legte.
Dann wandte er sich an den Großherzog von Oldenburg und sprach sein Bedauern darüber aus, daß die beiden Männer, welche das Werk begannen, ihre Vorgänger in der Regierung nicht mehr am Leben seien, um sich des Geschaffenen freuen zu können. Hierauf kehrte er sich dem Großherzog Friedrich Franz mit den Worten zu: „Und Dir werde ich es nie vergessen, daß Du der erste deutsche Fürst warst, der meine Mission erkannte und mir in guten und bösen Tagen treu zur Seite standest!" Dieses Bekenntnis machte auf den Angeredeten den

tiefsten Eindruck. Man sah, wie es in seinem Gesichte zuckte, als er des Oheims Hand ergriff und sich tief darüber beugend ihm mit leiser Stimme Dankesworte sagte.
Als der König sich dann aber zum Prinzen Adalbert wandte und auch diesem den Dank für seine ihm und der Marine geleisteten treuen Dienste aussprach, da liefen dem guten, lieben Prinzen die blanken Tränen über die Wangen.
Der Besuch des „Minotaur" war der nächste Punkt des Tagesprogrammes. Das Wasser zwischen den Molen hatte noch nicht die für das Passieren eines Bootes erforderliche Tiefe erreicht. Der König mußte deshalb zum Fuß der Mole zurückkehren, um an der äußeren Seite derselben zu einem kleinen Landungsstege zu kommen, der längst verschwunden ist. Dorthin wies der Hafenbaudirektor Goeker den Weg. Der König zog ihn ins Gespräch und fragte nach der Art und Weise des Baues. Die Antwort fiel dem Angeredeten etwas schwer, denn er hatte ja 15 Jahre in großer Einsamkeit gelebt. Er kam mit seinen Auseinandersetzungen nicht recht zurecht, sodaß der Ordonnanzoffizier nach dem Prinzip: „immer dreist und gottesfürchtig" sich entschloß, die gewünschte Auskunft zu übernehmen, wofür der König auch ihm ein freundliches Wort sagte.
Der Wind wehte frisch, sodaß die See weiße Schaumköpfe hatte. Die Marine besaß damals noch kein eines Königs würdiges Dampfbeiboot. Nur ihren Stolz, das blaulackierte Königsboot der „Grille" mit goldener Leiste und vergoldeten Kronen am Bug konnte sie zur Verfügung stellen. Es wurde von einem Offizier, Oberleutnant zur See Stubenrauch geführt, von dem Obermaat Krienitz, der das Militärehrenzeichen sich bei Stade erworben hatte, gesteuert und von 14 Matrosen in weißen

Anzügen gerudert. Hinten im Boote war über einem Gerüste aus Messingstangen ein Baldachin aus rotem Seidendamast gebreitet und am Heck wehte eine gestickte seidene Flagge. Das sah sehr hübsch aus, vermehrte aber die Seetüchtigkeit des Bootes keineswegs. Admiral Jachmann war deswegen berechtigt, den König zu fragen, ob S. M. unter den Umständen an Bord des „Minotaur" zu fahren gedächte, worauf er die lächelnd gegebene Antwort erhielt: „Warum nicht?" So nahmen im Boote außer dem Könige, den Fürsten und den Paladinen noch Admiral Jachmann und der Ordonnanzoffizier Platz, welcher außerhalb des Baldachins sitzend zum Lohn für seine Unverfrorenheit durch einen überkommenden Spritzer hübsch durchnäßt wurde.

Das Boot gelangte ohne Unfall längsseit des „Minotaur" an. Frisch stieg der König die hohe Treppe des Schiffes hinauf und wurde dort durch den Kapitän z. S. Goodenongh, empfangen und begrüßt.

Der Offizier des Bootes hatte den Befehl erhalten, an der Steuerbordseite liegen zu bleiben. Die anderen Boote mit dem großen Gefolge sollten an Backbord anlegen. Dieser Befehl war in Unkenntnis einer Bestimmung der englischen Vorschriften erlassen, nach welcher im Gegensatz zu unserer Gewohnheit einem gekrönten Haupte schon beim Betreten eines Kriegsschiffes ein Salut zu feuern war. Und das hatte eine böse Folge. Die 40 Geschütze des „Minotaur" waren nämlich gezogene Vorderlader, deren Zündloch so gelegt war, daß der Feuerstrahl der Schlagröhre die Kartusche des scharfen Schusses von oben in der Mitte traf. Damit auch die Salut-Kartusche sicher gezündet wurde, mußte diese übermäßig groß gemacht wer-

den. Zudem hatte der später als Lord Fisher bekannt gewordene, an Bord befindliche Seeoffizier eine elektrische Zündung erfunden, welche ein Abfeuern der Geschütze in ganz kurzen Zwischenpausen ermöglichte und wandte diese jetzt an.
Nun hatte man zwar dem Bordoffizier in englischer Sprache zugerufen, er möge mit dem Boot ablegen. Der hatte aber den Zuruf nicht verstanden, und so kam es, daß das Königsboot noch längsseit lag, als der erste Schuß fiel. Der Bootsoffizier erkannte die drohende Gefahr sofort. Er konnte nicht die Ruder ergreifen und fortrudern lassen, denn das hätte das Boot in noch schlimmere Lage gebracht; so ließ er es achteraus holen, um aus dem Bereich der Geschütze zu gelangen. Aber nach wenigen Sekunden folgte der 2., dann der 3. Schuß, so blieb ihm zur Rettung der Mannschaft nur übrig, den Befehl zu geben, sich flach auf den Boden des Bootes zu werfen.
Während der König die Front der Ehrenwache abschritt und aus einem unter dem Achterdeck stehenden Geschütz ein Schuß gelöst wurde, hörte ich einen Schrei außenbords. Ich lief zu einer Geschützpforte und sah, was geschehen war; armes Boot, wie warst du zugerichtet! Der Baldachin zerfetzt und zerrissen, das Gerüst geknickt, die Flagge in Fetzen, die Hemden der Matrosen gelb und angebrannt, die beiden Leute im Bug besinnungslos auf der Back des Bootes liegend, einige Kameraden beschäftigt, ihnen zu helfen – – es war kein Zweifel, die Ladung eines Geschützes hatte das Boot voll getroffen. Langsam trieb es dem Heck zu.
Ich rief einen der Bordoffiziere und eilte mit ihm zum Heck. Hier sahen wir, wie der Bootsoffizier schon Ordnung schaffen ließ, wie der Bootssteurer das Boot an ein anderes dort lie-

gendes band und dann feststellte, daß durch den Druck der Pulvergase die Planken im Bug vom Stern so getrennt waren, daß das Boot Wasser machte. Der Obermaat war von Beruf Zimmermann, und ein solcher weiß sich zu helfen. Er rief mir zu, mit einem Hammer und Nägeln wäre der Schaden zu heilen. Die waren bald herbeigeschafft, und während der König die Batterie durchschritt und kurze Zeit in der Kajüte verweilte, war auch die Mannschaft des Bootes gewechselt, die Fahne eines anderen Bootes aufgepflanzt und so konnte der König das wieder zusammengenagelte Boot besteigen, das ihn sicher, wenn auch ohne Baldachin, unter erneutem Salut und Paradieren der Mannschaften auf den Rahen zu der „Grille" und mit dieser ans Land trug.

Mittlerweile war es 2 Uhr geworden. Mit den bereit stehenden Wagen war die Fahrt zu den Docks bald zurückgelegt und man stieg aus, um diese zu besichtigen. Bismarck, Roon und Moltke ließen es sich nicht nehmen, auf den Boden eines Docks hinabzusteigen. Oben am Rande standen die Damen Wilhelmshavens — etwa ein halbes Dutzend —, die den Paladinen zu huldigen wünschten. Sie warfen ihnen Rosen zu. Man kennt ja das weibliche Geschick im Werfen: die meisten Blumen blieben auf den Stufen der Seitenwände liegen, nur eine fiel auf den Boden nieder und Bismarck hob sie dankend auf.

Endlich konnte man daran denken, daß der Mensch nicht allein von Worten und Taten lebt. Das Festmahl war in dem Schnürboden hergerichtet, dem einzigen, auf dem Werftgelände stehenden großen Holzschuppen. Man war bemüht gewesen, ihm außen und innen durch Laubgewinde und Flaggenschmuck ein schmuckes Aussehen zu geben. Das in

ihm aufgeschlagene Buffet, von Huster geliefert, schien uns Hungrigen noch viel schöner zu sein als der Flaggenschmuck. Bevor der Sturm auf dieses eröffnet werden konnte, hatte der König noch Orden zu verteilen und jedem der Ausgezeichneten ein freundliches Wort zu sagen.
Auch das ging vorüber. Die Herrschaften und die Spitzen der Behörden nahmen an den Tischen Platz, das „Volk auf der Mauer" aber stürmte — und zwar mit vollem Erfolg.
Unter den geladenen Gästen waren auch eine größere Anzahl englischer Offiziere, an ihrer Spitze der Kapitän z. S. Goodenongh, ein trefflicher Offizier und gläubiger Christ, der nach wenigen Jahren auf einer in Begleitung eines Missionars besuchten australischen Insel dem Pfeilschuß eines Eingeborenen erlag und vielen unvergeßlich blieb.
Er bat mich, bei den Gästen zu bleiben und ihnen als Dolmetscher für den Fall zu dienen, daß der König sie ansprechen solle. Das war auch bald der Fall.
Ich habe den Kronprinzen Friedrich sagen hören, daß von allen Malern nur Menzel es verstanden hätte, dem Gesicht seines Vaters das mitzugeben, was es besonders auszeichnete, das gütige Lächeln! Ich hatte hier Gelegenheit, zu sehen, wie recht er hatte und wie dasselbe wirkte.
Der hohe Herr verstand vom Seewesen nur wenig und hatte damals kein rechtes Interesse für die Marine. Im Jahre vorher hörte ich ihn beim Verlassen der „Thetis" im Kieler Hafen sagen, daß er lebhaft bedaure, nie Eckernförde besucht zu haben, „wo die Armee die Marine besiegte". So fand er es nicht leicht, den Herren etwas Angenehmes zu sagen, bis er ihre Orden erblickte. Da fragte er einen jeden, was sie bedeuteten

und wie sie erworben worden seien. Kapitän Goodenongh konnte ihm einiges aus dem Krimkriege erzählen, mit dessen Geschichte der König bekannt zu sein schien.
Als er schied, waren die englischen Herren wie elektrisiert. Kapitän Goodenongh sagte zu mir: „Als wir herkamen, hatten wir aus den Zeitungen viel Böses von den preußischen Junkern und ihrem Könige gehört und wie finden wir Euch nun? Wenn wir unserer Königin entgegenzutreten haben, so werden wir von den Hofbeamten genau angewiesen, wie wir uns verhalten müßten. Drei Verbeugungen bei jeder Anrede, drei nachher und die Augen hübsch niederschlagen; leise reden, das ist bei uns die Regel. Ihr aber tretet Eurem König frisch entgegen und seht ihm frei ins Auge. Spricht er Euch an, so verbeugt Ihr Euch kurz und antwortet ihm, wie ein Mann dem anderen. Ich verstehe es nicht, wie es kommt, daß man Euch so wenig bei uns kennt, ich aber habe viel gelernt."
Als das Mahl beendet war, war noch eine Pflicht zu erfüllen; der König hatte zum Schluß den Grundstein zur Elisabeth-Kirche zu legen. Nach einer Ansprache des Pfarrers Langheld aus dem benachbarten Heppens tat er die drei Hammerschläge und bekräftigte sie mit einem Segenswunsche, dann konnte er sich verabschieden und in den Wagen setzen, um den 30 km langen Weg nach Aurich zurückzulegen, das gegen 9 Uhr erreicht wurde. Er war 14 Stunden ohne Unterbrechung im Dienste gewesen. Welch eine Leistung für einen 72jährigen, eben vom Krankenbette Erstandenen.
Seit diesem Tage sind 50 Jahre verflossen; welchen gewaltigen Aufstieg zu herrlicher Höhe tat Deutschland in dieser Zeit und welch fürchterlich tiefen Fall!

Der alte Kaiser ist längst zur ewigen Ruhe eingegangen. Bis zuletzt blieb er seinem Volke ein Vorbild treuester Pflichterfüllung.
Und der Hafen, der seinen Namen trägt?
Als ich bei meiner letzten Anwesenheit den Eindruck der riesigen Arbeitsstätte von dem Seedeiche auf mich wirken ließ, da pries ich die Männer glücklich, die berufen waren und die Kraft hatten, das alles zu schaffen, wo sind sie jetzt?
Mit dem Reiche und seinen Zielen wachsend war Wilhelmshaven in dieser Zeit eine Stadt von 35.000 Einwohnern geworden, seine Werft eine der größten und leistungsfähigsten der Welt.
Aus seinem Hafen fuhr jene stolze Flotte in die See, welche an dem denkwürdigen 31. Mai 1916 mit der mächtigsten Flotte, die die Welt sah, in ruhmreichem Kampfe sich maß.
Und auch die Flotten fuhren aus ihm heraus, auf der die deutsche Revolution ausbrach und die unsere Schiffe nach Scapa Flow unseligen Angedenkens führte. So wird der Name Wilhelmshaven in der deutschen Geschichte stets einen wichtigen Platz behalten.
Und was wird aus Wilhelmshaven werden?
Wird es erhalten, vielleicht zu einer kaufmännisch betriebenen Schiffswerft werden, oder ...? Thackeray läßt einen Neuseeländer der Zukunft auf den Ruinen von London-Bridge stehend über das Weideland blicken, das die Stätte bedeckte, auf welcher einst die Metropole des britischen Weltreiches sich erhob, — auch das könnte das Schicksal unseres Kriegshafens an der Nordsee sein!
Kein Mensch kann die Frage beantworten.

Anmerkungen und Quellenhinweise

Barsenmeisterei – sie hatte Aufgaben des heutigen Wasser- und Schiffahrtsamtes, z. B. Tonnenverlegung auf der Jade.

Dauensfeld – östlich und südöstlich von Heppens, heute Nordhafen, nördlich der (ehemaligen) 3. Einfahrt

Einfahrt, alte – im Buch immer die zuerst gebaute Einfahrt, Fertigstellung 1869, erster Betrieb 1871, heute (ehemalige) „2. Einfahrt" genannt, Kammer noch vorhanden.

Einfahrt, neue – im Buch immer die 1886 in Betrieb gegangene Einfahrt, heute 1. Einfahrt genannt, Vorhafen jetzt Helgoland-Kai, z. Zt. geschlossen

Fort Heppens – Befestigungen auf dem Dauensfelder Groden; an der Heppenser Batterie fand die Landübergabe von Oldenburg an Preußen statt.

Jachmann, Eduard von – (1822 –1887), Vizeadmiral, nach ihm wurden die Jachmannstraße und die Jachmann-Brücke benannt.

Katharinenfeld – Ortsteil von Heppens, südlich der Bismarckstraße, hier lag die erste Wohnung des Ehepaars Krohn.

Klatt, Gustav – (1823-1898), in Ruhestand 1878 als Vizeadmiral, nach ihm wurde die Admiral-Klatt-Straße benannt

Knoopsreihe – ehemals Weg in der Nähe der Kommissionshäuser, erster Wohnort des Ehepaars von Monts

Königstraße – heutige Ebertstraße

Kommissionshäuser – sie waren die ersten Häuser der Hafenbaukommission, erster Arbeitsplatz vom Leiter der Bauarbeiten, Heinrich Wilhelm Goeker, heute Nordhafen

Krohn, Julius von – (1828–17.1.1904), Sohn eines Generals aus Schleswig-Holstein, Ausbildung und Tätigkeit in Kopenhagen, Thüringen und Hannover, seit 1855 in Heppens Barsenmeister, später Lotsenkommandeur, pensioniert 1900, Umzug nach Hannover, dort verstorben.

Krohn, Louise von – (20.7.1834 – 7.3.1921), geborene Messing, stammte aus Varel, wohnte mit ihrem Mann zuerst auf einer Bauernstelle auf dem Katharinenfeld, ab 1864 in der Manteuffelstraße und ab 1872 in der Adalbertstraße im Zwölf-Männerhaus.

Kronprinzenstraße – heutige Moselstraße

Manteuffelstraße – benannt nach dem Minister Otto Freiherr von Manteuffel (1805-1882) am 17.6.1869, zwischen Hafenkanal und Roonstraße, östlich davon Exerzierplatz.

Mole(n) – „die Molen" in Louise von Krohns Erinnerungen sind immer die heute noch existierenden Molen an der (ehemaligen) 2. Einfahrt.

Moltkestraße – benannt nach Friedrich Graf von Moltke (1853-1911), Marineoffizier und (später) Ratsherr in Wilhelmshaven.

Monts, Alexander Graf von – (1832–1889), Weltumsegelung ab 1875 mit der Korvette „Vineta", Kommandant des vor Folkestone untergegangenen „Großer Kurfürst", vom Kriegsgericht freigesprochen, am Ende seiner Dienstzeit bis zum Tod Chef der Admiralität; nach ihm wurde die Montsstraße benannt.

Oldenburger Straße – heutige Ahrstraße

Ostfriesenstraße – reichte im späten 19. Jahrhundert vom Fort Heppens bis zur Grenzstraße, heute zum Teil Bremer Straße.

Roonstraße – heutige Rheinstraße, benannt nach Albrecht Graf von Roon (1803 – 1879), zur Zeit der Wilhelmshavener Stadtgründung preußischer Kriegs- und Marineminister.

Tausendmann-Kaserne – lag zwischen Moltke- und Ostfriesenstraße, der Kasernenkomplex wurde erbaut ab 1885.

Wasserturm – der im Buch erwähnte Wasserturm war immer der ab 1876 von Kommerzienrat Oechelhäuser erbaute Turm an der Goekerstraße, im Krieg zerstört, heute Grünanlage gegenüber dem Reha-Zentrum. Der älteste Wasserturm der Stadt liegt südlich des Werfttor I an der Goekerstraße – Wasserholstelle für Familie von Krohn, als sie in der Adalbertstraße wohnte.

Wilhelmstraße – heutige Lahnstraße

Zwölf-Männerhaus – ab 1871 errichtetes Wohnhaus an der Westseite der Adalbertstraße zwischen der Marktstraße und der (späteren) Peterstraße, heute Parkplatz des Bundesvermögensamtes.

Weitere Anmerkungen finden sich bei den Bildunterschriften; die dort in „Anführung" gesetzten Passagen sind entweder Zitate aus diesem Buch oder die Originalbildunterschriften der zeitgenössischen Veröffentlichungen. Rechtschreibung und Zeichensetzung werden nach der Originalausgabe wiedergegeben.

Zur Abbildung auf dem Einband:

Es wurde eine Panoramapostkarte etwa aus dem Jahr 1894 gewählt, die die Situation zeigt, wie Louise von Krohn sie in ihren Schlußsätzen beschreibt – mit einem Unterschied: Die Autorin schaut mit ihrem Mann von Nord nach Süd vom Wasserturm an der Goekerstraße, dies ist ein Blick von Süd nach Nord über den Friedrich-Wilhelm-Platz, fotografiert von der alten Ratsapotheke an der Königstraße. Von links nach rechts erkennt man die „Burg Hohenzollern" (jetzt Karstadt), das Amtsgericht, die Bauten an der Adalbertstraße mit dem Zwölf-Männerhaus und dem Stationsgebäude, den Wasserturm an der Goekerstraße, die Werfthallen, das Werfttor I (dahinter „Kaiser Friedrich III" oder der „Kaiser Wilhelm II" im Bau auf der Helling), den ältesten Wasserturm der Stadt an der Goekerstraße südlich von Tor I, dahinter den Bauhafen und schließlich den Schlauchturm der Werftfeuerwehr. Durch die Parkanlage zieht sich oben das „Kaisergleis" (...für Kaiserbesuche in der Werft) und unten das Bahngleis, das entlang der Goekerstraße nach Norden führte.

Quellen von Abbildungen und Informationen

Bibliotheks- und Informationssystem der
 Carl-von-Ossietzky-Universität, Oldenburg
Buch von der Marine, Das kleine, 1902
Deutsche Bauzeitung, versch. Jahrgänge, 19. Jh.
Die Tide, 7/1920

Handelskammer Bremen, Archiv
Heimatverein Varel e.V.
Koch, 50 Jahre Wilhelmshaven, 1919
Kroschel-Evers, Die deutsche Flotte 1848-1945, 1962
Langheld, Wilhelmshaven, Ein Gedenkblatt an die Einweihung des ersten deutschen Kriegshafens an der Jade durch Seine Majestät, König Wilhelm I. am 17. Juni 1869, 1869
Lohse-Eissing, Verlagsarchiv
Reinhardt, Straßen in Wilhelmshaven, 1996
Ritter, Klaus, Sammlung
Rogge, Generalfeldmarschall Graf Albrecht vonn Roon, 1903
Schwarz, Sie prägten Wilhelmshaven und setzten Zeichen, 1995
Spelde, Geschichte der Lotsenbrüderschaften an der Außenweser und an der Jade, 1967, 1985, 1996
Stadtarchiv Hannover
Stadtarchiv Wilhelmshaven
Tadken, Wanderungen durch die Jadestädte, 1924
Uphoff, Hier lasst uns einen Hafen bauen, 1995
Wilhelmshaven 1853-2000, Vom preußischen Landkauf zur Expo am Meer, 2000
Wilhelmshaven, Ein Führer f. Fremde u. Einheimische, 1899
Wilhelmshaven, Führer durch Wilhelmshaven, seine Umgebung und Wangerooge, 1903, 1909
Wilhelmshaven, Führer mit Plan, 1880
Wilhelmshavener Heimatlexikon, 1987
WZ-Bilddienst

    Der Verlag dankt für erteilte Genehmigungen.

Inhaltsverzeichnis

1 Ankunft in Heppens – Das Kommissionshaus – Der Hafen – Neuheppens – Unser altfriesisches Heim – Fieber – Jan Fehndahl, oder „Dat kümmt all' wedder torecht!" .... Seite 16

2 Die Freundinnen aus Varel – Ungebetener Besuch – Herr Josef Tulpenthal und Frau Sara .... Seite 28

3 Besuche – Feier zum hundertsten Geburtstage Schillers – Abendgesellschaften – Lesekränzchen... Seite 35

4 Die Pfarrer J. F. und Carl Langheld – Familienfeste und andere Unterhaltungen – Eine Weihnachtsreise mit Hindernissen .... Seite 43

5 Maskenball in Varel – Ein Nachtquartier in Sande – Noch eine abenteuerliche Fahrt – Unser Heim im Winter – Besuch von Originalen – A-B-C- und Strickschule und meine erste Lehrerin .... Seite 55

6 Bauliche Wohnungsveränderungen – Reisen zur See – Die Hafenbauten – Einquartierungsfreuden und Leiden – Das erste Offizierkasino – Die erste Theatersaison und Reminiszenzen .... Seite 64

7 Die erste Eisenbahn – Der Name der neuen Stadt – Die Einweihung des Kriegshafens durch den König und Grundsteinlegung der Elisabethkirche – Besuch des Kronprinzen .... Seite 83

8 Der Eindruck der Kriegserklärung von 1870 in Wilhelmshaven und die Vorsorge in der Stadt – Der Torfschiffer – In den Lotsenhäusern an der Manteuffelstraße – Festlichkeiten an Bord – Der neue Stationschef Kapitän z.S. Klatt – Kaisergeburtstagsfeier .... Seite 103

9 Das Zwölf-Männerhaus – Gartenkunde – Ausbau der Straßen und Entwicklung des Geschäftslebens – Parkanlagen und Stationsgebäude – Erste kommunale Verfassung – Bürgerschaftssitzungen und Gründung der Schulen .... Seite 122

10 Vaterländischer Frauenverein – Das Musikleben – Beginn der Ära Wöhlbier und Rothe – Etwas vom Kapitel Liebe – Die Wilhelmshavener Presse – Die schöne Gräfin R. .... Seite 151

11 Wasserpartien – Seekrank – Im Seebad Wangerooge –
An Bord S.M. Artillerieschulschiff „Renown" – Das alte Offizierkasino –
Verkehrsmittel .... Seite 171

12 Theater bei Gräfin Monts – Prinz Adalberts letzter Besuch – Besuch der
Reichstagsmitglieder – Whistabende – Versetzung der Familie Graf Monts –
Frau Lucinde – Karneval und Küchenfest .... Seite 186

13 Abschied von Stationschef Klatt – Unsere Marine und Bedeutung
der Geschwader für Wilhelmshaven – Geschwadertage – Aus der
Unglückschronik der deutschen Marine .... Seite 202

14 Die Frauen der Marine – Admiral Stosch und General Caprivi –
Graf Monts Chef der Nordseestation – Tanzkaffee bei Exzellenz und
Weihnachten – Das Original Gottlieb Radecke .... Seite 217

15 Kaisergeburtstagsfeier – Stapelläufe – Der Kommandant S.M.S „Mars" –
Kinderfest auf dem „Mars" – Caprivis Namen im Kindermund –
Blumenkorso – Nachtschießen auf der Jade .... Seite 224

16 Eine Landpartie im Regen – Kniphausen – Aus der Chronik der
Reichsgrafen von Varel und Bentinck – Die Kinder von der Adalbertstraße –
Der Wasserturm und Kommerzienrat Oechelhäuser – Denkmals-
enthüllungen .... Seite 241

17 Die Eröffnung der neuen Hafeneinfahrt – Der Ems-Jade-Kanal –
Silberhochzeitsfeier des Kronprinzen – Vergnügen auf der Jagd –
Ballmutterpflichten – Eisfest im Park .... Seite 260

18 Erinnerung an 1888 – Graf Monts als Höchstkommandierender der
Marine und Abschiedsfeier in der „Burg Hohenzollern" – Kaiserbesuch
1889 – Die Kaiserin – Der neue Stationschef legt Tennisplätze an –
Abschied von Wilhelmshaven .... Seite 274